Crítica da filosofia do direito de Hegel

KARL MARX

Crítica da filosofia do direito de Hegel

1843

Tradução
Rubens Enderle
Leonardo de Deus

BOITEMPO

Traduzido do original alemão: *Zur Kritik der hegelschen Rechtsphilosophie*.
Seguindo a edição da Marx-Engels Gesamtausgabe (MEGA), I/2,
Berlin: Dietz Verlag, 1982, p. 5-137.

Coordenação editorial Ivana Jinkings e Aluizio Leite
Coordenação de produção Juliana Brandt
Assistência editorial Ana Paula Castellani e Rodrigo Nobile
Assistência de produção Livia Viganó
Tradução Rubens Enderle e Leonardo de Deus
Revisão Alícia Toffani, Ana Lotufo, Eliza Andrade Buzzo e Marcelo Backes
Capa Maikon Nery
sobre desenho de Loredano
Editoração eletrônica Gapp Design

CIP-BRASIL. CATALOGAÇÃO NA FONTE
SINDICATO NACIONAL DOS EDITORES DE LIVROS, RJ.

M355c
3. ed.
Marx, Karl, 1818-1883
Crítica da filosofia do direito de Hegel, 1843 / Karl Marx ; tradução de Rubens Enderle e Leonardo de Deus ; [supervisão e notas Marcelo Backes] ; prefácio à terceira edição Alysson Leandro Mascaro]. - 3. ed. - São Paulo : Boitempo, 2013.
184 p. : il. (Marx-Engels)

Tradução de: Zur Kritik der hegelschen Rechtsphilosophie
Apêndice
ISBN 978-85-7559-333-2

1. Hegel, Georg Wilhelm Friedrich, 1770-1831. 2. Direito - Filosofia. 3. Estado. 4. Ciência política. I. Título. II. Série.

13-00253

CDU 340.12

1ª edição: junho de 2005; 2ª edição revista: agosto de 2010;
3ª edição: maio de 2013; 8ª reimpressão: agosto de 2025

BOITEMPO
Jinkings Editores Associados Ltda.
Rua Pereira Leite, 373
05442-000 São Paulo SP
Tel.: (11) 3875-7250 / 3875-7285
editor@boitempoeditorial.com.br | boitempoeditorial.com.br
blogdaboitempo.com.br | youtube.com/tvboitempo

SUMÁRIO

NOTA À PRIMEIRA EDIÇÃO

Crítica da filosofia do direito de Hegel é o quarto volume das obras de Karl Marx e Friedrich Engels lançado pela Boitempo, num projeto iniciado com a publicação da edição comemorativa aos 150 anos do *Manifesto Comunista*, em 1998. Em 2003 foi a vez de *A sagrada família*, e em 2004 dos *Manuscritos econômico-filosóficos* ou *Manuscritos de Paris*. Para 2005 está prevista ainda a publicação de *A ideologia alemã* (pela primeira vez em tradução integral no Brasil). O lançamento dessa obra monumental de Marx e Engels fará parte das comemorações aos dez anos da editora.

Na *Crítica da filosofia do direito de Hegel* – traduzida com rigor por dois estudiosos da obra de Marx, os professores Rubens Enderle e Leonardo de Deus –, Marx revisa a questão do Estado e a lição hegeliana acerca da monarquia constitucional. Dando prosseguimento ao programa de fazer "uma crítica impiedosa de tudo o que existe", no ano de 1843 – logo após seu casamento com Jenny von Westphalen – ele se dedica à crítica da política e da filosofia, e o faz desenvolvendo um comentário ao tratado de Hegel sobre o Estado, destacando a soberania do povo em oposição ao poder do príncipe, privilegiado por Hegel em sua obra. Embora não tenha sido concluído nem publicado, o texto foi, conforme o próprio Marx diria mais tarde, um marco na sua estrada para o materialismo histórico: entre outras coisas o levou a ver que não era o Estado a base da "sociedade civil", como afirmara Hegel, mas sim a sociedade civil que era a base do Estado.

O fato de se ocupar criticamente com a obra de Hegel teve efeito profundo sobre o jovem Marx. Ele inicia, com a *Crítica*, um projeto amplo que pretendia abarcar a filosofia do direito de Hegel como um todo; mas esse texto é também parte de um acerto de contas de Marx com a filosofia de seu tempo (acerto de contas que só será completado em *A ideologia alemã*, obra em que a crítica de Marx – e Engels – se supera em força e abrangência). Uma minuciosa "Apresentação" de Rubens Enderle – nas páginas que se seguem à presente "Nota à edição" –, escrita de forma clara, didática e explicativa, contextualiza o texto de 1843, sua importância, as circunstâncias em que foi escrito e os principais aspectos do "debate" do jovem hegeliano com seu mestre.

Além da obra que dá título ao livro, este volume traz ainda o artigo "Crítica da filosofia do direito de Hegel – Introdução", publicado por Marx juntamente com "Sobre a questão judaica" nos *Anais Franco-Alemães* em 1844. Decidimos incluir a "Introdução", sobre a qual falaremos um pouco mais nos parágrafos seguintes, conscientes de que – conforme assinalou o autor da "Apresentação" – há grandes diferenças entre ela e a *Crítica de 43*, apesar do curto espaço de tempo que separa os dois textos. Na *Crítica*, Marx afirma a "verdadeira democracia", no sentido do pensamento de Rousseau (e de Feuerbach). Já na "Introdução" ele faz uma transição do liberalismo burguês ao tema da "emancipação humana" (isto é, do comunismo), enquanto a democracia passa a ser identificada com a "emancipação política"; é quando Marx introduz o conceito de "democracia acabada" (*vollendete Demokratie*), definição que iria muito além da mera transformação da *forma política* na república burguesa. Ou seja, a "Introdução" representa uma ruptura de Marx com o seu próprio pensamento inicial, ruptura esta que na *Crítica de 43* é apenas anunciada.

Na "Introdução" – escrita no final de 1843, em Paris –, Marx proclama a necessidade de uma "revolução radical" como caminho para a autorrealização do homem e insiste na necessidade de passar da "crítica da religião para a crítica da política". Em suas páginas finais, o jovem ensaísta identifica o proletariado – conceito que surge pela primeira vez na obra marxiana – como o agente histórico da mudança revolucionária e anuncia o casamento da filosofia radical com o proletariado. Na conclusão, declara que a filosofia é a cabeça da emancipação revolucionária e que os proletários são o seu coração.

Apesar de toda a radicalidade de sua crítica, em agosto de 1844 Marx enviou uma cópia desse texto a Ludwig Feuerbach, acompanhada de uma longa carta em que expressava seu respeito pelo pensador, cuja obra tinha lhe oferecido uma "fundamentação filosófica para o socialismo" ao trazer "do céu da abstração para a realidade da terra" a ideia da espécie humana. A influência de Feuerbach, assim como a de Hegel, continua marcante em sua obra, e essa influência se mantém perceptível mesmo depois da crítica ainda mais contundente encaminhada em *A ideologia alemã*.

Ao inserir esse artigo como um apêndice à *Crítica*, nosso objetivo é colocar à disposição dos leitores brasileiros o melhor da produção de pensadores fundamentais como Marx, Engels e outros teóricos que tantas vezes já foram considerados – e até mesmo declarados – mortos. Pois escritos curtos e vigorosos como a "Introdução", que contêm afirmações que se tornaram clássicas como a de que "Ser radical é agarrar as coisas pela raiz. Mas, para o homem, a raiz é o próprio homem", correriam o risco de desaparecer das prateleiras se não fossem impressos ao lado das obras de maior extensão desses autores. Além da qualidade do texto, também esse dado justifica sua publicação no presente volume.

O manuscrito de Marx que deu origem à *Crítica da filosofia do direito de Hegel* existe na forma de 39 cadernos que foram numerados com cifras romanas. O primeiro caderno manuscrito – que provavelmente continha a crítica dos parágrafos 257 a 260 da obra de Hegel – desapareceu, e os que restaram contêm uma análise detalhada e crítica dos parágrafos 261 a 313, nos quais é aprofundada a questão do Estado.

Na página 4 do caderno numerado com XL, depois da citação do parágrafo 313 da *Filosofia do direito* de Hegel, em meio ao debate do "poder legislativo" (que vai do parágrafo 298 ao parágrafo 320 na obra de Hegel) e bem antes do final da seção "O Estado" ("Der Staat"), que vai até o parágrafo 360 na obra hegeliana, o manuscrito de Marx acaba. Na primeira página do caderno seguinte – de resto totalmente vazio – está escrito, bem em cima: "*Índice*. Sobre a transição de Hegel e explicação".

Nas citações de Hegel, conforme aparecem na presente edição, as palavras e/ou passagens em itálico foram destacadas pelo próprio autor; as palavras e/ou passagens em negrito são destaques assinalados por Marx. Nos manuscritos marxianos esses destaques aparecem sublinhados. Em alguns casos, sobretudo conceituais, é apresentado o original alemão entre parênteses.

Os colchetes dão conta dos esclarecimentos e acréscimos, muitas vezes pontuais – por exemplo para assinalar o número de um parágrafo hegeliano –, do editor alemão da obra. Nas citações de Hegel, Marx muitas vezes coloca apenas reticências para assinalar trechos que não são citados, e não hesita em usar parênteses – nos quais às vezes questiona as afirmações de Hegel, outras vezes argumenta –, interrompendo as referidas citações.

As notas da edição alemã estão assinaladas por (N.E.A.) e referem-se sobretudo às expressões francesas, latinas, gregas etc. que Marx costuma usar sem destaque no original. As da edição brasileira aparecem assinaladas por (N.E.B.) e as notas dos tradutores da obra seguem grafadas com (N.T.). Na tradução da "Introdução", de autoria de Raul Mateos Castell (que revisou para esta edição um antigo trabalho feito em parceria com José Carlos Bruni, em 1977, para a revista *Temas de Ciências Humanas*) [ver "Nota à segunda edição", nesta página], as notas seguem o mesmo critério de identificação quanto às notas dos tradutores e da edição alemã, sendo de produção editorial interna as notas assinaladas com (N.E.B.).

No final do livro o leitor encontrará uma curiosa e útil cronobiografia resumida de Karl Marx [ver também aqui "Nota à segunda edição"], contendo três aspectos fundamentais de sua trajetória: a vida pessoal, a militância e a obra teórica; e também um índice de personagens citados e relação de obras de Marx publicadas no Brasil.

Maio de 2005
Ivana Jinkings e Marcelo Backes

NOTA À SEGUNDA EDIÇÃO

Esta nova edição do *Crítica da filosofia do direito de Hegel* traz aos leitores de Marx uma nova versão da "Introdução", agora traduzida diretamente do original alemão por Rubens Enderle, a partir da Marx-Engels Gesamtausgabe (MEGA²), I/2, Berlin, Dietz, 1982, p. 170-83. O texto "Kritik der Hegelschen Rechtsphilosophie – Einleitung" foi escrito entre dezembro de 1843 e janeiro de 1844 e publicado nos *Anais Franco-Alemães* (*Deutsch-Französische Jahrbücher*) em 1844.

Neste volume, a antiga cronobiografia foi substituída por uma cronologia resumida de Karl Marx e Friedrich Engels, com informações úteis ao leitor, iniciado ou não na obra marxiana.

Julho de 2010

Prefácio à terceira edição

A *Crítica da filosofia do direito de Hegel* e a sua "Introdução" são textos dos mais importantes para acompanhar a evolução do pensamento de Marx, do hegelianismo à reflexão de maturidade. Com base na crítica a Hegel, Marx deixa as referências para entender como se dá o início do processo pelo qual abandonará uma oposição radical-democrática para alcançar a luta de classes e, no futuro, chegar à plena crítica da economia política, em obras fundamentais como *O capital*[1]. Tanto a *Crítica da filosofia do direito de Hegel* quanto sua "Introdução", publicadas nesta tradução em língua portuguesa – diretamente dos originais em alemão –, revelam os meandros internos do itinerário realizado pela teoria de juventude de Marx. Por serem de uma fase rica e plural, os dois textos, escritos em momentos tão próximos, são, no entanto, distintos, impondo-se como reflexões exemplares que desnudam a evolução que vai se operando no pensamento de Marx, em especial no que tange ao direito e ao Estado.

Escrita em 1843, a *Crítica da filosofia do direito de Hegel* é tradicionalmente lida em conjunto com sua "Introdução", documento redigido em sequência, mas que, ganhando unidade intelectiva, revela um avanço nas posições teóricas e práticas de Marx. Nesta obra dúplice, a "Introdução" é uma espécie de complemento e também superação. Esse conjunto impõe-se como decisivo para compreender o período de formação de Marx: retrospectivamente, o autor reposiciona o hegelianismo de esquerda com o qual convivia; de outro lado e ao mesmo tempo, busca elaborar uma reflexão prospectiva, que começa por uma crítica do Estado para chegar à identificação da classe trabalhadora como um ponto nodal da prática da transformação social.

Após os anos como aluno da Faculdade de Direito, o jovem Marx busca passar a limpo sua formação jurídica e o hegelianismo reinante no panorama filosófico alemão. A obra de Hegel, o clássico *Princípios da filosofia*

---

[1] Karl Marx, *O capital*, Livro I (trad. Rubens Enderle, São Paulo, Boitempo, 2013).

do direito, representava uma leitura bastante original do período no qual a Europa transitava entre o Antigo Regime e a nova ordem burguesa. Tanto o mundo do direito natural teológico feudal ou absolutista quanto o mundo do jusracionalismo iluminista estavam sendo substituídos pelo juspositivismo. O Estado se anunciava, para Hegel, como razão em si e para si. A leitura hegeliana se inscreve como um projeto para o seu tempo porque, guardando consigo o elogio à forma estatal, era tida como um contraste em relação ao reacionarismo da Escola Histórica, que se fincava no *Volksgeist*, o Espírito do Povo, distinguindo-se também de outras leituras de mundo que ainda elogiavam a organização política absolutista ou pré-liberal.

Ocorre que a riqueza de Hegel, para a filosofia política e a filosofia do direito, foi lida dubiamente. De um lado, estava a direita hegeliana – os velhos hegelianos –, que considerava a racionalidade estatal uma espécie de avanço contra o feudalismo, mas que, paradoxalmente, legitimou um amálgama entre a monarquia prussiana e algumas instituições jurídicas estáveis, na medida em que o poder do Estado não se limitaria por princípios ou valores sociais, pré-estatais. De outro lado, estava a esquerda hegeliana – os jovens hegelianos –, que representava a luta pela atualização alemã em moldes liberais, fazendo com que fossem rompidos definitivamente os laços feudais para que os princípios do direito burguês pudessem, então, vencer. A bandeira da esquerda hegeliana empunhava a modernização aos moldes burgueses liberais e democráticos.

Marx, de início, cerrou fileiras ao lado da esquerda hegeliana mas, a partir da *Crítica* a Hegel, sua trajetória se põe a fazer um balanço crítico desse horizonte que se pretendia modernizador da Alemanha e da Europa. Comentando parágrafo por parágrafo as próprias letras de Hegel e avançando contra o hegelianismo, Marx anuncia em seu texto a crítica ao Estado, ao menos nos moldes pelos quais o próprio Estado se apresenta na realidade e no sistema hegeliano. A busca de Marx é por demonstrar que o Estado não é uma entidade racional em si e para si, empreendendo o combate à monarquia prussiana por meio de um pleito por uma democracia radical. No entanto, aqui ficam explícitos os claros limites do pensamento político-jurídico de Marx: longe de ser uma crítica estrutural à forma social do Estado e do direito, é uma crítica à sua manifestação presente. Tanto assim que a própria estrutura do texto de Marx está presa aos quadrantes do sistema hegeliano: discutindo a relação entre Estado e sociedade civil, por mais que aja na inversão das proposições do filósofo que comenta, Marx está enredado, a princípio, na própria armação hegeliana, ainda que operando sua negatividade. O resultado é que, com a *Crítica*, a trajetória de Marx avança de seus arroubos mais juvenis, de jusnaturalismo, para uma espécie de juspositivismo negativo.

Meses depois do comentário sistemático à obra de Hegel, Marx escreve um novo texto que lhe permite um avanço na sua compreensão teórica, já anunciando o problema da política para além da negatividade à própria internalidade jurídica do Estado. A "Introdução" que escreveu à *Crítica* dá conta de um sujeito histórico específico, que passa a tomar corpo como sendo o cerne da possibilidade de transformação social: a classe trabalhadora. É com base em sua ação política – portanto, a partir do horizonte dos explorados do capital – que o problema do Estado se reconfigura. Assim, chegando a outra etapa ainda dentro dessa sua primeira fase, Marx anuncia a tomada do Estado pela classe trabalhadora como o grande horizonte crítico da política. Agora, a revolução não é mais de dentro do Estado e do direito, mas de fora deles, empreendida pela classe trabalhadora, passando por eles.

A "Introdução", ao contrário da *Crítica*, arma-se estruturalmente de modo mais livre em relação ao sistema hegeliano. Não se trata do comentário de parágrafos da obra de Hegel, mas sim de uma proposição livre, contundente e poética, pela qual a classe proletária toma consciência de seu desterro, anunciando então a luta e a busca por afirmação. Essas que são algumas das páginas mais belas da obra de Marx são constituídas de frases lapidares que ganharam o imaginário do mundo: a começar pela crítica à religião, "suspiro da criatura oprimida", "o *ópio* do povo", passando também pela crítica à filosofia alemã, incapaz de ser revolucionária na prática. Como meta para a Alemanha feudal e absolutista, a França, pois "o *dia da ressurreição alemã* será anunciado pelo *canto do galo gaulês*".

Nas inspiradas páginas da "Introdução", Marx avança em relação à crítica sistemática que empreendia a Hegel. Escapa do problema que alinhavava necessariamente a sociedade civil ao Estado – fazendo com que a crítica fosse pelo direito e pela internalidade da configuração estatal – para alcançar a classe proletária como sujeito histórico de sua emancipação. Ocorre que, mesmo que em graus menores do que em seu texto anterior, ainda na "Introdução" enredos românticos de Marx persistem, numa problemática marcadamente humanista, de que é célebre a poética frase que encaminha a conclusão filosófica de seu trabalho: "*A emancipação do alemão é a emancipação do homem*. A cabeça dessa emancipação é a *filosofia*, o *proletariado* é seu coração".

O caminho de Marx para a crítica do direito e do Estado tomará corpo em suas obras futuras. Em *O 18 de brumário de Luís Bonaparte*[2], Marx expõe a separação entre o domínio do aparelho de Estado e a própria forma

---

[2] Idem, *O 18 de brumário de Luís Bonaparte* (trad. Nélio Schneider, São Paulo, Boitempo, 2011).

política estatal, que persiste ainda que as classes burguesas não estejam diretamente no controle do Estado. Mas esse caminho chegará ao ápice na maturidade, em especial n'*O capital*. Aí, Marx alcança a plenitude da anatomia do direito e do Estado no capitalismo: a forma-mercadoria estabelece a forma jurídica e a forma política estatal, na medida de uma subordinação formal e especialmente real do trabalho ao capital. Para tanto, a liberdade dos agentes na troca se estrutura por meio de figuras necessárias, como a do sujeito de direito e a do poder político apartado desses próprios agentes.

O processo que leva Marx a compreender as relações de produção como fundamento do Estado e do direito no capitalismo demonstra a impossibilidade estrutural de uma superação por meio de variações nos arranjos políticos e jurídicos dados. A ultrapassagem do capitalismo se faz com a superação do Estado e do direito, na medida em que são formas necessárias da sociabilidade fundada na exploração do trabalho pelo capital. Engels e Kautsky, em *O socialismo jurídico*[3], reafirmarão a impossibilidade de vias reformistas como mecanismos de chegada ao socialismo.

O longo trajeto até atingir o núcleo da crítica ao capitalismo, ao Estado e ao direito passa por estas duas obras próximas e distintas, a *Crítica da filosofia do direito de Hegel* e a sua "Introdução", reveladoras do caminho de Marx em sua juventude. Por elas percorrem as aspirações de todos aqueles que já não se conformam com a política estatal e com as amarras jurídicas que confortam subjugando, e que buscam atingir o núcleo da crítica ao capitalismo. Todos os explorados – e os que já não se conformam com este mundo – bebem nestas poéticas páginas para se inspirarem e avançarem ainda mais na marcha da compreensão do pensamento marxista e da lógica do capital, a fim de que possam então, sabendo, lutar na sociedade capitalista para revolucioná-la.

Alysson Leandro Mascaro
São Paulo, abril de 2013

---

[3] Friedrich Engels e Karl Kautsky, *O socialismo jurídico* (trad. Lívia Cotrim e Márcio Bilharinho Naves, São Paulo, Boitempo, 2012).

Apresentação

I

Com a publicação dos *Princípios da filosofia do direito*[1], em 1820, a teoria hegeliana do Estado passou a ocupar um lugar central no debate político alemão. Discípulos de Hegel, divididos em dois grupos antagônicos – os "jovens", ditos "de esquerda", e os "velhos", ditos "de direita" –, iniciaram uma acirrada disputa pelo título de herdeiros legítimos de seu espólio teórico. Tal disputa girava fundamentalmente em torno da interpretação do tema da "reconciliação" do real com o racional. Para os jovens-hegelianos, tratava-se de demonstrar que o "real" não devia ser identificado imediatamente com a realidade empírica, positiva, como afirmavam os velhos-hegelianos, mas sim com a realidade que, pelo "trabalho do negativo", deve ser suprassumida em um nível superior do conceito. Os jovens-hegelianos acreditavam, assim, restituir à teoria do Estado de Hegel seu conteúdo humanista, emancipador, ao mesmo tempo em que preconizavam, pela prática jornalística, a realização desse conteúdo, ou seja, a superação da monarquia prussiana em um Estado racional e livre, prefigurado na concepção hegeliana da monarquia constitucional. Essa posição, no entanto, sofreu uma séria inflexão a partir de 1841, quando os jovens discípulos de Hegel, desiludidos com as possibilidades de uma reforma constitucional de caráter liberal no reinado de Frederico Guilherme IV, e identificando a monarquia constitucional com um mero compromisso de feudalidade e modernidade, acabaram por abandonar a filosofia hegeliana do Estado em nome da defesa da democracia.

Marx, embora à época bastante próximo do pensamento jovem-hegeliano, já explicitava suas diferenças em relação a esses autores. No início de 1841,

---

[1] Georg Wilhelm Friedrich Hegel, *Grundlinien der Philosophie des Rechts oder Naturrecht und Staatswissenschaft im Grundrisse* [Princípios da filosofia do direito ou do direito natural e da ciência do Estado em compêndio] (Berlim, 1833).

em sua tese doutoral, ele denunciava o teor "moral", "não filosófico", das críticas que os discípulos de Hegel dirigiam às chamadas "acomodações" do mestre. O erro desses discípulos estava em tomar como base da crítica a "consciência particular" do filósofo, isto é, em atribuir ao autor uma "consciência reflexa" diante de sua própria obra e, a partir daí, imputar a ele uma atitude de "acomodação", reputada como imoral. Para Marx, uma crítica verdadeiramente filosófica não podia consistir em tributar as insuficiências da teoria política de Hegel a uma simples acomodação (consciente ou não), mas em demonstrar em que medida a "possibilidade dessas aparentes acomodações tem sua raiz mais profunda na insuficiência ou na insuficiente formulação de seu próprio princípio". Se, de fato, houve acomodação por parte de Hegel, isso não podia ser explicado partindo-se de seu "saber particular", mas sim de sua *consciência interior essencial*, tomando-se como base o desenvolvimento interno do seu pensamento, uma vez que, como recorda Marx, o próprio Hegel ensinava que "a ciência não é algo que se recebe, mas sim algo que se desenvolve, algo cujo sangue espiritual se impulsiona do coração até as extremidades". Por esse procedimento, mais do que um simples "progresso da consciência" rumo à moralidade, realizava-se "um progresso do saber", pois "não se suspeita da consciência particular do filósofo, mas sua forma de consciência essencial é construída e elevada a uma determinada forma e significação, com o que ela é, ao mesmo tempo, ultrapassada"[2]. Em vez de apontar e recriminar insuficiências do pensamento de Hegel, a verdadeira crítica devia desvendá-las; em vez de lutar contra seu objeto, ela devia ultrapassá-lo, demonstrá-lo em sua verdade.

Essa primeira formulação da ideia de "crítica filosófica" seria retomada e desenvolvida, em 1842, nas páginas da *Gazeta Renana*, em um pequeno artigo voltado contra a Escola Histórica do Direito e seu precursor, Gustav Hugo[3]. Ao denunciar a impostura da filiação de Hugo à filosofia de Kant, Marx compara o "ceticismo vulgar" da Escola Histórica com o "ceticismo do século XVIII", isto é, com o caráter crítico da filosofia iluminista (*id est*, a filosofia kantiana). Enquanto o ceticismo da Escola Histórica critica a racionalidade aparente apenas para se curvar ao puramente positivo, a crítica iluminista busca realizar a *essência* que se

---

[2] Karl Marx, *Differenz der demokritischen und epikureischen Naturphilosophie*, MEGA², I/1, 1975, p. 67.

[3] Karl Marx, *Das Philosophische Manifest der Historischen Rechtsschule*, MEGA², I/1, 1982. Cf. Rubens Enderle, "O jovem Marx e o manifesto filosófico da Escola Histórica do Direito" em *Crítica Marxista*, nº 20, 2005.

esconde por detrás dessa *aparência*, essência que se manifesta, no plano histórico, como "*o espírito novo que se libera* das *velhas formas*, que já não eram *dignas* nem *capazes* de acolhê-lo" ou como "o *sentimento próprio da nova vida*, que *destrói o já destruído e repudia o já repudiado*"[4]. Identifica-se aqui, por um lado, uma leitura hegeliana da filosofia prática de Kant. Esta não é concebida por Marx como contraposição ao existente de uma moralidade subjetiva *a priori*, de modo dualístico. No lugar da abstrata *ideia da razão*, o *noumenon* kantiano é entendido como Espírito, isto é, como desenvolvimento histórico da razão em seu conceito. Se a crítica destrói, ela "*destrói o já destruído*"; se o "*espírito novo*" se libera das "*velhas formas*", ele se libera das formas que, graças ao próprio desenvolvimento desse *espírito*, não são mais "*dignas* nem *capazes* de acolhê-lo". Por outro lado, ao hegelianismo da posição marxiana incorpora-se o sentido ativo, prático-crítico, da filosofia de Kant. Sem a intervenção da crítica filosófica, o "*já repudiado*" não dá lugar à "*nova vida*", o "*espírito novo*" fica preso às "*velhas formas*" e assiste-se à "*putrefação do mundo de seu tempo, que se compraz em si mesma*"[5]. A crítica não opõe ao mundo uma racionalidade exterior a ele, mas é, ela mesma, tão somente a *atualização* dessa racionalidade, o tornar-se consciente, *para si*, do *trabalho do negativo* que impulsiona o processo histórico para a realização de sua racionalidade intrínseca.

É, no entanto, em 1843 que Marx imprime à noção de "crítica filosófica" seus traços decisivos, na *Crítica da filosofia do direito de Hegel* e nas *Cartas* publicadas nos *Anais Franco-Alemães* (1844). Na *Crítica*, essa noção aparece contraposta tanto ao dogmatismo especulativo de Hegel quanto ao "erro *dogmático* oposto" da "crítica vulgar", termo com o qual Marx refere o grupo berlinense dos *Livres*[6], cujos principais representantes eram Bruno Bauer e Max Stirner. A crítica vulgar assume diante da realidade empírica uma atitude arrogante, altiva, pretensiosa; ela expõe as contradições do existente apenas para desprezá-las como algo pertencente à *massa*, isto é, ao mundo humano, o mundo da prática sensível, sobre o qual paira a imaculada esfera puramente teorética do *Espírito*. Quando trata da constituição, a crítica vulgar "chama a atenção para a oposição entre os poderes etc." e "encontra contradições por toda parte". Ela é "crítica dogmática, que *luta* contra seu objeto,

---

[4] Karl Marx, *Das Philosophische Manifest...*, cit., p. 193.

[5] Ibidem.

[6] Cf. Karl Marx, *Escritos de juventud* (México, Fondo de Cultura Económica, 1987), v. 1, p. 689-91.

do mesmo modo como, antigamente, o dogma da santíssima trindade era eliminado por meio da contradição entre um e três". Já a "crítica verdadeiramente filosófica da atual constituição do Estado", ao contrário, é entendida como crítica *ontogenética*, que compreende a "gênese" e a "necessidade" de suas contradições "em seu significado *específico*", "mostra a gênese interna da santíssima trindade no cérebro humano", "descreve seu ato de nascimento"[7].

Logo em seguida, na *Carta a Ruge* de setembro de 1843, Marx afirma que a "filosofia crítica" deve atuar em dois campos: o teórico (religião, ciência) e o prático (política). Sua tarefa é a "reforma da consciência, não por meio de dogmas, mas mediante a análise da consciência mística, obscura para si mesma, seja esta sob forma religiosa ou política"[8]. Vê-se, assim, que o tema da "autoconsciência" continua a ocupar, tal como nos textos anteriormente citados, o mesmo lugar central no discurso marxiano. O diferencial, aqui, está no reconhecimento da influência do pensamento de Feuerbach, que em fevereiro de 1843 publicara as *Teses provisórias para a reforma da filosofia*. Escreve Marx a Ruge: "Todo nosso objetivo consiste apenas em que, tal como na crítica da religião em Feuerbach, as questões religiosas e políticas sejam trazidas à sua forma humana autoconsciente"[9]. Tratava-se, para Marx, de estender o alcance da crítica para além dos limites do pensamento feuerbachiano, restrito ao campo teórico da religião e da ciência. A crítica devia explorar, e com ânimo redobrado, o campo prático da política.

O legado de Feuerbach será decisivo na crítica de Marx aos fundamentos da filosofia hegeliana, como veremos adiante.

II

Municiado com as *armas da crítica*, Marx estava preparado para seu acerto de contas com a filosofia hegeliana do direito. É sabido que, desde fins de 1841, ele começara a trabalhar em um artigo voltado à filosofia de Hegel, especialmente à sua teoria do Estado. Em março de 1842, compromete-se a enviar para Ruge uma contribuição cujo núcleo seria "o combate contra a *monarquia constitucional* como uma coisa híbrida e completamente contraditória e superada"[10]. Tal contribuição, que deveria aparecer nos

---

[7] Karl Marx, *Crítica da filosofia do direito de Hegel*, p. 108.

[8] *Ein Briefwechsel Von* 1843, MEGA², I/2, 1982, p. 488.

[9] Ibidem.

[10] *Marx an Ruge, 5. März 1842*, MEGA², III/1, p. 22.

Anais alemães[11] ou nas *Anekdota*[12], nunca foi entregue para publicação, o que se justifica, em parte, pela sobrecarga de trabalho de Marx como colaborador e, a partir de outubro de 1842, como redator-chefe da *Gazeta Renana*[13]. Além disso, sabe-se que essa mesma atividade como jornalista, motivada pela luta prático-política, o levou ao enfrentamento de problemas cuja solução exigia um estudo mais aprofundado das relações materiais existentes. A progressiva radicalização da crítica marxiana, visível nos artigos da *Gazeta Renana* escritos a partir de outubro de 1842, acabou por gerar também uma insatisfação de Marx com os fundamentos de sua crítica à filosofia hegeliana do direito. Como ele mesmo relata, em 1859, no *Prefácio* à *Crítica da economia política*: "Em 1842-43, sendo redator da *Gazeta Renana*, me vi pela primeira vez em apuros por ter de tomar parte na discussão acerca dos chamados interesses materiais". Marx decide, então, retirar-se da "cena pública" para seu "gabinete de estudos", em Kreuznach, onde, segundo suas próprias palavras, "o primeiro trabalho que empreendi para resolver a dúvida que me assediava foi uma revisão crítica da filosofia do direito de Hegel"[14].

Um bom exemplo dessa discussão sobre os "interesses materiais" em que Marx fora chamado a participar encontra-se nos artigos *Debates sobre a lei punitiva do roubo de lenha*, publicados na *Gazeta Renana* em outubro e novembro de 1842. Em defesa da população pobre, proibida de recolher a lenha seca caída das árvores, Marx argumenta contra o rebaixamento da universalidade do Estado e do direito à particularidade da propriedade privada. Em vez de degradar-se ao nível dos interesses privados, o Estado deve submeter esses interesses ao interesse comum, ou seja, ao próprio Estado. Marx afirma, então, o direito consuetudinário da classe pobre, cujos costumes enraízam-se na universalidade da natureza humana, contra o pretenso direito consuetudinário dos ricos, calcado na propriedade privada. Com a *lei punitiva do roubo de lenha*, o Estado submete a universalidade

---

[11] *Deutsche Jahrbücher für Wissenschaft und Kunst* [Anais alemães para a ciência e a arte]. Revista semanal publicada por Arnold Ruge, em Dresden, de julho de 1841 a janeiro de 1843.

[12] *Anekdota zur neuesten deutschen Philosophie und Publicistik* [Anedotas sobre as mais recentes filosofia e jornalismo alemães]. Revista publicada por Arnold Ruge, em Zurique, em fevereiro de 1843.

[13] *Rheinische Zeitung für Politik, Handel und Gewerbe* [Gazeta Renana para a política, a indústria e o comércio]. Jornal diário publicado em Colônia, de janeiro de 1842 a março de 1843.

[14] Karl Marx, *Para a crítica da economia política* (São Paulo, Abril Cultural, 1965), p. 134-5.

do direito ao "mero costume" da sociedade burguesa, quando deveria, ao contrário, reconhecer no "costume da classe pobre" o "instintivo sentido de direito" que, na forma do direito consuetudinário, elevaria esta classe à efetiva participação no Estado[15]. A pobreza aparece como um problema de ordem política – a exclusão de uma classe em relação à *articulação consciente do Estado* –, a exigir uma solução igualmente política – o reconhecimento jurídico, pelo Estado, da positividade e da legitimidade dos *costumes* dos pobres.

Ao que tudo indica, a insuficiência de uma resolução desse feitio para a contradição entre Estado e sociedade civil não escapou ao rigor teórico de Marx à época. Primeiramente, havia o problema de se entender a realidade social (no caso presente, a "existência da classe pobre") partindo-se do Estado como ideia de "organismo", "articulação consciente" etc. A pobreza, de problema originário, genuinamente social, passa a ser explicada por uma derivação, como ausência de uma qualidade política, estatal. Em segundo lugar, e como consequência necessária, essa contradição era superada no acolhimento, pelo Estado, do direito consuetudinário da classe pobre como direito positivo. O problema, aqui, é que a pobreza, em sua realidade social, permanece intocada, tendo recebido apenas uma forma política, legal. A sociedade civil não se realiza como *universal concreto* pela superação, na própria sociedade civil, da particularidade da propriedade privada, mas apenas conquista uma universalidade abstrata, permanecendo dominada, em seu seio, pela particularidade dos interesses.

Nesses termos, a argumentação marxiana, mesmo que engenhosa, mostrava-se mais como uma "acomodação" do que como uma resolução efetiva para a contradição entre Estado e sociedade civil. Ao mesmo tempo em que se distanciava do pensamento hegeliano pela afirmação do *direito* da classe pobre contra o *privilégio* da propriedade privada feudal, Marx acabava por reproduzir, com todas as suas consequências, o pressuposto da supremacia ontológica do Estado em relação à sociedade civil, pressuposto este que acompanhou todo o pensamento político ocidental até alcançar, na filosofia hegeliana, sua forma acabada.

O que a ruptura com a concepção hegeliana do Estado representará para o desenvolvimento do pensamento de Marx será expresso, por ele mesmo, nos seguintes termos:

> Minha investigação chegou ao resultado de que tanto as relações jurídicas como as formas de Estado não podem ser compreendidas por si mesmas, nem pela chamada evolução geral do espírito humano, mas sim assentam, pelo contrário, nas

---

[15] Karl Marx, *Debatten über das Holzdiebstahlsgesetz*, MEGA^2, I/1, 1975, p. 209.

condições materiais de vida cujo conjunto Hegel resume, seguindo o precedente dos ingleses e franceses do século XVIII, sob o nome de "sociedade civil", e que a anatomia da sociedade civil deve ser buscada na Economia Política.[16]

A *Crítica da filosofia do direito de Hegel* significará, assim, um divisor de águas na obra marxiana, a transição de sua fase *juvenil* para a fase *adulta*[17], a consolidação dos pressupostos que continuarão a orientar a produção do seu pensamento até sua maturidade.

III

Após seu desligamento da *Gazeta Renana*, Marx se estabeleceu em Kreuznach, balneário nas proximidades de Trier, onde, na manhã de 19 de junho de 1843, casou-se com Jenny von Westphalen. Os dois permaneceram em Kreuznach até outubro, enquanto aguardavam notícias de Ruge sobre a data e o local da publicação dos *Anais Franco-Alemães*[18], periódico em que Marx comprometera-se a atuar como colaborador e coeditor. Nesse breve interlúdio, Marx trabalhou em sua "revisão crítica" da filosofia do direito de Hegel e dedicou-se, ainda, ao estudo da história da Revolução Francesa e de clássicos da filosofia política. Desse confronto com Hegel restou um manuscrito de 157 páginas em que Marx transcreve e comenta parte dos *Princípios da filosofia do direito*, concentrando-se quase exclusivamente nos parágrafos de sua terceira seção, dedicada ao Estado[19].

---

[16] Karl Marx, *Para a crítica da economia política*, cit., p. 135.

[17] Adotamos, aqui, a periodização da obra de Marx proposta por José Chasin em *Marx: estatuto ontológico e resolução metodológica* (São Paulo, Ensaio, 1994), p. 350.

[18] *Deutsch-Französische Jahrbücher* [Anais Franco-Alemães]. Periódico cujo único volume foi publicado em Paris, em fevereiro de 1844.

[19] Do texto original, que, ao que tudo indica, iniciava com o § 257 da obra hegeliana, perderam-se as quatro primeiras páginas, de modo que o manuscrito da *Crítica*, tal como o conhecemos, começa com a transcrição e o comentário do § 261 e é interrompido por Marx no § 313, bem antes, vale dizer, do fim da terceira seção, que se estende até o § 360. Além disso, foram perdidas a folha de rosto e a capa do manuscrito, o que alimentou incertezas e especulações sobre o verdadeiro título que Marx teria consagrado a essa obra. Em sua primeira publicação, em 1927, na edição da MEGA[1], dirigida por Riazanov, ele aparece com o título "Da crítica da filosofia do direito de Hegel: crítica do direito público hegeliano (§§ 261-313)". Já na edição da MEGA[2], de 1982, que serviu como original para a presente tradução, adotou-se "Para a crítica da filosofia do direito de Hegel", título mais provável do manuscrito segundo os editores, considerando-se a designação da obra à qual Marx dedicará, logo em seguida, uma *Introdução*. No Brasil, assim como em outros países, as referências à *Crítica* adotaram títulos diversos, como "Contribuição à crítica da filosofia do direito de Hegel", "Crítica de 1843", "Crítica de Kreuznach", "Manuscrito de Kreuznach" etc.

O tema fundamental da crítica de Marx à filosofia política de Hegel é o da separação e oposição modernas entre Estado e sociedade civil e a tentativa hegeliana de conciliar esses extremos na esfera do Estado, concebido segundo o modelo da monarquia constitucional prussiana. A crítica marxiana não se limita, no entanto, a apontar as contradições ou denunciar as "acomodações" de Hegel, tampouco se ocupa em contrapor ao Estado prussiano um modelo político acabado. Como "crítica verdadeiramente filosófica", o procedimento marxiano procura compreender a "gênese" e a "necessidade" das contradições existentes, sejam elas contradições do Estado prussiano, do Estado moderno ou da filosofia hegeliana do direito. As contradições e insuficiências da filosofia de Hegel são explicadas a partir de seu próprio fundamento, isto é, dos pressupostos ontológicos da *especulação* hegeliana, que constitui o primeiro objeto da crítica de Marx. Em um segundo momento, a crítica à especulação dará lugar à crítica da concepção hegeliana do Estado e de seu modelo prussiano, que Marx fará acompanhar de uma importante argumentação em defesa da democracia.

Nos limites de uma breve apresentação à obra, não podemos ir além de conduzir o leitor por alguns de seus temas fundamentais, a começar pela crítica da especulação.

No § 262, Hegel se refere ao Estado como a "Ideia real, o Espírito, que se divide ele mesmo nas duas esferas ideais de seu conceito, a família e a sociedade civil, como em sua *finitude*". Família e sociedade civil são, segundo Marx, "a força motriz", a "*conditio sine qua non*", os "pressupostos" do Estado, a divisão de sua matéria "no singular, pelas circunstâncias, pelo arbítrio e pela escolha própria de sua determinação". Na especulação, no entanto, "elas são *produzidas* pela Ideia real", são convertidas em sua "manifestação, fenômeno". O "fato" de que o Estado "se produz a partir da multidão, tal como ela existe na forma dos membros da família e dos membros da sociedade civil" é enunciado como "um ato da Ideia", recebe uma forma lógica, racional, independente do próprio fato. Este, diz Marx, "não é racional devido à sua própria razão, mas sim porque o fato empírico, em sua existência empírica, possui um outro significado diferente dele mesmo", é apreendido como "resultado místico"[20]. A especulação hegeliana inverte a relação de sujeito e predicado: "a condição torna-se o condicionado, o determinante torna-se o determinado, o produtor é posto como o produto de seu produto". Os "sujeitos reais", família e so-

[20] Karl Marx, *Crítica...*, p. 31.

ciedade civil, são convertidos em predicados do Estado, ao passo que este é elevado à posição de sujeito. No entanto, se por um lado a realidade, a "empiria ordinária", é explicada "não como ela mesma, mas como uma outra realidade", por outro a Ideia real subjetivada "tem como sua existência não uma realidade desenvolvida a partir dela mesma, mas a empiria ordinária, comum"[21]. Ou seja, a inversão operada por Hegel não altera em nada a matéria, a realidade empírica, mas apenas sua "significação", seu "modo de expressão"[22]. Ele não faz mais do que conferir ao real uma "mediação *aparente*", "a significação de uma determinação da Ideia, de um resultado, um produto da Ideia", deixando-o intocado em seu conteúdo.

Como referimos anteriormente, a crítica de Marx aos fundamentos da filosofia hegeliana sofreu uma grande influência do pensamento de Feuerbach. Essa influência, no entanto, foi frequentemente desviada pelos intérpretes, que reduziram a herança feuerbachiana de Marx à simples e prosaica adoção de um determinado "método", que consistiria em transformar o sujeito em predicado e vice-versa[23]. Ora, o texto de Marx, como o leitor poderá perceber, não privilegia o ato metodológico de inverter sujeitos e predicados, mas concentra-se na crítica dos pressupostos ontológicos que produzem essa inversão. O que Marx denuncia como o "mistério" da especulação hegeliana é a *ontologização* da Ideia, com a consequente *desontologização* da realidade empírica. Em Hegel, família e sociedade civil são *produzidas* pela ideia de Estado, engendradas por ela. O verdadeiro sujeito torna-se predicado do predicado: "o conteúdo concreto, a determinação real, aparece como formal; a forma inteiramente abstrata de determinação aparece como o conteúdo concreto"[24]. A inversão determinativa entre sujeito e predicado é, portanto, a inversão ontológica entre a determinação real e a determinação ideal, o conteúdo concreto e a ideia abstrata ou, poder-se-ia dizer, o *ser* e o *pensar*. A Ideia é feita sujeito, na medida em que a ela é conferido o poder de engendrar, a partir de si mesma, suas determinações concretas, finitas. Ela "se degrada, rebaixa-se à 'finitude' da família e da sociedade civil, para, por

---

[21] Ibidem, p. 30.

[22] Ibidem.

[23] Um bom exemplo desse tipo de interpretação com viés metodológico é a obra de Schlomo Avineri, *The Social and Political Thought of Karl Marx* (Cambridge, Cambridge University Press, 1971), p. 10-7. No mesmo sentido, cf. Miguel Abensour, *A democracia contra o Estado: Marx e o momento maquiaveliano* (Belo Horizonte, Editora UFMG, 1998), p. 60 ss.

[24] Karl Marx, *Crítica...*, p. 38.

meio da suprassunção destas, produzir e gozar sua infinitude"[25]. O ser finito nada mais é, de acordo com essa concepção, do que o momento objetivo da Ideia infinita, o predicado finito do sujeito infinito. Já para Marx, sob influência de Feuerbach, tratava-se justamente de afirmar o ser finito como o ser verdadeiro, o verdadeiro sujeito, dotado de uma lógica específica a ser reproduzida pela ideação. Dizia Feuerbach, nas *Teses provisórias para a reforma da filosofia* (1842): "Em Hegel, *o pensamento é o ser*; – o pensamento é o sujeito, o *ser é o predicado*.[...] A verdadeira relação entre pensamento e ser é apenas esta: o *ser* é o *sujeito*, o *pensamento* o *predicado*"[26].

Feuerbach não centra sua crítica à especulação hegeliana na denúncia de um erro de método, mas sim na falsidade da determinação ontológica em que o método está assentado. O pensamento é transformado em sujeito do mesmo modo que Deus o é na teologia: pela atribuição de ser à ideia abstrata e de abstração ao ser concreto. A pergunta lógica "quem é o sujeito" remete, portanto, à pergunta ontológica fundamental: "quem é o ser". Ao que Feuerbach responde, de modo inequívoco: "O real *na sua realidade efetiva*, ou *enquanto real*, é o real enquanto *objeto dos sentidos*, é o *sensível*"[27].

Do mesmo modo, a crítica de Marx não trata diretamente da lógica hegeliana, mas se concentra em seus fundamentos, seu estatuto ontológico. O problema, para ele, não reside no "uso" incorreto da lógica e na necessidade de sua retificação. A insuficiência de Hegel, ao contrário, encontra-se justamente na transformação da lógica em algo passível de "uso", isto é, no fato de que a lógica hegeliana, ao arrepio de seus próprios princípios, é tornada uma esfera autônoma, separada e ontologicamente anterior ao seu objeto. O mais interessante é que, de acordo com Marx, uma tal lógica pode funcionar corretamente, suas categorias podem encontrar correspondência na realidade empírica, sem que, no entanto, essa realidade seja expressa em seu "ser específico". A correspondência das categorias com o real é, nesse caso, acidental e arbitrária, carente de "necessidade", como escreve Marx ao tratar da dedução do poder governamental a partir da categoria da *subsunção* do singular e do particular sob o universal:

---

[25] Ibidem, p. 31.

[26] Ludwig Feuerbach, "Teses provisórias para a reforma da filosofia" em *Princípios da filosofia do futuro* (Lisboa, Edições 70, s. d.), p. 30-1.

[27] Ludwig Feuerbach, *Princípios da filosofia do futuro*, cit., p. 71.

> De um lado: a categoria "subsunção" do particular etc. Ela deve ser realizada. Ele toma, então, uma existência empírica qualquer do Estado prussiano ou moderno (tal como ele é, dos pés à cabeça), e que, dentre outras, realiza também esta categoria, ainda que com esta última seu ser específico não seja expresso. A matemática aplicada é, também, subsunção etc. Hegel não se pergunta se esta é a maneira racional, adequada, de subsunção. Ele se agarra apenas a *uma* única categoria e se satisfaz em encontrar para ela uma existência correspondente. Hegel dá à *sua lógica um corpo político*; ele não dá a *lógica do corpo político*.[28]

Falta a Hegel, em verdade, não uma boa lógica, mas um modo de determinar "a maneira racional, adequada, de subsunção", quer dizer, um critério que dê a cada categoria lógica uma necessidade ontológica. Para Marx, um tal critério, se desenvolvido no interior do próprio pensamento, produz apenas tautologias, razão pela qual ele deve ser buscado na realidade empírica. Assim, libertado de sua redução especulativa a simples "manifestação" da Ideia lógica, e reconduzido à sua posição originária como verdadeiro sujeito, caberá ao próprio real a tarefa de guiar com segurança o pensamento rumo a sua realização.

Nessa revolução copernicana às avessas, o centro de gravidade da lógica é deslocado para fora de seu eixo. A partir de agora, é a Ideia que, em busca de seu equilíbrio, passará a girar em torno dos objetos.

IV

O segundo momento da crítica marxiana trata fundamentalmente do tema da alienação política. Para Marx, o Estado político, a constituição, representa a separação do povo em relação à sua própria essência, sua "vontade genérica". O povo é o "Estado real", a base da constituição. Ele é o "todo", o poder constituinte; a constituição é a "parte", o poder constituído. A alienação política tem lugar no momento em que o povo, ao se submeter à sua própria obra, perde seu estatuto fundante e as posições são invertidas. O que era o todo passa à posição de parte, e vice-versa. O povo, antes o "Estado real", é privado de seu conteúdo genérico, que se vê então hipostasiado na esfera política. Com isso, dá-se a separação e a oposição entre Estado (constituição) e sociedade civil, Estado político e Estado não político.

Essa oposição, que se encontra nas bases do Estado moderno, esconde-se em Hegel sob o véu da especulação. O Estado, para ele, é a realização da vontade livre, racional. Na *Filosofia do direito*, o Estado realiza o seu conceito quando suprassume os estágios abstratos da família e da socie-

---

[28] Karl Marx, *Crítica...*, p. 67.

dade civil e alcança sua unidade como universal concreto. O Estado é a vontade livre tornada autoconsciente, a "vontade livre que quer a vontade livre"[29], e o fim racional do homem é a vida no Estado. A constituição, em cada um dos seus três poderes, realiza a ideia de Estado como unidade dos opostos.

Para Marx, no entanto, a constituição não passa de "uma acomodação entre o Estado político e o Estado não político", um "tratado entre poderes essencialmente heterogêneos"[30]. A constituição é uma "oposição de extremos reais", um "*mixtum compositum*". Esse dualismo deixa-se entrever por toda a monarquia constitucional de Hegel: no poder soberano, como a pessoa do monarca, encarnação exclusiva da personalidade do Estado, em abstração da pluralidade das "pessoas", os "muitos Unos" que compõem o povo (§§ 275-286); no poder governamental, como a burocracia, a participação no Estado transformada em privilégio, como uma corporação *contra* a sociedade civil (§§ 287-297); no poder legislativo, inicialmente como conflito entre singularidade empírica (príncipe) e universalidade empírica (sociedade civil), em seguida como deslocamento desse conflito para o particular (governo e estamentos) e, por fim, na absurda mediação operada pela câmara alta, formada pelos senhores do morgadio (§§ 298-313).

Em Hegel, como em Montesquieu, a constituição é entendida não como um código particular de leis positivas mas como produto do espírito de um povo, conjunto de determinações fundamentais da vontade racional. Segundo Marx, uma tal concepção, para ser consequente, exigiria fazer do homem o "princípio da constituição", que teria "em si mesma a determinação e o princípio de avançar com a consciência"[31]. A constituição, como particular, deve ser apenas "parte" do todo, isto é, momento da vontade geral. Como universal, ela deve ser essa própria vontade geral, o próprio todo. Na especulação hegeliana, no entanto, esses dois sentidos da constituição são confundidos: embora afirme tratar da constituição como um universal, Hegel a desenvolve, em verdade, como um particular. Por isso, o povo, convertido em uma parte da constituição, encontra-se impedido de "modificar a constituição mesma, o todo"[32]. Como Estado não político, o povo é destituído de sua essência genérica e reduzido a uma multidão atomística, matéria amorfa destinada a receber uma forma

[29] Georg Wilhelm Friedrich Hegel, *Grundlinien...*, cit., § 27.

[30] Karl Marx, *Crítica...*, p. 76.

[31] Ibidem, p. 40.

[32] Ibidem, p. 76.

política do Estado. Quando integra o Estado, o povo não o faz como ele mesmo, como *dêmos inteiro*, mas como sociedade civil, miniaturizada no elemento político-estamental. Essa é, para Marx, a primeira "colisão não resolvida" no conceito de constituição, a colisão entre "a *constituição inteira e o poder legislativo*"[33].

A segunda colisão, consequência direta da primeira, "é aquela entre o *poder legislativo* e o *poder governamental*, entre a lei e a execução". Se o poder legislativo perde sua universalidade e passa a ser "parte" do todo, como um poder particular ao lado de outros poderes, então é "impossível para a lei enunciar que um desses poderes, uma parte da constituição, deva ter o direito de modificar a constituição mesma, o todo"[34]. Assim, o conflito do povo com o Estado político reproduz-se, no interior desse Estado, como o conflito do "povo *en miniature*" do poder legislativo com o poder governamental.

A crítica de Marx à alienação política guarda um vínculo profundo com o pensamento de Rousseau. O poder executivo deixa de ser uma "parte" submetida à vontade geral e passa a confrontá-la como um poder independente, ao mesmo tempo em que a vontade geral se vê rebaixada à condição de um poder particular do Estado. A solução do problema segue, igualmente, o traçado rousseauniano. Escreve Marx:

> Corretamente posta, a pergunta significa apenas: tem o povo o direito de se dar uma nova constituição? O que de imediato tem de ser respondido afirmativamente, na medida em que a constituição, tão logo deixou de ser expressão real da vontade popular, tornou-se uma ilusão prática.[35]

Esse será o sentido, na *Crítica*, do desenvolvimento da ideia de democracia, pensada em contraposição à defesa hegeliana da soberania do monarca. Na monarquia, assim como em todo Estado diferente do democrático, "este fato particular, a constituição política, tem a significação do *universal* que domina e determina todo o particular"[36]. Já na democracia, ao contrário, "a constituição, a lei, o próprio Estado é apenas uma autodeterminação e um conteúdo particular do povo, na medida em que esse conteúdo é constituição política"[37]. Na democracia, a vontade geral não aliena seu poder no Estado político, não se converte em um conteúdo particular exterior ao

---

33 Ibidem, p. 77.

34 Ibidem, p. 76.

35 Ibidem.

36 Ibidem, p. 51.

37 Ibidem.

conteúdo particular exterior ao Estado. Nela, "o Estado, como particular, é *apenas* particular, como universal é o universal real, ou seja, não é uma determinidade em contraste com os outros conteúdos"[38]. A democracia é dita, por isso, a "verdade", o "gênero", o "*enigma* resolvido de todas as constituições". É preciso, porém, distinguir, na argumentação marxiana, os dois níveis em que o termo democracia é empregado: como "gênero" (a "verdadeira democracia") e como "espécie" (a "república *política*"). A "verdadeira democracia" é um princípio político, não um Estado existente. Ela significa a realização plena do Estado como *universal concreto*, a verdadeira superação da oposição entre Estado político e sociedade civil. Na verdadeira democracia, diz Marx, "o *Estado político desaparece*", assim como também desaparece o Estado não político, isto é, a sociedade civil[39]. Com o termo "república *política*", Marx se refere à democracia no interior do "Estado abstrato", à democracia existente, ainda não plenamente realizada. Nesse Estado, embora a constituição ainda seja *política*, ela não é mais "*simplesmente política*", o que significa que o conteúdo genérico, político, já começa a penetrar as esferas não políticas.

No interior do Estado abstrato, a questão da alienação política se coloca sob a forma da oposição entre *constituição estamental* e *constituição representativa*. Contra a representação dos estamentos, Marx defende a *eleição ilimitada*, a "máxima *generalização* possível da *eleição*"[40]. Uma vez mais, faz-se inevitável a comparação com Rousseau: a vontade de todos, dominada pela particularidade dos interesses, torna-se vontade geral pela "soma das diferenças" desses interesses. A vontade geral só erra quando enganada. Ela não pode querer o mal para si mesma, mas pode apenas confundir um bem aparente (um bem particular) com o bem verdadeiro (o bem geral). A garantia contra esse "engano" é a participação, no Estado, de cada um como cidadão, ou "que não haja sociedade parcial no Estado e que cada cidadão opine apenas a partir de si mesmo"[41]. Mesmo sob o predomínio do particular, a vontade geral nunca deixa de existir, razão pela qual ela deve sempre ser consultada. Por isso, afirma Marx, a questão prático-política fundamental é a participação, no poder legislativo, não de "todos singularmente", mas dos "singulares como todos"[42]; não de todos

---

[38] Ibidem, p. 51.

[39] Ibidem, p. 50, 51.

[40] Ibidem, p. 134.

[41] Jean-Jacques Rousseau, *Le contrat social* (Paris, Garnier Frères, s. d.), p. 252. [Ed. bras.: *O contrato social*, 4ª ed., São Paulo, Martins Fontes, 1999.]

[42] Karl Marx, *Crítica...*, p. 131.

como simples justaposição de indivíduos atomizados, mas como "soma das diferenças", isto é, como processo de formação da vontade geral, para além dos interesses particulares que a habitam.

A defesa hegeliana da constituição estamental assenta, por sua vez, na concepção do povo como uma "massa" que "não sabe o que quer", uma "*multidão* e uma *turba*" dotada de "uma opinião e um querer inorgânicos", opostos ao Estado. Povo e Estado formam, em Hegel, extremos de um silogismo, cujo termo médio é composto pelos estamentos. Segundo Marx, no entanto, em vez da solução da contradição, os estamentos representam a própria contradição no interior do Estado político. No comentário aos §§ 302-304, Marx denuncia as insuficiências do sistema hegeliano das *mediações*[43]. Em primeiro lugar, Hegel comete um paralogismo ao identificar o significado dos estamentos na sociedade civil com o significado que os estamentos recebem na esfera política. Ele transforma em "relação reflexiva" algo que, de acordo com Marx, é "relação de abstração". Os estamentos políticos não são o "outro", o "reflexo" dos estamentos privados. Eles são, antes, a abstração desses estamentos, a sociedade civil "posta como *não existente*"[44]. Sendo assim, o elemento político-estamental não significa a suprassunção da diferença dos estamentos civis, a mediação da contradição, mas apenas a anulação dessa diferença e seu enquadramento em uma forma política extemporânea, uma reminiscência medieval. Em segundo lugar, o sistema de mediações de Hegel, concebido segundo o modelo triádico do silogismo dialético, procura, em vão, ocultar uma oposição irreconciliável entre Estado e sociedade civil. Estes, para Marx, são *extremos reais*, que "não podem ser mediados um pelo outro, precisamente porque são extremos reais"[45]. Não há, entre eles, relação reflexiva, pois são extremos que "não têm nada em comum entre si, não demandam um ao outro, não se completam"[46]. Aqui, certamente sob influência de Feuerbach, Marx opõe à categoria de "reflexão" outra categoria da lógica hegeliana: a categoria da "autodeterminação do sujeito"[47]. A sociedade civil, como Estado real, deve realizar em si mesma sua determinação "genérica", em vez de receber do Estado político uma "determinação *alegórica*". Pelo poder legislativo democrático, a qualidade política do homem – a representação da *função*

---

[43] Para uma análise da crítica marxiana aos silogismos de Hegel, cf. Solange Mercier-Josa, *Entre Hegel et Marx* (Paris, L'Harmattan, 1999), p. 27-73.

[44] Karl Marx, *Crítica...*, p. 95.

[45] Ibidem, p. 105.

[46] Ibidem.

[47] Solange Mercier-Josa, *Entre Hegel et Marx*, cit., p. 38.

de cada um como parte do *gênero* – deixa de aparecer como uma realidade separada de sua qualidade social, o mesmo podendo ser dito em direção inversa: a qualidade social do homem mostra, na representação democrática, seu caráter político, quer dizer, seu caráter *genérico*. Diferentemente dos outros Estados, a democracia não cria uma existência política para a existência privada do homem, mas apenas restitui a essa existência a essência genérica ou a essência política que lhe é própria. Na confluência dos pensamentos de Rousseau e de Feuerbach, a "verdadeira democracia" supera o plano da *representação política* na *representação genérica*. Nela, cada homem, conclui Marx, "representa simplesmente o gênero". Ele "é, aqui, representante não por meio de uma outra coisa, que ele representa, mas por aquilo que ele *é* e *faz*"[48].

A *Crítica da filosofia do direito de Hegel* é a obra de um democrata radical. Significava esse primeiro esboço ao mesmo tempo o acabamento da crítica de Marx à política?

V

A tarefa de submeter a filosofia hegeliana do direito à "crítica filosófica" cumprira-se com sucesso. A construção da monarquia constitucional como *universal concreto* fora abalada em seus fundamentos e, ao mesmo tempo, desenvolvida, em sua verdade, como "verdadeira democracia". Mais importante de tudo, o esforço de Marx em Kreuznach rendera-lhe a preciosa noção de "autodeterminação da sociedade civil". Subsistia, no entanto, uma grave insuficiência: a contradição entre Estado e sociedade civil permanecia nos quadros de um problema de ordem política, uma deficiência localizada no terreno da "vontade". Imediatamente após a *Crítica*, nos *Anais Franco-Alemães*, Marx tratará de superar essa posição. A gênese da alienação política será detectada no seio da sociedade civil, nas relações materiais fundadas na propriedade privada. Consequentemente, não se tratará mais de buscar uma resolução *política* para além da esfera do Estado abstrato, mas sim uma resolução social para além da esfera abstrata da política.

Na *Crítica*, Marx encontrou seu objeto.

Faltava desvendar sua "anatomia".

Rubens Enderle
Sete Lagoas, abril de 2005

---

[48] Karl Marx, *Crítica...*, p. 134.

[CRÍTICA DA FILOSOFIA DO DIREITO DE HEGEL (§§ 261-313)]

A – O direito público interno

§ 261. Em face das esferas do direito privado e do bem privado, da família e da sociedade civil, o Estado é, **de um lado**, uma necessidade *externa* e sua potência superior, a cuja natureza as leis daquelas esferas, bem como seus interesses, encontram-se subordinados e da qual são dependentes; porém, **de outro lado**, é o Estado seu fim *imanente* e tem sua força na unidade de seu fim último geral e no interesse particular dos indivíduos, na medida em que tais indivíduos têm *deveres* perante ele assim como, ao mesmo tempo, têm direitos.[1]

O parágrafo precedente nos ensina que a *liberdade concreta*[2] consiste na identidade (normativa, dúplice (*sein sollende, zwieschlächtige*[3])) do sistema de interesses particulares (da família e da sociedade civil) com o sistema do interesse geral (do Estado). A relação dessas esferas será, agora, determinada mais de perto.

De um lado, o Estado é, em face das esferas da família e da sociedade civil, uma "necessidade *externa*", uma potência à qual "leis" e "interesses" são "subordinados" e da qual são "dependentes". Que o Estado seja, em face da família e da sociedade civil, uma "necessidade *externa*", isso já se encontrava em parte na categoria da "transição", em parte em sua "*relação consciente*" para com o Estado. A "subordinação" ao Estado ainda corresponde plenamente a essa relação da "necessidade *externa*". Mas o que Hegel entende por "dependência" mostra-se na seguinte frase da nota a esse parágrafo:

---

1 Marx cita Hegel a partir da seguinte edição: G. W. F. Hegel, *Werke* (Vollständige Ausgabe, 1, Berlin, Auflage, 1833), v. 8, organizado por Eduard Gans. Sobre os destaques: nas citações de Hegel, as palavras em *itálico* foram destacadas pelo próprio Hegel, as em **negrito** são destaques – muitas vezes irônicos, em todo caso importantes, quase sempre antecipando um ponto a ser debatido mais tarde ou opondo dois conceitos ou duas noções de maneira dialética – do próprio Marx. Nos manuscritos marxianos elas aparecem sublinhadas. (N.E.B.)

2 Marx muitas vezes faz uso irônico do itálico para destacar tanto o que Hegel diz quanto os pontos altos de sua própria argumentação. (N.E.B.)

3 Em alguns casos – bem poucos e especiais – será apresentado o original alemão entre parênteses. (N.E.B.)

> Que a ideia da **dependência**, particularmente das leis do direito privado, em relação ao caráter determinado do Estado, e a concepção filosófica de que a parte deve ser considerada somente em relação com o todo, já o havia visualizado [...] principalmente Montesquieu etc.

Hegel fala aqui, portanto, da dependência *interna* ou da determinação (*Bestimmung*) essencial do direito privado etc. pelo Estado; mas, ao mesmo tempo, ele subsume essa dependência na relação da "necessidade *externa*" e a contrapõe, como o outro lado, à outra relação, em que família e sociedade civil se comportam em relação ao Estado como seu "fim *imanente*".

Por "necessidade *externa*" pode-se somente entender que "leis" e "interesses" da família e da sociedade civil devem ceder, em caso de colisão, às "leis" e "interesses" do Estado; que aquelas são subordinadas a este; que sua existência é dependente da existência do Estado; ou também que a vontade e as leis do Estado aparecem à sua "vontade" e às suas "leis" como uma necessidade.

Mas Hegel não fala, aqui, de colisões empíricas; ele fala da relação das "*esferas* do direito privado e do bem privado, da família e da sociedade civil" com o Estado; trata-se da *relação essencial* dessas próprias esferas. Não apenas seus "interesses", mas também suas "leis", suas determinações essenciais são "dependentes" do Estado e a ele "subordinadas". Ele se relaciona com seus interesses e leis como "*potência* superior". Tais "interesses" e "leis" apresentam-se como seus "subordinados". Eles vivem na "dependência" do Estado. Precisamente porque "subordinação" e "dependência" são relações *externas*, que restringem e se contrapõem à essência autônoma, é a relação da "família" e da "sociedade civil" com o Estado aquela da "necessidade *externa*", de uma necessidade que vai contra a essência interna da coisa. Que "as leis do direito privado" dependem "do caráter determinado do Estado", que elas se modificam segundo ele, é algo que está subsumido na relação da "*necessidade externa*", precisamente porque "sociedade civil e família", em seu verdadeiro, quer dizer, autônomo e pleno desenvolvimento, são pressupostas ao Estado como "esferas" particulares. "*Subordinação*" e "*dependência*" são as expressões para uma identidade "externa", *forçada* e aparente, para cuja expressão lógica Hegel utiliza, corretamente, a "*necessidade externa*". Na "subordinação" e na "dependência", Hegel continuou a desenvolver o lado da identidade discrepante, o lado da alienação no interior da unidade,

> porém, de outro lado, é o Estado seu fim *imanente* e tem sua força na unidade de seu *fim último* **geral** com os *interesses* **particulares** dos indivíduos, na medida em que tais indivíduos têm *deveres* perante ele assim como têm direitos.

Hegel estabelece, aqui, uma *antinomia* sem solução. *De um lado*, necessidade externa; *de outro*, fim imanente. A unidade do *fim último geral* do Estado e dos *interesses particulares* dos indivíduos deve consistir em que seus *deveres* para com o Estado e *seus direitos* em relação a ele sejam idênticos. (Assim, por exemplo, o dever de respeitar a propriedade coincide com o direito sobre ela.)

Essa identidade torna-se explícita na nota ao parágrafo:

Uma vez que o *dever* é, primeiramente, a relação *perante* algo para mim *substancial*, algo em si e para si geral, e o direito é, pelo contrário, a *existência* em geral dessa substancialidade e, com isso, o lado de sua *particularidade* e de minha liberdade *particular*, ambos aparecem, assim, nos níveis formais, divididos em lados ou pessoas distintos. O Estado, como fato da eticidade (*Sittlichkeit*), como interpenetração da substancialidade e do particular, estabelece que minha obrigação perante a substancialidade é, ao mesmo tempo, a existência de minha liberdade particular, quer dizer, no Estado dever e direito estão *unidos em uma e na mesma ligação.*

§ 262. A Ideia real, o Espírito, que se divide ele mesmo nas duas esferas ideais de seu conceito, a família e a sociedade civil, como em sua *finitude*, para ser, a partir da idealidade delas, Espírito real e **infinito para si**, divide, por conseguinte, nessas esferas, a matéria dessa sua realidade, os indivíduos como a *multidão*, de maneira que, no singular, essa divisão aparece *mediada* pelas circunstâncias, pelo arbítrio e pela escolha própria de sua determinação.

Se traduzirmos essa frase em prosa, teremos:

O que serve de mediação para a relação entre o Estado, a família e a sociedade civil são as "circunstâncias, o arbítrio e a escolha própria da determinação". A razão do Estado nada tem a ver, portanto, com a divisão da matéria do Estado em família e sociedade civil. O Estado provém delas de um modo inconsciente e arbitrário. Família e sociedade civil aparecem como o escuro fundo natural donde se acende a luz do Estado. Sob a matéria do Estado estão as *funções* do Estado, bem entendido, família e sociedade civil, na medida em que elas formam partes do Estado, em que participam do Estado como tal.

Essa argumentação é notável em dois sentidos:

1) Família e sociedade civil são apreendidas como *esferas conceituais* do Estado e, com efeito, como as esferas de sua *finitude*, como *sua finitude*. É o Estado que nelas se *divide*, o que as *pressupõe*; e ele o *faz*, em verdade, "para ser, a partir da idealidade delas, Espírito real e *infinito para si*". "Ele se divide, para". Ele "*divide, por conseguinte*, em esferas, a matéria de sua realidade, *de maneira que* essa divisão etc. *apareça* mediada". A assim denominada "Ideia real" (o Espírito como infinito, real) é, portanto, apresentada como se ela agisse segundo um princípio determinado, mediante um desígnio determinado. Ela se divide em esferas finitas e o faz "para a si retornar, para ser para si"; ela o faz de um modo que é precisamente como é na realidade.

Aqui aparece claramente o misticismo lógico, panteísta.

A relação *real* é: "que a divisão" da matéria do Estado é, "no singular, mediada pelas circunstâncias, pelo arbítrio e pela escolha própria de sua determinação". Esse fato, essa *relação real* é expressa, pela especulação, como *manifestação, fenômeno*. Essas circunstâncias, esse arbítrio, essa escolha da determinação, essa *mediação real* são tão somente a *manifestação de uma mediação* que a Ideia real executa nela mesma e que se passa por detrás das cortinas. A realidade não é expressa como ela mesma, mas sim como uma outra realidade. A empiria ordinária não tem como lei o seu próprio espírito, mas um espírito estranho e, ao contrário, a Ideia real tem como sua existência não uma realidade desenvolvida a partir dela mesma, mas a empiria ordinária, comum.

A Ideia é subjetivada e a relação *real* da família e da sociedade civil com o Estado é apreendida como sua atividade *interna imaginária*. Família e sociedade civil são os pressupostos do Estado; elas são os elementos propriamente ativos; mas, na especulação, isso se inverte. No entanto, se a Ideia é subjetivada, os sujeitos reais, família e sociedade civil, "circunstâncias, arbítrio" etc. convertem-se em momentos objetivos da Ideia, *irreais* e com um outro significado.

A divisão da matéria do Estado "no singular, pelas circunstâncias, pelo arbítrio e pela escolha própria de sua determinação", tudo isso não é simplesmente expresso como o verídico, o necessário, o legítimo em si e para si; não é dado *como tal* para o racional; mas, por outro lado, o é apenas na medida em que se dá para uma mediação *aparente*, em que é deixado tal como é; porém, ao mesmo tempo, recebe a significação de uma determinação da Ideia, de um resultado, um produto da Ideia. A diferença não reside no conteúdo, mas no modo de tratamento ou no *modo de expressão*. Trata-se de uma dupla história, uma esotérica e outra exotérica. O conteúdo permanece na parte exotérica. O interesse da parte esotérica é sempre o de novamente achar, no Estado, a história do Conceito lógico. Mas é na parte exotérica que o desenvolvimento verdadeiro prossegue.

Racionalmente, as sentenças de Hegel significam apenas que:

A família e a sociedade civil são partes do Estado. Nelas, a matéria do Estado é dividida "pelas circunstâncias, pelo arbítrio e pela escolha própria da determinação". Os cidadãos do Estado (*Staatsbürger*) são membros da família e membros da sociedade civil.

"A Ideia real, o Espírito, que se *divide ele mesmo* nas duas esferas ideais de seu conceito, a família e a sociedade civil, como em *sua finitude*" (portanto: a divisão do Estado em família e sociedade civil é *ideal*, isto é, necessária, pertence à essência do Estado; família e sociedade civil são partes reais do Estado, existências espirituais reais da vontade; elas são modos de existência do Estado; família e sociedade civil se fazem, *a si mesmas*, Estado. Elas são a força motriz. Segundo Hegel, ao contrário, elas são *produzidas* pela Ideia real. Não é seu próprio curso de vida que as une ao Estado, mas é o curso de vida da Ideia que as discerniu de si; e, com efeito, elas são a finitude dessa Ideia; elas devem a sua existência a um outro espírito que não é o delas próprio; elas são determinações postas por um terceiro, não autodeterminações; por isso, são também determinadas como "finitude", como a *finitude* própria da "Ideia real". A finalidade de sua existência não é essa existência mesma, mas a Ideia segrega de si esses pressupostos "para ser, a partir da idealidade delas, espírito real e infinito para si", quer dizer, o Estado político não pode ser sem a base natural da família e a base artificial da sociedade civil; elas são, para ele, *conditio sine qua non*[4]. Mas a condição torna-se o condicionado, o determinante

[4] "condição absolutamente necessária". (N.E.A.)

torna-se o determinado, o produtor é posto como o produto de seu produto. A Ideia real só se degrada, rebaixa-se à "finitude" da família e da sociedade civil, para, por meio da suprassunção destas, produzir e gozar sua infinitude); ela divide, *por conseguinte* (para alcançar sua finalidade), nessas esferas, a matéria dessa sua realidade finita (dessa qual? Essas esferas são, de fato, a "sua realidade finita", sua "matéria"?), os "indivíduos como a multidão" ("os indivíduos, a multidão" são aqui matéria do Estado, "deles provém o Estado", essa sua procedência se expressa como um ato da Ideia, como uma "distribuição" que a Ideia leva a cabo com sua própria matéria. O *fato* é que o Estado se produz a partir da multidão, tal como ela existe na forma dos membros da família e dos membros da sociedade civil. A especulação enuncia esse *fato* como um ato da Ideia, não como a ideia da multidão, senão como o ato de uma ideia subjetiva e do próprio *fato* diferenciada), "de maneira que essa divisão, no singular (antes, o discurso era apenas o da divisão dos singulares nas esferas da família e da sociedade civil), pelas circunstâncias, pelo arbítrio etc. aparece mediada". A realidade empírica é, portanto, tomada tal como é; ela é, também, enunciada como racional; porém, ela não é racional devido à sua própria razão, mas sim porque o fato empírico, em sua existência empírica, possui um outro significado diferente dele mesmo. O fato, saído da existência empírica, não é apreendido como tal, mas como resultado místico. O real torna-se fenômeno; porém, a Ideia não tem outro conteúdo a não ser esse fenômeno. Também não possui a Ideia outra finalidade a não ser a finalidade lógica: "ser espírito real para si infinito". Nesse parágrafo, encontra-se resumido todo o mistério da filosofia do direito e da filosofia hegeliana em geral.

> *§ 263.* Nessas esferas, nas quais seus momentos, a singularidade e a particularidade, possuem sua realidade **imediata** e **refletida**, o Espírito é como sua universalidade objetiva que *nelas se manifesta*, como a potência do racional na necessidade, quer dizer, como as *instituições* anteriormente tratadas.
>
> *§ 264.* Os indivíduos da multidão, na medida em que contêm, **eles mesmos**, naturezas espirituais e, com isso, o dúplice momento, quer dizer, o extremo da *singularidade* que sabe e quer *para si* e o extremo da *universalidade* que sabe e quer o substancial e que, por isso, só podem chegar ao direito na medida em que sejam reais como pessoas privadas e, ao mesmo tempo, como pessoas substanciais – atingem, em cada esfera, em parte, imediatamente o primeiro extremo e, em parte, o outro, de maneira que têm a sua autoconsciência essencial nas instituições como o *universal* em si existente de seus interesses particulares e que, em parte, erigem um ofício e uma atividade na corporação voltados a um fim geral.
>
> *§ 265.* Essas instituições fazem, em particular, a *constituição*, isto é, a racionalidade desenvolvida e realizada e são, por isso, a base firme do Estado, bem como da confiança e da disposição (*Gesinnung*) dos indivíduos em relação a ele e aos pilares fundamentais da liberdade pública, visto que nelas a liberdade particular se realiza e se racionaliza, de modo que a união da liberdade e da necessidade venha a existir *em si*, nelas mesmas.

> *§ 266.* **Somente**[5] o Espírito é objetivo e real não apenas como essa (qual?)[6] necessidade [...], mas como a *idealidade* dessa necessidade e como sua interioridade; assim, essa universalidade substancial é, para *ela mesma*, objeto e fim, e essa necessidade se encontra, por isso, igualmente na *forma* da liberdade.

A passagem da família e da sociedade civil ao Estado político consiste, portanto, em que o espírito dessas esferas, que é *em si* o espírito do Estado, se comporte agora, também, como tal em relação a si mesmo e que ele seja, quanto a sua interioridade, *real* em si. A passagem não é, portanto, derivada da essência *particular* da família etc. e da essência particular do Estado, mas da relação *universal* entre *necessidade* e *liberdade*. É exatamente a mesma passagem que se realiza, na lógica, da esfera da Essência à esfera do Conceito. A mesma passagem é feita, na filosofia da natureza, da natureza inorgânica à vida. São sempre as mesmas categorias que animam ora essas, ora aquelas esferas. Trata-se apenas de encontrar, para determinações singulares concretas, as determinações abstratas correspondentes.

> *§ 267.* A *necessidade* na idealidade é o *desenvolvimento* da Ideia dentro de si mesma; ela é, como substancialidade *subjetiva*, a *disposição* **política** e, como *objetiva*, diferentemente daquela, é o *organismo* do Estado, o Estado propriamente *político* e *sua constituição*.

O *sujeito* é, aqui, a "necessidade na idealidade", a "Ideia dentro de si mesma"; o *predicado* é a *disposição política* e a *constituição política*. Em linguagem clara: *a disposição política* é a *substância* subjetiva do Estado e a *constituição política* sua *substância objetiva*. O desenvolvimento lógico da família e da sociedade civil ao Estado é, portanto, pura *aparência*, pois não se desenvolve como a disposição familiar, a disposição social; a instituição da família e as instituições sociais como tais relacionam-se com a disposição política e com a constituição política e com elas coincidem.

A passagem em que o Espírito é "não apenas como essa necessidade e como um *reino da aparência*", mas como "sua idealidade", como a alma desse reino que é para si real e que possui uma existência particular, não é de modo algum uma passagem, uma vez que a alma da família existe para si como amor etc. A pura idealidade de uma esfera real só poderia, contudo, existir como *ciência*.

O importante é que Hegel, por toda parte, faz da Ideia o sujeito e do sujeito propriamente dito, assim como da "disposição política", faz o predicado. O desenvolvimento prossegue, contudo, sempre do lado do predicado.

O parágrafo 268 contém uma bela exposição sobre a *disposição* política, o *patriotismo*, que não tem nada em comum com o desenvolvimento lógico, a

---

5 Em Hegel, "todavia". (N.E.A.)

6 Marx não hesita, aqui, em usar parênteses críticos – o parêntese, além do destaque em negrito, é outra de suas estratégias crítico-argumentativas fundamentais – no meio das citações de Hegel. (N.E.B.)

não ser que Hegel a determina "*somente*" como "resultado das instituições existentes no *Estado*, nas quais a racionalidade existe *realmente*", enquanto, por outro lado, essas instituições são, ao mesmo tempo, uma *objetivação* da disposição política. Cf. a nota a esse parágrafo.

> *§ 269.* A disposição toma seu *conteúdo* particularmente determinado dos diferentes lados do **organismo** do Estado. Esse *organismo* é o desenvolvimento da Ideia em suas distinções e em sua realidade objetiva. Esses lados distintos são, *assim*, os *diferentes poderes*, suas funções e suas atividades, por meio dos quais o **universal** continuamente, e aliás na medida em que esses poderes são determinados pela *natureza do Conceito*, se mantém, *se engendra* de modo *necessário* e, na medida em que é igualmente pressuposto de sua produção, *conserva a si mesmo*; – esse organismo é a *constituição política*.

A constituição política é o organismo do Estado, ou o organismo do Estado é a constituição política. Que os diferentes lados de um organismo se encontrem em uma coesão necessária e oriunda da natureza do organismo, é pura tautologia. Que, uma vez que a constituição política é determinada como organismo, os diferentes lados da constituição, os diferentes poderes, relacionem-se como determinações orgânicas e se encontrem em uma relação racional recíproca, é, igualmente, tautologia. É um grande progresso tratar o Estado político como um organismo, tratar, por consequência, a distinção dos poderes não mais como uma distinção anorgânica[7], mas como uma distinção viva e racional. Mas como Hegel apresenta essa descoberta?

"Esse *organismo* é o desenvolvimento da Ideia em suas distinções e em sua realidade objetiva." Isso não significa: esse organismo do Estado é seu desenvolvimento em distinções e em sua realidade objetiva. O verdadeiro pensamento é: o desenvolvimento do Estado ou da constituição política em distinções e em sua realidade é um desenvolvimento *orgânico*. O pressuposto, o sujeito, são as *distinções reais* ou os *diferentes lados da constituição política*. O predicado é a sua determinação como *orgânicos*. Em vez disso, a Ideia é feita sujeito, as distinções e sua realidade são postas como seu desenvolvimento, como seu resultado, enquanto, pelo contrário, a Ideia deve ser desenvolvida a partir das distinções reais. O orgânico é justamente a *ideia das distinções*, a determinação ideal destas. Mas aqui se fala da *Ideia* como de um sujeito, da Ideia que se desenvolve em *suas* distinções. Além dessa inversão de sujeito e predicado, produz-se aqui a aparência de que o discurso trata de outra ideia que não a do organismo. Parte-se da Ideia abstrata, cujo desenvolvimento no Estado é a *constituição política*. Não se trata, portanto, da ideia política, mas da Ideia abstrata no elemento político. Quando eu digo: "Esse organismo (organismo do Estado, a constituição política) é o desenvolvimento da Ideia em suas distinções etc.", não sei ainda

---

7 Ao que tudo indica um erro de escrita de Marx, que provavelmente quis escrever "mecânica" ou "inorgânica" (*anorganische*). (N.E.A.)

absolutamente nada sobre a *ideia específica* da constituição política; a mesma sentença pode ser dita, com a mesma verdade, tanto do organismo *animal* quanto do organismo *político*. Em que se *diferencia*, portanto, o organismo *animal* do *organismo político*? Tal distinção não resulta dessa determinação universal. Mas uma explicação que não dá a *differentia specifica não* é uma explicação. O único interesse é, pura e simplesmente, reencontrar "a Ideia", a "Ideia lógica" em cada elemento, seja o do Estado, seja o da natureza, e os sujeitos reais, como aqui a "constituição política", convertem-se em seus simples *nomes*, de modo que há apenas a aparência de um conhecimento real, pois esses sujeitos reais permanecem incompreendidos, visto que não são determinações apreendidas em sua essência específica.

"Esses lados distintos são, *assim*, os *diferentes poderes*, suas funções e sua atividade." Por meio da pequena palavra "*assim*", cria-se a aparência de uma consequência, de uma derivação, de um desenvolvimento. Deve-se, antes, perguntar: "Como assim?". Que os "diferentes lados do organismo do Estado" sejam os "diferentes poderes", com suas "funções e atividade", é um fato empírico; que eles sejam membros de um "organismo" é o "predicado" filosófico.

Chamemos a atenção, aqui, para uma peculiaridade estilística de Hegel, que se repete frequentemente e é um produto do misticismo. O parágrafo, em seu conjunto, diz o seguinte:

A disposição toma seu conteúdo particularmente determinado dos **diferentes lados** do **organismo** do Estado. *Esse organismo* é o desenvolvimento da Ideia em suas distinções e em sua realidade objetiva. **Esses lados distintos** são, **assim**, os *diferentes poderes*, suas funções e atividades, por meio dos quais o universal continuamente, e aliás na medida em que esses poderes são determinados pela *natureza do Conceito*, se mantém, *se engendra* de modo *necessário* e, na medida em que é igualmente pressuposto de sua produção, *conserva a si mesmo*; – esse organismo é a *constituição política*.

1) A disposição toma seu conteúdo particularmente determinado **dos diferentes lados** do organismo do Estado. Esses lados distintos são... os *diferentes poderes*, suas funções e suas atividades.

2) A disposição toma seu conteúdo particularmente determinado dos diferentes lados do **organismo** do Estado. **Esse** *organismo* é o desenvolvimento da Ideia em suas distinções e em sua realidade objetiva... por meio dos quais o universal continuamente, e aliás na medida em que esses poderes são determinados pela *natureza do Conceito*, se mantém, *se engendra* de modo *necessário* e, na medida em que é igualmente pressuposto de sua produção, *conserva a si mesmo*; – **esse organismo** é a *constituição política*.

Vê-se como Hegel une as determinações ulteriores em dois sujeitos, nos "diferentes lados do organismo" e no "organismo". Na terceira frase, os "lados distintos" são determinados como os "diferentes poderes". Intercalando-se a palavra "*assim*", é produzida a aparência de que esses "diferentes poderes" são derivados, como desenvolvimento da Ideia, da frase intermediária sobre o organismo.

Continua-se falando, em seguida, dos "diferentes poderes". A determinação de que o universal "se engendra" continuamente e, por meio disso, se conserva, não é nada original, pois isso já está presente na determinação desses poderes como "lados do organismo", como lados "orgânicos". Ou, ainda, essa determinação dos "diferentes poderes" não é senão uma paráfrase para dizer que o organismo é "o desenvolvimento da Ideia em suas distinções etc.".

As frases: esse organismo é "o desenvolvimento da Ideia em suas distinções e na realidade objetiva destas", ou em distinções por meio das quais "o universal" (o universal é, aqui, o mesmo que a Ideia) "continuamente, e aliás na medida em que esses poderes são determinados pela *natureza do Conceito*, se mantém, *se engendra* de modo *necessário* e, na medida em que é igualmente pressuposto de sua produção, *conserva a si mesmo*" são frases idênticas. A última é, simplesmente, uma explicação mais aproximada do "desenvolvimento da Ideia em suas distinções". Hegel não avançou, com isso, um passo sequer no conceito universal "da Ideia" e, no máximo, avançou um pouco no conceito de "organismo" em geral (pois trata-se, precisamente, apenas dessa ideia determinada). O que o autoriza, portanto, a concluir que "esse organismo é a constituição política"? Por que não: "esse organismo é o sistema solar"? Porque ele determinou, mais adiante, os "diferentes lados do Estado" como os "diferentes poderes". A frase: "os diferentes lados do Estado são os diferentes poderes" é uma verdade empírica e não pode se passar por uma descoberta filosófica. Tal frase não é, ademais, de modo algum o resultado de um desenvolvimento anterior. Porém, ao determinar o organismo como o "desenvolvimento *da* Ideia", ao falar das distinções *da* Ideia e ao intercalar, em seguida, o fato concreto dos "diferentes *poderes*", produz-se a aparência de que se desenvolveu um conteúdo *determinado*. À sentença: "a disposição toma seu conteúdo particularmente determinado dos diferentes lados do *organismo do Estado*", Hegel não poderia ajuntar: "*esse* organismo", mas "*o* organismo é o desenvolvimento da Ideia etc.". O que ele diz vale, no mínimo, para todo e qualquer organismo e não há nenhum predicado que justifique o sujeito "*esse*". O verdadeiro resultado a que ele almeja chegar é à determinação do *organismo* como *constituição política*. Não se construiu, porém, nenhuma ponte *pela qual* se possa chegar *à ideia determinada do organismo do Estado ou da constituição política a partir da Ideia universal de organismo*, e tal ponte não pode ser construída nem na eternidade. Na frase inicial, fala-se dos "diferentes lados do organismo do Estado", que são, em seguida, determinados como os "diferentes poderes". Diz-se, portanto, simplesmente: *"os diferentes poderes do organismo do Estado" ou o "organismo estatal dos diferentes poderes" é a "constituição política"* do *Estado*. A ponte para a "constituição *política*" não é construída a partir do "organismo", "*da* Ideia", de suas "distinções" etc., mas a partir do conceito pressuposto de "diferentes poderes", de "organismo do *Estado*".

Na verdade, Hegel não faz senão dissolver a "constituição política" na abstrata Ideia universal de "organismo", embora, aparentemente e segundo sua própria opinião, ele tenha desenvolvido o determinado a partir da "Ideia universal". Ele transformou em um produto, em um predicado da Ideia, o que é seu sujeito; ele não desenvolve seu pensamento a partir do objeto, mas desenvolve o objeto segundo um pensamento previamente concebido na esfera abstrata da lógica. Não se trata de desenvolver a ideia determinada da constituição política, mas de dar à constituição política uma relação com a Ideia abstrata, de dispô-la como um membro de sua biografia (da Ideia): uma clara mistificação.

Outra determinação é a de que os "diferentes poderes" são "determinados pela *natureza do Conceito*" e que, por isso, o universal os "engendra de modo *necessário*". Os diferentes poderes não são, portanto, determinados por sua "própria natureza", mas por uma natureza estranha. Do mesmo modo, a *necessidade* não é extraída de sua própria essência, nem tampouco demonstrada criticamente. Sua sorte é, antes, predestinada pela "natureza do Conceito", encerrada nos registros sagrados da Santa Casa[8] (da Lógica). A alma dos objetos, no caso presente, do Estado, está pronta, predestinada antes de seu corpo, que não é propriamente mais do que aparência. O "Conceito" é o filho na "Ideia", em Deus-pai; é o *agens*[9], determinante e diferenciador. "Ideia" e "Conceito" são, aqui, abstrações autônomas.

> *§ 270.* Que o fim do Estado seja o interesse universal como tal e que, nisso, seja a conservação dos interesses particulares como substância destes últimos, isso é 1) sua *realidade abstrata* ou substancialidade; mas esta última é 2) sua *necessidade*, enquanto ela se divide nas *distinções* conceituais de sua atividade, que são, do mesmo modo, graças àquela substancialidade, determinações *estáveis* e reais, **poderes**; 3) porém, tal substancialidade é, precisamente, o espírito que, *por haver passado pela forma da cultura*, sabe-se e quer a si mesmo. O Estado *sabe*, por isso, o que quer, e o sabe em sua *universalidade*, como *algo pensado*; ele age e atua, por isso, segundo fins sabidos, princípios conhecidos e segundo leis que não são somente *em si*, mas para a consciência; e, do mesmo modo, na medida em que suas ações se atêm às circunstâncias e relações existentes, age e atua segundo o conhecimento determinado que tem delas.

(A nota a esse parágrafo, sobre a relação entre Estado e Igreja, será vista mais adiante.)

A aplicação dessas categorias lógicas merece um exame todo especial.

> Que o **fim** do Estado seja o **interesse universal** como tal e que, nisso, seja a conservação dos interesses particulares como substância destes últimos, isso é 1) sua *realidade abstrata* ou substancialidade.

---

[8] Marx faz referência ao ato V, cena 10, do drama *Don Carlos*, de Friedrich von Schiller. Santa Casa (em espanhol no original) era o nome da prisão da Inquisição, em Madri. (N.E.B.)

[9] "princípio ativo". (N.E.A.)

Que o interesse universal como tal e como existência dos interesses particulares seja o *fim do Estado* – isso é sua realidade, sua existência, abstratamente definida. O Estado não é real sem este fim. É esse o objeto essencial de sua vontade, mas, ao mesmo tempo, apenas uma determinação completamente universal desse objeto. Esse fim, na condição de ser, é o elemento da existência para o Estado.

> Mas esta última (a realidade abstrata, a substancialidade) é 2) sua *necessidade*, enquanto ela se divide nas *distinções* conceituais de sua atividade, que são, do mesmo modo, graças àquela substancialidade, determinações *estáveis* e reais, *poderes*.

Ela (a realidade abstrata, a substancialidade) é sua *necessidade* (do Estado), enquanto sua realidade se divide em *atividades distintas*, cuja distinção é racionalmente determinada e que são, com isso, determinações estáveis. A realidade abstrata do Estado, a sua substancialidade, é necessidade, na medida em que o fim do Estado e a existência do todo só se realizam na existência dos poderes distintos do Estado.

Compreende-se: a primeira determinação de sua realidade era *abstrata*. O Estado não pode ser tratado como realidade simples; ele deve ser tratado como atividade, como uma atividade distinta.

> Sua *realidade abstrata* ou substancialidade é sua *necessidade*, enquanto ela se divide nas distinções conceituais de sua atividade, que são, do mesmo modo, graças àquela **substancialidade**, determinações *estáveis* e reais, poderes.

A relação de substancialidade é relação de necessidade, quer dizer, a Substância aparece dividida em *realidades* ou *atividades* autônomas, porém essencialmente determinadas. Eu poderia empregar essas abstrações a toda e qualquer realidade. Na medida em que, primeiro, eu trato o Estado sob o esquema da realidade "abstrata", tenho que tratá-lo, em seguida, sob o esquema da "realidade concreta", da "necessidade", da distinção realizada.

> 3) Porém, tal substancialidade é, precisamente, o espírito que, por haver *passado pela forma da cultura*, sabe-se e quer a si mesmo. O Estado *sabe*, por conseguinte, o que quer, e o sabe em sua *universalidade*, como *algo pensado*; ele age e atua, por isso, segundo fins sabidos, princípios conhecidos e segundo leis que não são somente *em si*, mas para a consciência; e, do mesmo modo, na medida em que suas ações se atêm às circunstâncias e relações existentes, age e atua segundo o conhecimento determinado que tem delas.

Traduzindo-se esse parágrafo para nossa língua, temos:

1) O *espírito que se sabe e se quer* é a substância do Estado (o espírito *cultivado, autoconsciente*, é o sujeito e o fundamento, é a autonomia do Estado).

2) O *interesse universal e a conservação dos interesses particulares nele* é o fim universal e o conteúdo desse espírito, a substância existente do Estado, a natureza estatal do espírito que se sabe e se quer.

3) O espírito que se sabe e se quer, o espírito cultivado e autoconsciente, atinge a *realização* desse conteúdo abstrato apenas como uma *atividade* distinta, como a existência de *diferentes poderes*, como uma *potência articulada*.

Sobre essa exposição hegeliana, há que se chamar a atenção:

a) São transformados em *sujeitos*: a *realidade abstrata*, a *necessidade* (ou a distinção substancial), a *substancialidade*; portanto, as categorias *lógicas abstratas*. Com efeito, a "realidade abstrata" e a "necessidade" são designadas como "*sua*" realidade e necessidade, isto é, do Estado, embora 1) "*ela*", "a realidade abstrata" ou "substancialidade", seja *sua* "necessidade". 2) *ela* é que "se divide nas distinções conceituais de sua atividade". As "distinções do Conceito" são, "do mesmo modo, graças àquela substancialidade, determinações *estáveis* e reais, *poderes*". 3) A "substancialidade" não é mais tomada como uma determinação abstrata do Estado, como "*sua*" substancialidade; ela é, como tal, transformada em sujeito, pois diz-se, por fim: "*Tal substancialidade* é, porém, precisamente, o espírito que, por haver passado pela forma da cultura, sabe-se e quer a si mesmo".

b) Por fim, também não se diz: "o espírito cultivado etc. é a substancialidade", mas, ao contrário: "a substancialidade é o espírito cultivado etc.". O espírito torna-se, portanto, predicado de seu predicado.

c) A substancialidade, depois de ter sido determinada 1) como o fim universal do Estado e, então, 2) como os poderes distintos, é determinada como 3) o espírito *real* cultivado que se sabe e se quer. O verdadeiro ponto de partida, o espírito que se sabe e se quer, sem o qual o "fim do Estado" e os "poderes do Estado" seriam ficções inconsistentes, vazias de essência, ou até mesmo existências impossíveis, aparece apenas como *último* predicado da substancialidade, já anteriormente determinada como *fim universal* e como os *diferentes poderes do Estado*. Caso se tivesse partido do *espírito real*, o "fim universal" seria seu conteúdo e os diferentes poderes seriam seu modo de se realizar, sua existência *real* ou *material*, cuja determinidade teria sido desenvolvida precisamente a partir da natureza de seu fim. No entanto, porque se partiu da "Ideia" ou da "Substância" como sujeito, como essência real, o *sujeito real* aparece apenas como o *último predicado* do predicado abstrato.

O "fim do Estado" e os "poderes do Estado" são mistificados, visto que são apresentados como "modos de existência" da "Substância" e aparecem como algo separado de sua existência real, do "espírito que se sabe e se quer", do "espírito cultivado".

d) o conteúdo concreto, a determinação real, aparece como formal; a forma inteiramente abstrata de determinação aparece como o conteúdo concreto. A essência das determinações do Estado não consiste em que possam ser consideradas como determinações do Estado, mas sim como determinações lógico-metafísicas em sua forma mais abstrata. O verdadeiro interesse não é a filosofia do direito, mas a lógica. O trabalho filosófico não consiste em que o pensamento se concretize nas determinações políticas, mas em que as determinações políticas existentes se volatilizem no pensamento abstrato. O momento filosófico não é a lógica da coisa, mas a coisa da lógica. A lógica não serve à demonstração do Estado, mas o Estado serve à demonstração da lógica.

1) O interesse universal e, nele, a conservação dos interesses particulares como *fim do Estado*,

2) os diferentes poderes como *realização* desse fim do Estado,

3) o espírito cultivado e autoconsciente, que quer e age, como o *sujeito* do fim e de sua realização.

Essas determinações concretas são compreendidas exteriormente, como *hors-d'oeuvre*[10]; seu sentido filosófico é que o Estado tem nelas o sentido lógico:

1) como realidade abstrata ou substancialidade;

2) que a relação de substancialidade se converte na relação da necessidade, da realidade substancial;

3) que a realidade substancial é, em verdade, *Conceito, subjetividade*.

Omitindo as determinações concretas, que poderiam, igualmente, ser bem confundidas com determinações concretas de uma outra esfera, como, por exemplo, a da Física, e que são, portanto, inessenciais, temos, diante de nós, um *capítulo da lógica*.

A Substância deve "dividir-se nas distinções conceituais, que são, do mesmo modo, graças àquela substancialidade, determinações *estáveis* e reais". Essa frase, a essencial, pertence à lógica e já se encontra pronta e acabada antes da filosofia do direito. Que essas distinções do Conceito sejam, aqui, distinções "de sua atividade (do Estado)" e que sejam "determinações estáveis", "poderes" do Estado, tal parêntese pertence à filosofia do direito, à empiria política. Toda a filosofia do direito é, portanto, apenas um parêntese da lógica. O parêntese é, como por si mesmo se compreende, apenas *hors-d'oeuvre* do desenvolvimento propriamente dito. Cf., por exemplo, p. 347. [§ 270, Adendo]:

> A necessidade consiste em que o todo seja dividido nas distinções do Conceito e em que essa divisão forneça uma determinidade (*Bestimmtheit*) estável e durável, que não é fixa, mas que sempre se reproduz na dissolução.

Cf. também a Lógica.

> *§ 271.* A constituição política é, *em primeiro lugar*: a organização do Estado e o processo de sua vida orgânica *em relação a si mesmo*, na qual ele diferencia seus momentos em seu seio e os desdobra em *existência*.
>
> *Em segundo lugar*, ele é, como uma individualidade, uma unidade *exclusiva* que se relaciona com *outros*, dirige sua distinção, portanto, *para o exterior* e estabelece dentro de si mesmo, segundo essa determinação, em sua idealidade, as suas distinções existentes.
>
> *Adendo*: O Estado interno como tal é o **poder civil**, sendo a direção para o exterior o **poder militar**, que é, contudo, no Estado, um lado nele mesmo determinado.

---

[10] "coisa secundária". (N.E.A.)

I) A constituição interna para si

§ 272. A constituição é racional na medida em que o Estado diferencia e determina a sua atividade *segundo a natureza do Conceito*, de tal modo que *cada* um desses *poderes* seja, em si mesmo, a *totalidade*, e que tenha e contenha dentro de si, ativos, os outros momentos e que estes, uma vez que exprimem a diferença do Conceito, permaneçam simplesmente em sua idealidade e constituam apenas *Um* todo *individual*.

A constituição é, portanto, racional, na medida em que seus momentos podem ser dissolvidos em momentos lógico-abstratos. O Estado diferencia e determina sua atividade não segundo sua natureza específica, mas segundo a natureza do conceito, móbil mistificado do pensamento abstrato. A razão da constituição é, portanto, a lógica abstrata, e não o conceito do Estado. Em lugar do conceito da constituição, obtemos a constituição do Conceito. O pensamento não se orienta pela natureza do Estado, mas sim o Estado por um pensamento pronto.

§ 273. O Estado político se divide, assim (como assim?), nestas distinções substanciais:

a) o poder de determinar e estabelecer o universal, o *poder legislativo*;

b) a subsunção das esferas *particulares* e dos casos singulares sob o universal – o *poder governamental*;

c) a **subjetividade** como a última decisão do querer, o *poder soberano* – no qual os diferentes poderes estão reunidos em uma unidade individual, que é, portanto, o cume e o início do todo – a *monarquia constitucional*.

Voltaremos a esta divisão após examinarmos detalhadamente sua exposição.

§ 274. Como o *Espírito* é somente enquanto **real**, enquanto é aquilo que ele sabe de si, e o Estado, como espírito de um povo, é ao mesmo tempo a lei que *perpassa todas as suas relações*, a moral e a consciência de seus indivíduos, a constituição de um determinado povo depende, em geral, do **modo e formação da autoconsciência desse povo**; nesta autoconsciência reside sua liberdade subjetiva e, com isso, a **realidade da constituição**... Cada povo tem, assim, a constituição que lhe cabe e que lhe é própria.

Do raciocínio de Hegel segue-se apenas que o Estado, em que o "modo e formação da autoconsciência" e a "constituição" se contradizem, não é um verdadeiro Estado. Que a constituição, que era o produto de uma consciência passada, possa se tornar um pesado entrave para uma consciência mais avançada etc. etc., são, por certo, apenas trivialidades. Disso deveria resultar, antes, a exigência de uma constituição que contivesse em si mesma a determinação e o princípio de avançar com a consciência; de avançar com o homem real, o que só é possível quando se eleva o "homem" a princípio da constituição. Hegel é, aqui, *sofista*.

a) O poder soberano

> *§ 275.* O poder soberano contém em si mesmo os três momentos da totalidade, a *universalidade* da constituição e das leis, a deliberação como relação do *particular* com o universal e o momento da *decisão* última como a *autodeterminação* à qual tudo o mais retorna e de onde toma o começo da realidade. Este absoluto autodeterminar-se constitui o **princípio distintivo** do poder soberano como tal, que é o primeiro a ser desenvolvido.

O início desse parágrafo significa apenas o seguinte: "A universalidade da constituição e das leis" é – o *poder soberano*; a *deliberação* ou a relação do *particular* com o universal é – o *poder soberano*. O poder soberano não se encontra fora da universalidade da constituição e das leis, desde que por poder soberano se entenda o poder do monarca (constitucional).

Mas, em verdade, o que Hegel pretende demonstrar é apenas isto: a "universalidade da constituição e das leis" é o poder soberano, a soberania do Estado. É, portanto, incorreto fazer do *poder soberano* o *sujeito* e, uma vez que o poder soberano pode ser compreendido como o poder do príncipe, produzir a ilusão de que ele é o senhor *desse* momento, o seu sujeito. Antes, porém, vejamos o que Hegel entende por "*princípio distintivo do poder soberano como tal*", a saber: "o momento da *decisão* última, como a *autodeterminação* à qual tudo o mais retorna e de onde toma o começo de sua realidade", esta: "autodeterminação absoluta".

Hegel diz, aqui, apenas que: a *vontade efetiva, isto é, individual*, é o *poder soberano*. É o que afirma o § 12:

> A vontade, ... dando-se a forma da *singularidade*, é decisiva e apenas como vontade decisiva ela é vontade **efetiva**.

Na medida em que esse momento da "decisão última" ou da "autodeterminação absoluta" é separado da "universalidade" do conteúdo e da particularidade da deliberação, ele é a *vontade efetiva* como *arbítrio*. Ou: "O *arbítrio* é o poder soberano" ou: "O poder soberano é o arbítrio".

> *§ 276.* A determinação fundamental do Estado político é a unidade substancial como *idealidade* de seus momentos, na qual:
>
> α) os poderes e as funções particulares do Estado são tanto dissolvidas quanto conservadas, e conservadas somente na medida em que não possuem uma legitimação independente, mas apenas uma legitimação tão abrangente quanto é determinado, **na ideia do todo**, que tais poderes e funções derivam **da potência do todo** e são seus membros fluidos, como seu Si-mesmo simples.
>
> *Adendo*: Nesta idealidade dos momentos, ocorre o mesmo que com a vida em um corpo orgânico.

Entenda-se: Hegel fala apenas da ideia "dos poderes e funções particulares". Estes devem ter somente "uma legitimação tão abrangente quanto é determinado na ideia do todo" e devem apenas "derivar da potência do todo". Que isso *deva* ser assim está implícito na ideia de *organismo*. Mas seria preciso demonstrar como isso vem a se realizar. Pois, no Estado, deve reinar a *razão consciente*; a necessidade *substancial* meramente interna e, por isso, meramente externa; o cruzamento acidental dos "poderes e funções" não pode-se fazer passar pelo racional.

> *§ 277.* β) As funções e atividades particulares do Estado *lhe são próprias* como seus momentos essenciais. Conduzidas e exercidas pelos *indivíduos*, elas não estão vinculadas a eles em razão de sua personalidade imediata, mas apenas por suas qualidades universais e objetivas e, portanto, estão unidas à sua personalidade particular como tal de uma maneira exterior e acidental. As funções e atividades estatais não podem, por isso, ser *propriedade privada*.

É evidente que se as funções e atividades *particulares* são chamadas funções e atividades *do Estado*, *função* e *poder estatais*, elas não são *propriedade privada*, mas *propriedade do Estado*. Isso é uma tautologia.

As funções e atividades do Estado estão vinculadas aos indivíduos (o Estado só é ativo por meio dos indivíduos), mas não ao indivíduo como indivíduo *físico* e sim ao indivíduo *do Estado*, à sua *qualidade estatal*. É, por isso, ridículo quando Hegel diz: elas estão "unidas à sua personalidade particular *como tal de uma maneira exterior e acidental*". Elas estão, antes, unidas ao indivíduo mediante um *vinculum substantiale*, por uma qualidade essencial do indivíduo. Elas são a ação natural da sua qualidade essencial. Esse disparate advém do fato de Hegel conceber as funções e atividades estatais abstratamente, para si, e, por isso, em oposição à individualidade particular; mas ele esquece que tanto a individualidade particular como as funções e atividades estatais são funções humanas; ele esquece que a essência da "personalidade particular" não é a sua barba, o seu sangue, o seu físico abstrato, mas sim a sua *qualidade social*, e que as funções estatais etc. são apenas modos de existência e de atividade das qualidades sociais do homem. Compreende-se, portanto, que os indivíduos, na medida em que estão investidos de funções e poderes estatais, são considerados segundo suas qualidades sociais e não segundo suas qualidades privadas.

> *§ 278.* Esta dupla determinação – que as funções e poderes particulares do Estado não são independentes e estáveis, nem para si, nem na vontade particular dos indivíduos, mas têm sua raiz última na **unidade do Estado** como seu **Si-mesmo simples** – constitui a *soberania do Estado*.
>
> O despotismo designa, em geral, a situação da ausência de lei em que a vontade particular como tal, seja a de um monarca seja a de um povo, vale como lei ou, antes, em lugar da lei, ao passo que a soberania, ao contrário, constitui precisamente a situação legal e constitucional, o momento da idealidade das esferas e funções particulares, pelo qual uma tal esfera não é independente e autônoma em seus fins e modos de atuação e centrada apenas em si mesma, mas é determinada, nesses fins e modos de atuação, pelo *fim do todo* (o que foi designado, em termos gerais, com a expressão vaga de o *bem do Estado*), sendo dele dependente. Essa idealidade aparece de uma dupla maneira. – Em situação *de paz*, as esferas e funções particulares dão prosseguimento à

satisfação de suas funções particulares, e isso é, por um lado, apenas o modo da *necessidade* inconsciente da coisa, segundo a qual seu egoísmo *se transforma* na contribuição à conservação recíproca e à conservação do todo; mas, por outro lado, é a *ação direta* vinda do alto, pela qual elas são tanto reconduzidas continuamente ao fim do todo, quanto limitadas pela obrigação de contribuir diretamente para a sua conservação; em *situação de urgência*, porém, seja ela interna ou externa, impõe-se a soberania, em cujo conceito simples conflui o organismo existente em suas particularidades e à qual é confiada a salvação do Estado com o sacrifício daquilo que seria legítimo, situação na qual aquele **idealismo** chega à sua realidade **própria**.

Esse idealismo não é, portanto, desenvolvido em um sistema consciente, racional. Ele aparece, em situação *de paz* ou somente como uma coação externa exercida sobre o poder dominante, sobre a vida privada, por meio da "influência direta do alto", ou como resultado cego, inconsciente, do egoísmo. Ele tem sua "realidade própria" apenas em "situação de guerra ou de urgência" do Estado, na medida em que sua essência se expressa, aqui, como "situação de guerra e urgência" do Estado realmente existente, enquanto sua situação "*pacífica*" é precisamente a guerra e a urgência do egoísmo.

Por isso a *soberania*, o idealismo de Estado, existe somente como necessidade *interna*: como *Ideia*. Hegel se satisfaz com isso, pois se trata apenas da *Ideia*. A soberania existe, portanto, por um lado, apenas como *substância inconsciente, cega*. Logo conheceremos sua outra realidade.

§ 279. A soberania, primeiramente apenas o pensamento *universal* dessa idealidade, *existe* somente como *subjetividade* certa de si mesma e como *autodeterminação* abstrata, porque sem fundamento, da vontade, autodeterminação esta na qual reside a decisão última. É essa a individualidade do Estado como tal, que somente assim é *Uno*. Mas apenas como *sujeito* a subjetividade está em sua verdade, a personalidade apenas como *pessoa* e, na constituição que atingiu a sua real racionalidade, cada um dos três momentos do Conceito tem sua configuração separada, *real para si*. Por isso, esse momento absolutamente decisivo do todo não é a individualidade em geral, mas um indivíduo, o *monarca*.

1) A soberania, primeiramente apenas o pensamento universal dessa idealidade, *existe* somente como a *subjetividade* **certa de si mesma**. Mas apenas como *sujeito* a subjetividade está em sua verdade, a **personalidade** apenas como *pessoa* ... na constituição que atingiu a sua real racionalidade, cada um dos três momentos do Conceito tem sua configuração separada, real para si.

2) A soberania "existe somente como a *autodeterminação* abstrata, porque sem fundamento, da vontade, autodeterminação esta na qual reside a decisão última. É essa a individualidade do Estado como tal, que somente assim é *Uno* ... (e na constituição que atingiu a sua real racionalidade, cada um dos três momentos do Conceito tem sua configuração separada, *real para si*). *Por isso*, esse momento absolutamente decisivo do todo não é a individualidade em geral, mas um indivíduo, o *monarca*".

A primeira frase significa apenas que o pensamento universal dessa idealidade, cuja triste existência acabamos de ver, deveria ser a obra autoconsciente dos sujeitos e, como tal, existir para eles e neles.

Se Hegel tivesse partido dos sujeitos reais como a base do Estado, ele não precisaria deixar o Estado subjetivar-se de uma maneira mística. Diz Hegel: "Mas apenas como *sujeito* a subjetividade está em sua verdade, a personalidade apenas como *pessoa*". Isto também é uma mistificação. A subjetividade é uma determinação do sujeito, a personalidade uma determinação da pessoa. Em vez de concebê-las como predicados de seus sujeitos, Hegel autonomiza os predicados e logo os transforma, de forma mística, em seus sujeitos.

A existência dos predicados é o sujeito: portanto, o sujeito é a existência da subjetividade etc. Hegel autonomiza os predicados, os objetos, mas ele os autonomiza separados de sua autonomia real, de seu sujeito. Posteriormente, o sujeito real aparece como resultado, ao passo que se deve partir do sujeito real e considerar sua objetivação. A Substância mística se torna sujeito real e o sujeito real aparece como um outro, como um momento da Substância mística. Precisamente porque Hegel parte dos predicados, das determinações universais, em vez de partir do ente real (υποχειμενον, sujeito), e como é preciso haver um suporte para essa determinação, a Ideia mística se torna esse suporte. Este é o dualismo: Hegel não considera o universal como a essência efetiva do realmente finito, isto é, do existente, do determinado, ou, ainda, não considera o ente real como o *verdadeiro sujeito* do infinito.

Assim, a soberania, a essência do Estado, é aqui, primeiramente, considerada como uma essência autônoma, é objetivada. Depois, compreende-se, esse objeto deve se tornar novamente sujeito. Mas, então, esse sujeito aparece como uma autoencarnação da soberania, enquanto que a soberania não é outra coisa senão o espírito objetivado dos sujeitos do Estado.

Fazendo abstração desse defeito fundamental da exposição, consideremos essa primeira frase do parágrafo. Tal como se apresenta, ela significa apenas que a soberania, o idealismo do Estado como pessoa, sujeito, existe, é claro, como muitas pessoas, muitos sujeitos, pois nenhuma pessoa singular absorve em si a esfera da personalidade, nem um sujeito singular a esfera da subjetividade. Que idealismo de Estado seria este, que, em lugar de ser a real autoconsciência dos cidadãos do Estado, a alma comum do Estado, seria *uma* pessoa, *um* sujeito? Hegel não desenvolve mais a respeito nessa frase. Mas consideremos, então, a segunda frase, ligada à primeira. O que importa, para Hegel, é apresentar o monarca como o homem-Deus real, como a *encarnação real* da Ideia.

> A soberania ... *existe* somente ... como *autodeterminação* abstrata, porque sem fundamento, da vontade, autodeterminação esta na qual reside a decisão última. É essa a **individualidade** do Estado como tal, que somente assim é *Uno* ... e, na constituição que atingiu a sua real racionalidade, cada um dos três momentos do Conceito tem sua configuração separada, *real para si*. **Por**

> **isso**, esse momento absolutamente decisivo do todo não é a individualidade em geral, mas um indivíduo, o *monarca*.

Já chamamos a atenção para esta frase: o momento da decisão, arbitrária porque determinada, é, em geral, o *poder soberano* da *vontade*. A ideia do *poder soberano*, como Hegel a desenvolve, é apenas a *ideia* do *arbitrário*, da *decisão* da vontade.

Todavia, enquanto Hegel concebe a soberania precisamente como idealismo de Estado, como a determinação real da parte por meio da ideia do todo, ele a transforma agora em "autodeterminação *abstrata*, porque *sem fundamento*, da vontade, autodeterminação esta na qual reside a decisão última. É essa a *individualidade* do Estado como tal". O discurso, que antes falava da subjetividade, fala agora da *individualidade*. O Estado como soberano deve ser *Uno*, *Um indivíduo*, deve possuir individualidade. O Estado é *Uno* "não somente" nesta individualidade; a individualidade é apenas o momento *natural* de sua unidade, a *determinação natural* do Estado. "*Por isso*, esse momento absolutamente decisivo do todo não é a individualidade em geral, mas um indivíduo, o *monarca*". Como? Porque "cada um dos três momentos do Conceito" tem "na constituição que atingiu a sua real racionalidade a *sua* configuração separada, *real para si*".

Um momento do Conceito é a "singularidade"; porém isto não é ainda *Um indivíduo*. E que tipo de constituição seria essa, em que a universalidade, a particularidade e a singularidade teriam, cada uma, "sua configuração separada, *real para si*"? Já que não se trata, em suma, de uma abstração, mas do Estado, da sociedade, pode-se, então, adotar a classificação de Hegel. O que decorreria disso? O cidadão do Estado, ao determinar o universal, é legislador; ao decidir o singular, ao querer *realmente*, *é soberano*; o que significaria: a *individualidade da vontade do Estado* é "*um indivíduo*", um indivíduo particular distinto de todos os outros? Também a *universalidade*, a legislação, tem uma "configuração separada, real para si". Disso poderíamos concluir: "Estes indivíduos particulares são a legislação".

O homem comum:	*Hegel:*
2) O monarca tem o poder soberano, a soberania.	2) A *soberania* do Estado é o monarca.
3) A soberania faz o que quer.	3) A soberania é a "*autodeterminação* abstrata, porque sem fundamento, da vontade, autodeterminação esta na qual reside a decisão última".

Hegel transforma todos os atributos do monarca constitucional na Europa atual em autodeterminações absolutas da *vontade*. Ele não diz: a vontade do monarca é a decisão última, mas a decisão última da vontade é... o monarca. A primeira frase é empírica. A segunda distorce o fato empírico em um axioma metafísico.

Hegel confunde os dois sujeitos: a soberania "como a sua subjetividade autoconsciente" *e* a soberania "como a autodeterminação sem fundamento da vontade", como vontade individual, para, a partir daí, construir a "Ideia" como "*Um* indivíduo".

Compreende-se que a subjetividade autoconsciente deve querer também *realmente*, deve querer como unidade, como indivíduo. Mas quem pôde jamais duvidar que o Estado age por intermédio dos indivíduos? Se Hegel quisesse desenvolver: o Estado deve ter *um* indivíduo como representante de sua unidade individual, ele não deduziria o monarca. Como resultado positivo desse parágrafo retemos apenas o que segue:

O *monarca* é, no Estado, o momento da *vontade individual*, da autodeterminação sem fundamento, do arbítrio.

A nota de Hegel a esse parágrafo é tão curiosa, que devemos elucidá-la mais de perto.

> O desenvolvimento imanente de uma ciência, a *dedução de todo seu conteúdo* a partir do simples *Conceito*, mostra a peculiaridade de que um único e mesmo conceito – aqui a **vontade** –, que, inicialmente, porque é o começo, é abstrato, se conserva, mas condensa suas determinações igualmente apenas por si mesmo e, desse modo, ganha um conteúdo concreto. Esse é o momento fundamental da personalidade primeiramente abstrata no direito imediato, momento que se aperfeiçoou mediante suas diferentes formas de subjetividade e que aqui, no direito absoluto, no Estado, na objetividade da vontade plenamente concreta, é a *personalidade do Estado*, sua *certeza de si mesmo* – esta última, que suprassume todas as particularidades em seu Si-mesmo simples, interrompe a ponderação dos argumentos e contra-argumentos entre os quais se deixa oscilar para cá e para lá, resolvendo-os por meio do: *Eu quero* e dando início a toda ação e realidade.

Primeiramente, não é à "peculiaridade da ciência" que o conceito fundamental da coisa sempre retorna.

Tampouco houve, em seguida, qualquer *progresso*. A *personalidade abstrata* era o sujeito do direito abstrato; ela não mudou; ela é novamente, como *personalidade abstrata*, a *personalidade do Estado*. Hegel não deveria surpreender-se com o fato de que a *pessoa real* – e as pessoas fazem o Estado – reapareça em toda parte como a essência do Estado. Ele deveria, antes, e ainda mais, surpreender-se com o contrário, com o fato de que a pessoa, como pessoa do Estado, reapareça sob uma abstração tão pobre como a pessoa do direito privado.

Hegel, aqui, define o monarca como "a personalidade do Estado, sua certeza de si mesmo". O monarca é a "soberania personificada", a "soberania feita homem", a consciência corpórea do Estado, por meio da qual, portanto, todos os outros estão excluídos dessa soberania, da personalidade e da consciência do Estado. Mas, ao mesmo tempo, Hegel não sabe dar a esta "*Souveraineté Personne*"[11] nenhum outro conteúdo senão o "Eu quero",

[11] "soberania personificada". (N.E.A.)

o momento do arbítrio na vontade. A "razão de Estado" e a "consciência de Estado" são uma "única" pessoa empírica, a exclusão de todas as outras, mas esta razão personificada não tem nenhum conteúdo além da abstração do "Eu quero". *L'état c'est moi*[12].

> Mas, **além disso**, a personalidade e a subjetividade em geral, como relação infinita consigo mesma, tem pura e simplesmente *verdade*, e precisamente sua verdade imediata mais próxima, apenas como pessoa, sujeito que é para si mesmo, e o que é para si mesmo é igualmente pura e simplesmente *Uno*.

É evidente que, na medida em que a personalidade e a subjetividade são somente predicados da pessoa e do sujeito, elas existem, portanto, apenas como pessoa e sujeito, e, de fato, a pessoa é *Una*. Mas Hegel deveria acrescentar: o *Uno* tem verdade somente como *muitos Unos*. O predicado, a essência, jamais esgota as esferas da sua existência em *um Uno*, mas *em muitos Unos*.

Ao invés disso, Hegel conclui:

> A personalidade do Estado é real somente como uma *pessoa*, o *monarca*.

Assim, porque a subjetividade é real apenas como sujeito, e o sujeito apenas como Uno, a personalidade do Estado só é real como uma pessoa. Bela conclusão. Hegel poderia concluir, do mesmo modo: pelo fato de o homem singular ser um Uno, o gênero humano é apenas Um único homem.

> A personalidade exprime o Conceito como tal, a pessoa contém **simultaneamente** a realidade deste último, e o Conceito só é *Ideia*, verdade, com essa determinação.

A *personalidade*, sem a pessoa, é certamente apenas uma abstração; mas a pessoa só é a *ideia real* da personalidade em sua existência genérica, *como as pessoas*.

> O que se denomina uma pessoa *moral*, sociedade, comunidade, família, por mais concreta que ela seja em si mesma, tem a personalidade apenas como momento, nela abstrato; ela não chegou, aí, à verdade de sua existência, mas o Estado é precisamente essa totalidade, na qual os momentos do Conceito alcançam a realidade segundo a sua verdade peculiar.

Nesta frase reina uma grande confusão. A pessoa *moral*, a sociedade etc. é dita abstrata, logo precisamente as formações genéricas nas quais a *pessoa real* traz seu conteúdo real à existência, se objetiva e abandona a abstração da "pessoa *quand même*"[13]. Em vez de reconhecer essa *realização* da pessoa como o que há de mais concreto, o Estado deve ter o privilégio de que nele "o momento do Conceito", a "singularidade", alcance uma "existência" mística. O

---

[12] "O Estado sou eu". (N.E.A.)

[13] "como ela mesma". (N.E.A.)

racional não consiste em que a realidade seja alcançada pela razão da pessoa real, mas sim pelos momentos do Conceito abstrato.

> O conceito do monarca é, por isso, o mais difícil para o raciocínio, ou seja, para a reflexão do entendimento, porque o raciocínio permanece nas determinações isoladas e, assim, só conhece razões, pontos de vista limitados e o *deduzir* das razões. Desse modo, ele representa a dignidade do monarca como algo *deduzido*, não somente segundo a forma, mas segundo sua determinação; ao contrário, seu conceito não é o de ser algo deduzido, mas o de *ter início simplesmente por si mesmo*. Mais próxima da verdade (sem dúvida!) é, por isso, a representação que concebe o direito do monarca como fundado na autoridade divina, pois aí se encontra seu elemento incondicional.

"Ter início simplesmente por si mesmo" vale, em certo sentido, para toda existência; sob esse ponto de vista, tanto para o piolho do monarca quanto para o monarca. Com isso, Hegel não disse nada de especial sobre o monarca. Mas é uma real insanidade querer dizer sobre o monarca algo especificamente diferente de todos os outros objetos da ciência e da filosofia do direito; isto só é correto, sem dúvida, enquanto a "Ideia-de-*uma-única*-pessoa" é algo que deva deduzir-se somente da imaginação, e não do entendimento.

> A *soberania* pode ser dita *popular* no sentido de que um povo em geral seja autônomo *em relação ao exterior* e constitua um Estado próprio etc.

Uma trivialidade. Se o príncipe é a "soberania real do Estado", então "o príncipe" pode, também externamente, valer como o "Estado autônomo", mesmo sem o povo. Mas se ele é soberano porque representa a unidade do povo, então ele é apenas representante, símbolo da soberania popular. A soberania popular não existe por meio dele, mas ele por meio dela.

> Assim, da *soberania interna* pode-se dizer, também, que ela reside no povo, se se fala apenas, em geral, do *todo*, tal como foi demonstrado anteriormente (§ 277, 278), que a soberania compete ao *Estado*.

Como se o povo não fosse o Estado real. O Estado é um *abstractum*. Somente o povo é o *concretum*. E é notável que Hegel atribua sem hesitação uma qualidade viva ao *abstractum*, tal como a soberania, e só o faça com hesitação e reservas em relação ao *concretum*.

> Mas soberania popular, definida em *oposição à soberania existente no monarca*, é o sentido ordinário em que se começou a falar de soberania popular nos últimos tempos – nessa oposição a soberania popular pertence aos pensamentos confusos, em cujo fundamento reside a representação *desordenada* do *povo*.

Os "pensamentos confusos" e a "representação *desordenada*" se encontram, aqui, somente em Hegel. Certamente: se a soberania *existe* no monarca, é uma estupidez falar em uma soberania oposta existente no povo, pois é próprio do conceito de soberania que ela não possa ter uma existência dupla, e muito menos oposta.

Mas:

1) a questão é, precisamente, a seguinte: não é uma ilusão a soberania absorvida no monarca? Soberania do monarca ou do povo, eis a *question*[14].

2) pode-se falar, também, de uma soberania do povo *em oposição à soberania existente no monarca*. Mas, então, não se trata de uma única e mesma soberania, nascida de ambos os lados, mas de *dois conceitos absolutamente contrapostos de soberania*, dos quais um é tal que só pode chegar à existência em um monarca, e o outro tal que só o pode em um povo. Do mesmo modo em que se pergunta: é Deus o soberano, ou é o homem o soberano? Uma das duas soberanias é uma falsidade, ainda que uma falsidade existente.

> O povo, *sem* seu monarca e sem a *articulação* do todo que precisamente **por isso** se relaciona com ele necessária e imediatamente, é a massa informe, que já não é um Estado e para a qual não se aplicam *nenhuma* das determinações que existem somente no todo *formado em si mesmo* – soberania, governo, tribunais, magistratura, estamentos (*Stände*) e o que quer que seja. Pelo fato de se evidenciarem em um povo os momentos relacionados com uma organização, com a vida do Estado, deixa o povo de ser aquele abstrato indeterminado que na simples representação geral se chama povo.

Tudo isso é uma tautologia. Se um povo tem um monarca e uma articulação necessária e diretamente relacionada com ele, quer dizer, se ele está organizado como monarquia, então ele, uma vez excluído dessa articulação, é uma massa informe e uma simples representação geral.

> Se por soberania popular se compreende a forma da república e, mais precisamente, da democracia, então – em face da ideia desenvolvida, não se pode mais falar de tal representação.

De fato, isto é correto, caso se tenha da democracia apenas uma "tal representação" e não uma "ideia desenvolvida".

A democracia é a verdade da monarquia, a monarquia não é a verdade da democracia. A monarquia é necessariamente democracia como inconsequência contra si mesma, o momento monárquico não é uma inconsequência na democracia. Ao contrário da monarquia, a democracia pode ser explicada a partir de si mesma. Na democracia nenhum momento recebe uma significação diferente daquela que lhe cabe. Cada momento é, realmente, apenas momento do dêmos inteiro. Na monarquia, uma parte determina o caráter do todo. A constituição inteira tem de se modificar segundo um ponto fixo. A democracia é o gênero da constituição. A monarquia é uma espécie e, definitivamente, uma má espécie. A democracia é conteúdo e forma. A monarquia *deve* ser apenas forma, mas ela falsifica o conteúdo.

---

[14] Referência à dúvida hamletiana estabelecida por Shakespeare. Em inglês no original. (N.E.B.)

Na monarquia o todo, o povo, é subsumido a um de seus modos de existência, a constituição política; na democracia, a *constituição mesma* aparece somente como *uma* determinação e, de fato, como autodeterminação do povo. Na monarquia temos o povo da constituição; na democracia, a constituição do povo. A democracia é o *enigma* resolvido de todas as constituições. Aqui, a constituição não é somente *em si*, segundo a essência, mas segundo a *existência*, segundo a realidade, em seu fundamento real, o *homem real*, o *povo real*, e posta como a obra *própria* deste último. A constituição aparece como o que ela é, o produto livre do homem; poder-se-ia dizer que, em um certo sentido, isso vale também para a monarquia constitucional, mas a diferença específica da democracia é que, aqui, a *constituição* em geral é apenas *um* momento da existência do povo e que *a constituição política* não forma por si mesma o Estado.

Hegel parte do Estado e faz do homem o Estado subjetivado; a democracia parte do homem e faz do Estado o homem objetivado. Do mesmo modo que a religião não cria o homem, mas o homem cria a religião, assim também não é a constituição que cria o povo, mas o povo a constituição. A democracia, em um certo sentido, está para as outras formas de Estado como o cristianismo para as outras religiões. O cristianismo é a religião χατ' ἐξοχήν[15], a *essência da religião*, o homem deificado como uma religião *particular*. A democracia é, assim, a *essência de toda constituição política*, o homem socializado como uma constituição *particular*; ela se relaciona com as demais constituições como o gênero com suas espécies, mas o próprio gênero aparece, aqui, como existência e, com isso, como uma espécie *particular* em face das existências que não contradizem a essência. A democracia relaciona-se com todas as outras formas de Estado como com seu velho testamento. O homem não existe em razão da lei, mas a lei existe em razão do homem, é a *existência humana*, enquanto nas outras formas de Estado o homem é a *existência legal*. Tal é a diferença fundamental da democracia.

Todas as demais *formas estatais* são uma *forma* de Estado precisa, determinada, *particular*. Na democracia, o princípio *formal* é, ao mesmo tempo, o princípio *material*. Por isso ela é, primeiramente, a verdadeira unidade do universal e do particular. Na monarquia, por exemplo, na república como uma forma de Estado particular, o homem político tem sua existência particular ao lado do homem não político, do homem privado. A propriedade, o contrato, o matrimônio, a sociedade civil aparecem, aqui (Hegel desenvolve de modo bastante correto estas formas *abstratas* de Estado, mas ele *crê* desenvolver a ideia de Estado), como modos de existência *particulares* ao lado do Estado *político*, como o *conteúdo* com o qual o *Estado político* se relaciona como *forma organizadora*, como entendimento que determina, limita, ora afirma, ora nega, sem ter em si mesmo nenhum conteúdo. Na democracia, o Estado político na medida em que ele se encontra ao lado desse conteúdo e dele se diferencia, é

[15] "preferencialmente". (N.E.A.)

ele mesmo um conteúdo *particular*, como uma *forma de existência* particular do povo. Na monarquia, por exemplo, este fato particular, a constituição política, tem a significação do *universal* que domina e determina todo o particular. Na democracia o Estado, como particular, é *apenas* particular, como universal é o universal real, ou seja, não é uma determinidade em contraste com os outros conteúdos. Os franceses modernos concluíram, daí, que na verdadeira democracia o *Estado político desaparece*. O que está correto, considerando-se que o Estado político, como constituição, deixa de valer pelo todo.

Em todos os Estados que diferem da democracia o que domina é o *Estado*, a *lei*, a *constituição*, sem que ele domine realmente, quer dizer, sem que ele penetre materialmente o conteúdo das restantes esferas não políticas. Na democracia, a constituição, a lei, o próprio Estado é apenas uma autodeterminação e um conteúdo particular do povo, na medida em que esse conteúdo é constituição política.

Ademais, é evidente que todas as formas de Estado têm como sua verdade a democracia e, por isso, não são verdadeiras se não são a democracia.

Nos Estados antigos o Estado político constituiu o conteúdo estatal por exclusão das outras esferas; o Estado moderno é um compromisso entre o Estado político e o não político.

Na democracia o Estado *abstrato* deixou de ser o momento preponderante. A luta entre monarquia e república é, ela mesma, ainda, uma luta no interior do Estado abstrato. A república *política* é a democracia no interior da forma de Estado abstrata. A forma de Estado abstrata da democracia é, por isso, a república; porém, aqui, ela deixa de ser a constituição *simplesmente política*.

A propriedade etc., em suma, todo o conteúdo do direito e do Estado é, com poucas modificações, o mesmo na América do Norte assim como na Prússia. Lá, a *república* é, portanto, uma simples *forma* de Estado, como o é aqui a monarquia. O conteúdo do Estado se encontra fora dessas constituições. Por isso Hegel tem razão, quando diz: O Estado político é a constituição; quer dizer, o Estado material não é político. Tem-se, aqui, apenas uma identidade exterior, uma determinação recíproca. Dentre os diversos momentos da vida do povo, foi o Estado político, a constituição, o mais difícil de ser engendrado. A constituição se desenvolveu como a razão universal contraposta às outras esferas, como algo além delas. A tarefa histórica consistiu, assim, em sua reivindicação, mas as esferas particulares não têm a consciência de que seu ser privado coincide com o ser transcendente da constituição ou do Estado político e de que a existência transcendente do Estado não é outra coisa senão a afirmação de sua própria alienação. A *constituição política* foi reduzida à *esfera religiosa*, à *religião* da vida do povo, o céu de sua universalidade em contraposição à *existência terrena* de sua realidade. A esfera política foi a única esfera estatal no Estado, a única esfera na qual o conteúdo, assim como a forma, foi o conteúdo genérico, o verdadeiro universal, mas ao mesmo tempo de modo que, como esta esfera se contrapôs às demais, também seu conteúdo se tornou formal e particular. A *vida política*, em sentido moderno, é o *escolasticismo* da vida do povo. A *monarquia* é a expressão acabada dessa alienação. A *república* é a negação da alienação no interior de sua própria esfera. Entende-se que a constituição como tal só é desenvolvida onde as esferas privadas atingiram uma existência independente. Onde o comércio e a propriedade fundiária ainda não são livres nem independentes, também não o é a constituição política. A Idade Média foi a *democracia da não liberdade*.

A abstração do *Estado como tal* pertence somente aos tempos modernos porque a abstração da vida privada pertence somente aos tempos modernos. A abstração do *Estado político* é um produto moderno.

Na Idade Média havia servos, propriedade feudal, corporações de ofício, corporações de sábios etc.; ou seja, na Idade Média a propriedade, o comércio, a sociedade, o homem são *políticos*; o conteúdo material do Estado é colocado por intermédio de sua forma; cada esfera privada tem um caráter político ou é uma esfera política; ou a política é, também, o caráter das esferas privadas. Na Idade Média, a constituição política é a constituição da propriedade privada, mas somente porque a constituição da propriedade privada é a constituição política. Na Idade Média, a vida do povo e a vida política são idênticas. O homem é o princípio real do Estado, mas o homem *não livre*. É, portanto, a *democracia da não-liberdade*, da alienação realizada. A oposição abstrata e refletida pertence somente ao mundo moderno. A Idade Média é o dualismo *real*, a modernidade é o dualismo *abstrato*.

> Na fase anteriormente referida, na qual foi feita a divisão das constituições em democracia, aristocracia e monarquia, segundo o ponto de vista da **unidade substancial que permanece ainda em si, que ainda não atingiu sua diferenciação infinita e o infinito aprofundamento em si mesma**, o momento da *decisão última da vontade que determina a si mesma* não surge como momento orgânico *imanente* do Estado para si em sua *realidade peculiar*.

Na monarquia, na democracia e na aristocracia imediatas ainda não existe a constituição política como algo distinto do Estado real, material, ou do conteúdo restante da vida do povo. O Estado político ainda não aparece como a *forma* do Estado material. Ou a *res publica*[16] é, como na Grécia, a questão privada real, o conteúdo real do cidadão (*Bürger*), e o homem privado é escravo; o Estado político como político é o verdadeiro e único conteúdo de sua vida e de seu querer; ou, como no despotismo asiático, o Estado político é apenas o arbítrio privado de um indivíduo singular, e o Estado político, assim como o Estado material, é escravo. A diferença do Estado moderno em relação a esses Estados da unidade substancial entre povo e Estado não consiste, como Hegel pretende, no fato de que os diferentes momentos da constituição alcançam uma realidade *particular*, mas, antes, no fato de que a constituição mesma é desenvolvida

[16] "Estado, república; originalmente: coisa pública". (N.E.A.)

como uma realidade *particular* ao lado da real vida do povo, no fato de que o Estado político se torna a *constituição* do resto do Estado.

> *§ 280.* Este último Si-mesmo da vontade do Estado é simples nessa sua abstração e, por isso, singularidade *imediata*; em seu próprio conceito reside, portanto, a determinação da *naturalidade*; o monarca é, por isso, essencialmente como *este* indivíduo, abstraído de qualquer outro conteúdo, e este indivíduo destinado à dignidade do monarca de modo imediato, natural, por meio do *nascimento* natural.

Já ouvimos que a subjetividade é sujeito e que o sujeito é necessariamente indivíduo empírico, *Uno*. Aprendemos, agora, que a determinação da *naturalidade*, da corporeidade, reside no conceito da singularidade *imediata*. Hegel não demonstrou nada senão o óbvio, a saber, que a subjetividade *existe* apenas como indivíduo *corpóreo* e, evidentemente, o *nascimento natural* pertence ao indivíduo corpóreo.

Hegel pretende ter demonstrado que a subjetividade do Estado, a soberania, o monarca é "essencialmente como *este* indivíduo, abstraído de todo outro conteúdo, e este indivíduo destinado à dignidade do monarca de modo imediato, natural, por meio do *nascimento* natural". A soberania, a dignidade do monarca seria, portanto, de nascença. O *corpo* do monarca determina sua dignidade. No ponto culminante do Estado, então, o que decide em lugar da razão é a mera *physis*. O nascimento determinou a qualidade do monarca, assim como ele determina a qualidade do gado. Hegel demonstrou que o monarca deve nascer, do que ninguém duvida; mas ele não demonstrou que o nascimento faz o monarca.

O nascimento do homem como monarca é tão pouco passível de se converter em verdade metafísica quanto a imaculada concepção de Maria. Assim como esta última representação, este fato da consciência, também aquele fato empírico pode ser compreendido de acordo com a ilusão humana e as circunstâncias.

Na nota, que examinamos mais de perto, Hegel abandona-se ao prazer de ter demonstrado o irracional como absolutamente racional.

> Esta passagem do Conceito, da pura autodeterminação à imediatez do ser e, com isso, à naturalidade, é de natureza puramente especulativa; seu conhecimento pertence, portanto, à filosofia lógica.

Pois o puramente especulativo não é que se passe da *pura* autodeterminação, uma abstração, ao outro extremo, a *pura* naturalidade (o acaso do nascimento), *car les extrêmes se touchent*[17]. O especulativo consiste, antes, em que isto seja chamado uma "passagem do Conceito" e em fazer passar a mais perfeita contradição por identidade e a mais alta inconsequência por consequência.

---

17 "pois os opostos se atraem". (N.E.A.)

Pode-se considerar como sendo um credo positivo de Hegel o fato de que, com o monarca hereditário, o lugar da razão que se determina a si mesma é tomado pela determinação natural abstrata, não como o que ela é, determinação natural, mas como suprema determinação do Estado, e que este é o ponto *positivo* em que a monarquia não pode mais salvar a aparência de ser a organização da vontade racional.

> De resto, é **no fundo** a **mesma** (?) passagem conhecida como a **natureza da vontade em geral** e é o processo de traduzir um conteúdo da subjetividade (como fim representado) em existência. Mas a forma **peculiar** da Ideia e da passagem aqui considerada é a *conversão imediata* da **pura autodeterminação da vontade (do Conceito simples mesmo)** num *Este* e numa existência natural, sem a mediação através de um conteúdo *particular* – (um fim no agir).

Hegel diz que a conversão da soberania do Estado (de uma autodeterminação da vontade) no corpo do monarca inato (na existência) é, *no fundo*, a passagem do conteúdo em geral que a vontade faz a fim de *realizar* um fim *pensado*, de traduzi-lo em existência. Mas Hegel diz: *no fundo*. A diferença *peculiar* que ele indica é, portanto, tão peculiar que suprime toda analogia e põe a *magia* no lugar da "natureza da vontade em geral".

Em primeiro lugar, a *conversão* do fim representado em existência é, aqui, *imediata, mágica*. Em segundo lugar, eis o sujeito: a *pura autodeterminação* da vontade, o *Conceito simples mesmo*; é a essência da vontade, como Sujeito místico, que determina; não é um querer real, individual, consciente; é a abstração da vontade, que se transforma numa existência natural; a Ideia pura, que se encarna em *um* indivíduo. Em terceiro lugar, como a realização da vontade em existência natural acontece *imediatamente*, isto é, sem os *meios* que a vontade habitualmente necessita para se objetivar, falta do mesmo modo um fim *particular*, isto é, determinado; compreende-se que "a mediação através de um conteúdo *particular*, de um fim no agir" não tenha lugar, pois não há um sujeito *que age* e a abstração, a pura ideia da vontade, para agir, age de forma mística. Um fim que não é *particular* não é um fim, assim como um agir sem finalidade é um agir carente de finalidade e de sentido. Toda comparação com o ato teleológico da vontade se revela, ao fim e ao cabo, como uma mistificação. Uma ação *sem conteúdo* da Ideia.

O meio é a vontade absoluta e a palavra do filósofo; o fim particular é novamente o fim do sujeito filosofante, construir o *monarca hereditário* a partir da Ideia pura. A realização do fim é a mera *garantia* de Hegel.

> Na assim chamada *prova ontológica* da existência de Deus é a mesma conversão do Conceito absoluto no ser (a mesma mistificação), conversão que constituiu a profundidade da Ideia nos tempos modernos, mas que mais recentemente foi considerada (com razão) como *inconcebível*.
>
> Mas como se considera que a representação do monarca cabe inteiramente à consciência comum (isto é, sensata), o entendimento permanece, aqui, cada vez

mais em sua separação e nos resultados decorrentes de seu tino raciocinador, e nega, então, que o momento da decisão última no Estado *em si e para si* (isto é, no Conceito racional) seja ligado à naturalidade imediata.

Nega-se que a *decisão última nasça*, e Hegel afirma que o monarca é a decisão última nascida; mas quem jamais duvidou que a decisão última no Estado seja ligada a indivíduos reais, *corpóreos*, e, portanto, "à naturalidade imediata"?

§ *281.* Ambos os momentos em sua unidade indivisa, o Si-mesmo último sem fundamento da vontade e a existência também por isso sem fundamento, como determinação reservada à *natureza* – essa ideia de *não ser movido* pelo arbítrio constitui a *majestade* do monarca. Nesta unidade reside a *unidade real* do Estado, que somente por meio dessa sua *imediatez* interna e *externa* escapa à possibilidade de ser reduzida à esfera da *particularidade*, com seu arbítrio, fins e opiniões, à luta das facções entre si pelo trono e ao enfraquecimento e desintegração do poder do Estado.

Os dois momentos são: o *acaso da vontade*, o arbítrio e o *acaso da natureza*, o nascimento; enfim: *Sua Majestade, o acaso*. O acaso é, portanto, a *unidade real* do Estado.

Que uma "imediatez interna e externa" deva ser retirada da colisão etc. é uma afirmação incompreensível de Hegel, pois justamente ela é abandonada à colisão.

O que Hegel diz da monarquia eletiva vale em grau ainda maior para o monarca hereditário:

Em uma monarquia eletiva, em razão da natureza da relação na qual a vontade *particular* é constituída em decisão última, a constituição se torna *capitulação* eleitoral [...] a entrega do poder de Estado à discrição da vontade particular, do que resulta a transformação dos **poderes** particulares **do Estado em propriedade privada** etc.

§ *282.* Da soberania do monarca decorre o *direito de indultar* os criminosos, pois somente a ela compete a realização do poder do Espírito, de tornar o acontecido não acontecido e anular o delito no perdão e no esquecimento.

O direito de indultar é o direito da *graça*. A *graça* é a mais alta expressão do *arbítrio acidental*, significativamente concebido por Hegel como um atributo próprio do monarca. No próprio Adendo, Hegel determina que sua origem é "*a decisão sem fundamento*".

§ *283.* O *segundo* momento, contido no poder do soberano, é o da *particularidade* ou do conteúdo determinado e da subsunção deste último ao universal. Na medida em que ele assume uma existência particular, os mais altos cargos deliberativos e seus ocupantes são aqueles que trazem ao **monarca**, pela decisão, o conteúdo dos assuntos do Estado que se apresentam ou das determinações legais tornadas necessárias a partir dos carecimentos existentes, com seus lados *objetivos*, os fundamentos para a decisão, a legislação pertinente, as circunstâncias etc. A escolha dos *indivíduos* para estas funções, assim como sua remoção, recai no **arbítrio ilimitado** do monarca, já que eles têm a ver com a sua pessoa imediata.

§ *284.* Apenas esses cargos ou indivíduos deliberativos estão sujeitos à *responsabilidade*, na medida em que o *objetivo* da decisão, o conhecimento do conteúdo e das circunstâncias, os fundamentos legais e os outros fundamentos de determinação são os únicos passíveis de **responsabilidade**, isto é, de prova da objetividade e, por isso, ela pode recair em uma deliberação distinta da vontade do monarca como tal; mas a majestade própria do monarca, como subjetividade que decide em última instância, é elevada acima de toda responsabilidade pelos atos do governo.

Hegel descreve aqui de modo inteiramente empírico o *poder ministerial*, tal como ele é na maior parte das vezes determinado nos Estados constitucionais. Tudo o que a filosofia acrescenta é fazer deste "fato empírico" existência, o predicado do "momento da *particularidade* no poder soberano".

(Os ministros representam o lado racional, objetivo, da vontade soberana. Cabe a eles, por isso, a *honra* da responsabilidade; enquanto o monarca se satisfaz com a peculiar imaginação da "majestade".) O momento especulativo é, portanto, bastante escasso. Em contrapartida, o desenvolvimento depende, em especial, de fundamentos inteiramente empíricos e, de fato, muito abstratos e muito ruins.

Assim, por exemplo, a eleição dos ministros é deixada ao "arbítrio ilimitado" do monarca, "já que eles têm a ver com a sua pessoa imediata", isto é, já que eles são ministros. Do mesmo modo, a "eleição ilimitada" do *criado de quarto* do monarca pode ser desenvolvida a partir da Ideia absoluta.

A *responsabilidade* dos ministros é melhor fundamentada "na medida em que o *objetivo* da decisão, o conhecimento do conteúdo e das circunstâncias, os fundamentos legais e os outros fundamentos de determinação são os únicos passíveis de *responsabilidade*, de *prova da objetividade*". Entende-se que "a subjetividade que decide em última instância", a subjetividade pura, o puro arbítrio, não é objetiva, e portanto também incapaz de uma prova de objetividade ou de responsabilidade tão logo um indivíduo seja a *existência consagrada, sancionada* do arbítrio. A demonstração de Hegel é contundente se se parte dos pressupostos constitucionais, mas Hegel não demonstrou estes pressupostos pelo fato de tê-los analisado em sua noção fundamental. *Nessa confusão reside* a *total ausência de crítica* da filosofia do direito hegeliana.

§ *285.* O *terceiro* momento do poder soberano diz respeito ao universal em si e para si, que consiste, considerado subjetivamente, na *consciência* do *monarca*, considerado objetivamente, no *todo da constituição* e nas *leis*; o poder soberano *pressupõe*, nesta medida, os outros momentos, **assim como cada um destes o pressupõe**.

§ *286.* A *garantia objetiva* do poder soberano, a sucessão legítima ao trono segundo a hereditariedade etc., reside em que, assim como esta esfera tem sua realidade **separada** dos outros momentos determinados por meio da razão, assim também estes outros têm para si os direitos e deveres próprios à sua determinação; cada membro, ao se conservar para si, precisamente por isso conserva, no organismo racional, os outros em sua peculiaridade.

Hegel não vê que, por meio deste terceiro momento, o "universal em si e para si", os dois primeiros momentos vão pelos ares, ou vice-versa. "O poder soberano pressupõe, nesta medida, os outros momentos, assim como cada um destes o pressupõe". Se esta tese fosse tomada não misticamente, mas realisticamente, então o poder do príncipe não seria posto pelo nascimento, mas pelos outros momentos, portanto não hereditariamente, mas de maneira fluida, quer dizer, seria uma determinação do Estado distribuída alternadamente aos indivíduos do Estado segundo o organismo dos outros momentos. Em um organismo racional a cabeça não pode ser de ferro e o corpo de carne. Para que os membros se conservem, eles precisam ser *de igual nascimento*, de uma só carne e um só sangue. Mas o monarca hereditário não é de igual nascimento, ele é de outra matéria. A prosa da vontade racionalista dos outros membros do Estado defronta-se aqui com a magia da natureza. Além disso, os membros só podem se conservar reciprocamente se o organismo inteiro é fluido e se cada um de seus membros é suprassumido nesta fluidez e que nenhum seja, portanto, "imutável" e "inalterável" como, aqui, a cabeça do Estado. Por meio desta determinação, Hegel suprime a "soberania de nascença".

Em segundo lugar, a irresponsabilidade. Se o príncipe infringe o "todo da constituição", as "leis", cessa sua irresponsabilidade, porque cessa sua existência constitucional; mas precisamente essas leis, essa constituição, o fazem irresponsável. Elas contradizem, portanto, a si mesmas, e esta *única* cláusula suprime a lei e a constituição. A constituição do monarca constitucional é a *irresponsabilidade*.

Hegel se contenta, porém, com "que, assim como esta esfera (tem) sua realidade *separada* dos outros momentos determinados por meio da razão, assim também estes outros têm *para si* os direitos e deveres *próprios* à sua determinação", de modo que ele deveria chamar a constituição medieval de uma organização; assim, ele não tem mais do que uma massa de esferas particulares que encontram-se juntas em uma relação de necessidade exterior e, certamente, aqui convém apenas um monarca corpóreo. Em um Estado onde cada determinação existe *para si*, também a *soberania do Estado* deve ser consolidada em um indivíduo *particular*.

Resumo do desenvolvimento de Hegel sobre o poder soberano ou a *ideia da soberania do Estado.*

Na nota do § 279, p. 367, lê-se:

Da *soberania popular* pode-se dizer que um povo em geral seja independente *em relação ao exterior* e constitua um Estado próprio, tal como o povo da Grã-Bretanha; mas o povo da Inglaterra ou da Escócia, da Irlanda ou de Veneza, de Gênova, do Ceilão etc. não são mais povos soberanos desde o momento em que deixaram de ter **seus próprios príncipes** ou governos supremos para si.

A *soberania popular* é aqui, portanto, a *nacionalidade*; a soberania do príncipe é a *nacionalidade*, ou o princípio do principado é a *nacionalidade*, que forma para si e exclusivamente a soberania de um povo. Um povo cuja *soberania* consiste *apenas* na nacionalidade, possui um *monarca*. As diferentes nacionalidades dos povos não podem ser melhor apreendidas e expressas que por meio dos diferentes *monarcas*. O abismo entre um indivíduo absoluto e o outro se encontra entre estas nacionalidades.

Os *gregos* (e romanos) eram *nacionais* porque e na medida em que eram o *povo soberano*. Os germanos são *soberanos* porque e na medida em que são nacionais (vide p. XXXIV)[18].

(ad. p. XII)

"O que se denomina uma pessoa *moral*", como consta mais adiante na mesma nota,

> sociedade, comunidade, família, por mais concreta que ela seja em si mesma, tem a personalidade apenas como momento, **nela abstrato**; ela não chegou, aí, à **verdade de sua existência**, mas o Estado é precisamente essa totalidade, na qual os momentos do Conceito alcançam a realidade segundo a sua verdade **peculiar**.

A pessoa moral, sociedade, família etc. tem em si a personalidade apenas abstratamente; já no monarca, ao contrário, a *pessoa* tem *em si* o *Estado*.

Na verdade, foi somente na pessoa *moral*, sociedade, família etc. que a *pessoa abstrata* deu à sua *personalidade* uma existência verdadeira. Mas Hegel concebe sociedade, família etc., a *pessoa moral* em geral, não como a realização da pessoa real, empírica, mas como pessoa *real* que tem nela, porém, o momento da personalidade apenas abstratamente. É por isso que, para ele, também não é a pessoa real que se converte em Estado, mas é o Estado apenas que deve se converter em pessoa real. Em vez de o Estado ser produzido como a mais elevada realidade da pessoa, a mais elevada realidade social do homem, ocorre que *um único* homem empírico, uma pessoa empírica, é produzido como a mais alta realidade do Estado. Esta inversão do subjetivo no objetivo e do objetivo no subjetivo (que decorre do fato de Hegel querer escrever a biografia da Substância abstrata, da Ideia; que, portanto, a atividade humana etc. tenha que aparecer como atividade e resultado de uma outra coisa; que Hegel queira deixar agir como uma singularidade imaginária o ser do homem para si, em lugar de deixá-lo agir

[18] As observações que seguem, até o parágrafo 287, antes do início de "b) O poder governamental", foram acrescentadas posteriormente por Marx. Isso pode ser visto através da numeração dos cadernos manuscritos originais de Marx; o autor deixou claro, todavia, que essas observações deveriam ser acrescentadas exatamente aqui. (N.E.B.)

na sua existência *real, humana*) tem necessariamente como resultado que uma *existência empírica* é tomada de maneira *acrítica* como a verdade real da Ideia; pois não se trata de trazer a existência empírica à sua verdade mas, antes, de trazer a verdade a uma existência empírica, de tal modo que aquilo que se encontra mais próximo é desenvolvido como um momento *real* da Ideia. (Retomaremos posteriormente esta conversão necessária do empírico em especulativo e do especulativo em empírico.)

Desta maneira, portanto, produz-se também a impressão de algo *místico* e *profundo*. É muito banal que o homem tenha que nascer e que esta existência, posta pelo nascimento físico, eleve-se ao homem social etc., até ao cidadão do Estado; o homem se torna, pelo nascimento, tudo o que ele se torna. Mas é muito profundo, é chocante que a ideia do Estado nasça imediatamente e que, no nascimento do príncipe, ela mesma se engendre como existência empírica. Deste modo não se ganha nenhum conteúdo, mas apenas se modifica a *forma* do conteúdo velho. Ele recebeu uma *forma* filosófica, um atestado filosófico.

Uma outra consequência dessa especulação mística é que uma existência empírica *particular*, uma única existência empírica, é concebida como a *existência* da *Ideia* em contraste com as demais. Produz, em seguida, uma impressão profunda, mística, ver uma existência *particular* posta pela Ideia e encontrar em todos os níveis um Deus feito homem.

Se, por exemplo, no desenvolvimento da família, da sociedade civil, do Estado etc., estes modos sociais de existência do homem fossem considerados como realização e objetivação de seu ser, então família etc. apareceriam como qualidades inerentes a um sujeito. O homem permanece sempre como o ser de todos estes seres; estes, no entanto, aparecem também como sua universalidade *real* e, assim, como o *comum*. Se, em contrapartida, família, sociedade civil, Estado etc. são determinações da Ideia, a Substância como sujeito, elas devem, então, assumir uma realidade empírica, sendo cidadã a massa dos homens na qual se desenvolve a ideia da sociedade civil e, a outra, cidadã do Estado. Como se trata, no fundo, apenas de uma *alegoria*, de atribuir a uma existência empírica qualquer o *significado* da Ideia realizada, então é evidente que estes receptáculos completaram sua determinação tão logo se tornaram uma incorporação determinada de um momento da vida da Ideia. Assim, o universal aparece por toda parte como algo de particular, de determinado, enquanto o singular não atinge em lugar algum sua verdadeira universalidade.

Isto aparece como necessário, portanto, do modo mais profundo e especulativo, quando as determinações mais abstratas – que não são desenvolvidas em nenhuma verdadeira realização social, as bases naturais do Estado, como o nascimento (no príncipe) ou a propriedade privada (no morgadio (*Majorat*)) – aparecem como as ideias mais elevadas, imediatamente feitas homem.

E é evidente. O verdadeiro caminho a ser percorrido está invertido. O mais simples é o mais complexo e o mais complexo o mais simples. O que deveria ser ponto de partida se torna resultado místico e o que deveria ser resultado racional se torna ponto de partida místico.

Mas se o príncipe é a *pessoa* abstrata, que tem o *Estado em si*, isto significa tão somente que a essência do Estado é a pessoa abstrata, a *pessoa privada*. Só no seu ápice ele exprime seu segredo. O príncipe é a única pessoa privada na qual se realiza a relação da pessoa privada em geral com o Estado.

A hereditariedade do príncipe resulta de seu conceito. Ele deve ser a pessoa especificamente distinta de todo o gênero, de todas as outras pessoas. Qual é, então, a diferença última, precisa, de uma pessoa em relação a todas as outras? O *corpo*. A mais alta função do corpo é a *atividade sexual*. O ato constitucional mais elevado do rei é, portanto, sua atividade sexual, pois por meio dela ele *faz* um rei e dá continuidade a seu corpo. O corpo de seu filho é a reprodução de seu próprio corpo, a criação de um corpo real.

b) O poder governamental

> *§ 287*. Diferentes da **decisão** são a **execução** e a **aplicação** das decisões do soberano e, em geral, o prosseguimento e a manutenção do que foi decidido anteriormente, das leis, das disposições, das instituições existentes para fins comuns etc. Esta função de *subsunção* em geral compreende o *poder governamental* em si, no qual estão, do mesmo modo, compreendidos os poderes *judiciário* **e** *policial*, que têm mais diretamente relação com a particularidade da sociedade civil e fazem valer nestes fins o interesse universal.

A explicação ordinária do poder governamental. O que se pode indicar como *peculiar* a Hegel é, apenas, que ele *coordena poder governamental*, poder policial e *poder judiciário*, enquanto geralmente os poderes administrativo e judiciário são tratados como poderes opostos.

> *§ 288*. Os interesses *particulares* em comum que recaem na sociedade civil e que se encontram **fora do universal em si e para si do Estado** (§ 256) têm a sua administração nas **corporações** (§ 251) das comunas e demais ofícios e estamentos, em suas autoridades, diretores, administradores e semelhantes. Na medida em que estas questões, das quais eles se ocupam, são, por um lado, a *propriedade privada* e o *interesse* dessas esferas *particulares* e que, segundo este lado, sua autoridade repousa na confiança de seus colegas de estamento e concidadãos e que, por outro lado, esses círculos têm de ser subordinados aos mais altos interesses do Estado, a ocupação destes cargos resultará, em geral, de uma mistura de eleição pública desses interessados e de uma confirmação e determinação superiores.

Simples descrição da situação empírica em alguns países.

> *§ 289*. A *manutenção* do *interesse universal* do Estado e da *legalidade* nestes direitos particulares e a recondução destes àquele exige uma gestão da parte dos **delegados** do poder governamental, dos *funcionários estatais* **executivos** e das superiores autoridades consultivas enquanto colegialmente constituídas, que convergem para as instâncias supremas que tocam o monarca.

Hegel não *desenvolveu* o *poder governamental*. Mas mesmo supondo-se que o tenha feito, ele não demonstrou que esse poder é mais do que *uma função*, uma *determinação* do cidadão do Estado em geral; considerando-o como um poder *particular*, *separado*, ele deduziu apenas que ele considera os "interesses particulares da sociedade civil" como interesses "que se encontram fora do universal em si e para si do Estado".

> Como a **sociedade civil é o campo de batalha do interesse privado individual de todos contra todos, então tem lugar, aqui, o conflito desse interesse com as questões comuns particulares e o conflito destas, juntamente** com aquele, contra os mais elevados pontos de vista e disposições do Estado. O espírito corporativo, que se produz na legitimação das esferas particulares, converte-se em si mesmo, simultaneamente, no espírito do Estado, visto que ele tem, no Estado, o meio de conservação dos fins particulares. Este é o **segredo** do patriotismo dos cidadãos no sentido de que eles sabem o Estado como sua substância, *porque* ele conserva as suas esferas particulares, a sua legitimidade e a sua autoridade, assim como o seu bem-estar. No espírito corporativo, na medida em que ele contém *imediatamente* o *enraizamento* do *particular no universal*, encontra-se, portanto, a profundidade e a força que o Estado tem na *disposição*.

Isso é estranho

1) pela definição da sociedade civil como *bellum omnium contra omnes*[19];

2) porque o *egoísmo privado* é revelado como o "*segredo do patriotismo dos cidadãos*" e como "a profundidade e a força do Estado na disposição";

3) porque o "cidadão", o homem do interesse particular em oposição ao universal, o membro da sociedade civil, é considerado como "indivíduo fixo", do mesmo modo que o Estado se opõe, em "indivíduos fixos", aos "cidadãos".

Hegel, pode-se dizer, teria de conceber a "sociedade civil", assim como a "família", como determinação de cada indivíduo do Estado, do mesmo modo, portanto, as ulteriores "qualidades estatais" como determinação do indivíduo do Estado em geral. Mas não é o mesmo indivíduo que desenvolve uma nova determinação da sua essência social. É a essência da vontade quem desenvolve suas determinações pretensamente a partir de si mesma. As presentemente diversas e separadas existências empíricas do Estado são consideradas encarnação imediata de uma dessas determinações.

Como o universal como tal é tornado independente, ele é imediatamente confundido com a existência empírica e, logo a seguir, o finito é tomado de maneira acrítica pela expressão da Ideia.

Hegel contradiz a si mesmo, aqui, somente enquanto ele não considera o "homem de família", na mesma medida que o cidadão, como uma raça fixa, excluída das qualidades restantes.

---

[19] "a guerra de todos contra todos". (N.E.A.)

> *§ 290.* Nos **negócios do governo** se encontra, igualmente, a *divisão do trabalho*. A organização das autoridades tem, nessa medida, a tarefa formal, porém difícil, de fazer com que a vida burguesa, lá onde ela é *concreta*, seja governada concretamente a partir de baixo, mas de fazer com que essa função seja dividida em seus ramos *abstratos*, que são geridos pelas autoridades próprias como centros distintos, cuja atividade voltada para baixo, assim como no supremo poder governamental, converge novamente para uma visão global concreta.

O *Adendo* a essa parte será considerado posteriormente.

> *§ 291.* As tarefas governamentais são de natureza *objetiva*, para si já decidida segundo a sua substância (§ 287) e devem completar-se e realizar-se por meio de *indivíduos*. Entre os dois não há qualquer enlace imediato, **natural**; por isso, os indivíduos não são destinados a elas por meio da personalidade natural e do nascimento. O momento objetivo para a sua destinação àquelas tarefas é o conhecimento e a demonstração de sua aptidão – demonstração que assegura ao Estado aquilo de que ele necessita e, como única condição, assegura simultaneamente, a cada cidadão, a **possibilidade** de se dedicar ao estamento universal.

> *§ 292.* Como aqui o lado objetivo não reside na genialidade (como, por exemplo, na arte), o lado subjetivo, por meio do qual *este* indivíduo, dentre vários, e há necessária e indeterminadamente *vários*, dentre os quais a preferência não é, em absoluto, determinável, é escolhido e nomeado para um cargo e é investido na condução de uma função pública, essa conjunção do indivíduo e do cargo, como dois lados sempre acidentais para si um em relação ao outro, compete ao poder do príncipe enquanto poder estatal decisivo e soberano.

> *§ 293.* As funções particulares do Estado que a **monarquia** outorga às autoridades constituem uma parte do lado *objetivo* da soberania inerente ao monarca; a sua *diferença* determinada é dada, do mesmo modo, pela natureza da coisa; e como a atividade das autoridades é o cumprimento de um dever, então sua função é, também, um direito subtraído à acidentalidade.

Cabe apenas chamar a atenção para o "lado *objetivo* da soberania *inerente* ao monarca".

> *§ 294.* O indivíduo que se liga a um cargo oficial por meio do ato soberano (§ 292) está destinado ao cumprimento do seu dever, à substancialidade de sua relação como condição dessa ligação, na qual ele encontra, *como consequência* dessa relação substancial, o poder e a satisfação assegurada da sua particularidade (§ 264) e a liberação de sua situação externa e de sua atividade oficial em relação a outra dependência e influência subjetivas.

O serviço público, como se lê na nota,

> exige [...] o sacrifício da satisfação independente e caprichosa dos fins subjetivos e dá, precisamente por isso, o direito de encontrar satisfação na prestação conforme o dever, mas somente nela. Nisso se encontra, por esse lado, a ligação do interesse universal com o particular, que constitui o conceito e a estabilidade interna do Estado (§ 260). Por meio da satisfação

assegurada da carência particular, é suprimida a necessidade externa, que pode levar à procura de meios para sua satisfação às custas da atividade oficial e do dever. No poder universal do Estado, os encarregados de suas funções encontram proteção contra o outro lado subjetivo, contra as paixões privadas dos governados, cujo interesse privado etc. é ofendido fazendo-se valer contra ele o universal.

§ 295. A garantia do Estado e dos governados contra o abuso do poder por parte das autoridades e de seus funcionários reside, por um lado, imediatamente na sua hierarquia e responsabilidade e, por outro lado, na legitimação das comunas, corporações, como aquilo por meio do qual é inibida, para si, a interferência do arbítrio subjetivo no poder conferido aos funcionários e o controle insuficiente do alto, que não atinge a conduta individual, é completado pelo controle de baixo.

§ 296. Porém, que a impassibilidade, a legalidade e a benevolência da conduta se tornem *costume*, isto depende, em parte, da direta *formação ética* e de *pensamento*, que serve de contrapeso espiritual àquilo que a aprendizagem das assim chamadas ciências dos objetos dessas esferas, a prática exigida das funções, o trabalho efetivo etc. têm em si de mecânico e algo semelhante; por outro lado, o *tamanho* do Estado é um momento capital, por meio do qual tanto o peso dos laços familiares e outros laços privados são enfraquecidos, quanto a vingança, o ódio e outras paixões semelhantes se tornam mais impotentes e, com isso, mais inofensivas; na ocupação com os grandes interesses existentes em um grande Estado, estes lados subjetivos desaparecem para si e produz-se o hábito dos interesses, das opiniões e das funções universais.

§ 297. Os membros do governo e os funcionários do Estado constituem a parte principal do *estamento médio* (*Hauptteil des Mittelstandes*), no qual se encontram a inteligência cultivada e a consciência jurídica da massa do povo. Que esse estamento não assuma a posição de uma aristocracia e que a sua cultura e habilidade não se tornem um meio de arbítrio e de dominação, isto é assegurado pelas **instituições da soberania**, pelo alto, e pelos **direitos das corporações**, por baixo.

Adendo. No estamento médio, ao qual pertencem os funcionários estatais, residem a consciência do Estado e a cultura a mais eminente. Por isso, ele constitui o pilar fundamental do Estado em relação à retidão e à inteligência. [...] Que esse estamento médio seja cultivado, é um interesse capital do Estado, mas isso só pode acontecer em uma organização como aquela que examinamos, ou seja, mediante a legitimação de círculos particulares que são relativamente independentes e graças a um **mundo de funcionários** cujo arbítrio se rompe diante de tais círculos legitimados. O agir de acordo com o direito universal e o hábito desse agir é uma consequência da oposição formada pelos círculos para si independentes.

O que Hegel diz sobre o "poder governamental" não merece o nome de desenvolvimento filosófico. A maior parte dos parágrafos poderia figurar, literalmente, no código civil prussiano e, entretanto, a administração propriamente dita é o ponto mais difícil do desenvolvimento.

Como Hegel já reivindicou para a esfera da sociedade civil o poder "policial" e o poder "judicial", então o *poder governamental* não é senão a administração, que ele desenvolve como *burocracia*.

Na burocracia está pressuposta, primeiramente, a "*autoadministração*" da sociedade civil em "*corporações*". A única determinação que a ela se acrescenta é de que a eleição dos administradores, de suas autoridades etc. é uma eleição *mista*, de iniciativa dos cidadãos e confirmada pelo poder governamental propriamente dito ("confirmação *superior*", como diz Hegel).

Sobre esta esfera, para "a manutenção do interesse universal do Estado e da legalidade", encontram-se os "*delegados* do poder governamental", os "funcionários estatais executivos" e as "autoridades colegialmente constituídas" que convergem no "monarca".

Na "função do governo", encontra-se a "divisão do trabalho". Os indivíduos devem demonstrar sua capacidade para as funções governamentais, isto é, prestar exames. A escolha dos indivíduos *determinados* para os cargos públicos compete ao poder soberano do Estado. A distribuição dessas funções é "dada pela natureza da coisa". A função pública é o dever, a vocação dos funcionários do Estado. Eles devem ser, portanto, *remunerados* pelo Estado. A garantia contra o abuso da burocracia é, por um lado, a hierarquia e a responsabilidade dos funcionário e, por outro lado, a legitimação das comunas, corporações; sua humanidade depende, de um lado, da "direta formação ética e de pensamento" e, de outro, do "tamanho do Estado". Os funcionários constituem a "parte principal do estamento médio". As "instituições da soberania, pelo alto", e os "direitos das corporações, por baixo", protegem contra a transformação desse estamento em "aristocracia e dominação". O "estamento médio" é o estamento da "cultura". *Voilà tout*[20]. Hegel nos dá uma descrição empírica da burocracia, em parte como ela realmente é, em parte segundo a opinião que ela tem de seu próprio ser. E, com isso, o difícil capítulo do "poder governamental" está concluído.

Hegel parte da *separação* entre "Estado" e sociedade "civil", entre os "interesses particulares" e o "universal que é em si e para si", e a burocracia está, de fato, baseada *nessa separação*. Hegel parte do pressuposto das "corporações" e, de fato, a burocracia pressupõe as "*corporações*", ao menos o "espírito corporativo". Hegel não desenvolve nenhum *conteúdo* da burocracia, mas apenas algumas determinações gerais de sua organização "*formal*" e, certamente, a burocracia é apenas o "*formalismo*" de um conteúdo que está fora dela.

As *corporações* são o materialismo da burocracia e a burocracia é o *espiritualismo* das corporações. A corporação é a burocracia da sociedade civil; a burocracia é a corporação do Estado. Por isso, na realidade, ela se defronta, na condição de "sociedade civil do Estado", com o "Estado da sociedade civil", com as corpo-

[20] "Isso é tudo". (N.E.A.)

rações. Lá onde a "burocracia" é um novo princípio, onde o interesse universal do Estado começa a se tornar para si um interesse "a parte" e, com isso, "real", ela luta contra as corporações como toda consequência luta contra a existência de seus pressupostos. Em contrapartida, tão logo a vida real do Estado desperta e a sociedade civil se liberta das corporações a partir de um impulso racional, a burocracia procura restaurá-las, pois, desde o momento em que cai o "Estado da sociedade civil", cai também a "sociedade civil do Estado". O espiritualismo desaparece com o materialismo a ele contraposto. A consequência luta pela existência de seus pressupostos, tão logo um novo princípio luta, não contra a *existência*, mas contra o *princípio* dessa existência. O mesmo espírito que cria, na sociedade, a corporação, cria, no Estado, a burocracia. Portanto, logo que o espírito corporativo é atacado, é atacado o espírito da burocracia; e se, antes, a burocracia combateu a existência das corporações para criar espaço para sua própria existência, agora ela busca manter à força a existência das corporações para salvar o espírito corporativo, seu próprio espírito.

A "burocracia" é o "*formalismo de Estado*" da sociedade civil. Ela é a "consciência do Estado", a "vontade do Estado", a "potência do Estado" como *uma corporação* (em contraposição ao particular, o "interesse universal" pode se manter apenas como um "particular", tanto quanto o particular, contraposto ao universal, mantém-se como um "universal". A burocracia deve, portanto, proteger a universalidade *imaginária* do interesse particular, o espírito corporativo, a fim de proteger a particularidade *imaginária* do interesse universal, seu próprio espírito. O Estado deve ser corporação tanto quanto a corporação quer ser Estado), como uma sociedade *particular*, *fechada*, no Estado. Mas a burocracia quer a corporação como uma potência *imaginária*. De fato, também cada corporação tem, como seu interesse *particular*, esta vontade contra a burocracia, mas ela *quer* a burocracia contra a outra corporação, contra o outro interesse particular. Portanto, a burocracia traz consigo, como *corporação acabada*, a vitória sobre a *corporação*, como burocracia inacabada. Ela rebaixa a corporação a uma aparência e quer rebaixá-la a esta condição, ao mesmo tempo em que pretende que esta aparência exista e creia em sua própria existência. A corporação é a tentativa da sociedade civil de se tornar Estado; mas a burocracia é o Estado que se fez realmente sociedade civil.

O "formalismo de Estado", que é a burocracia, é o "Estado como formalismo", e como tal formalismo Hegel a descreveu. Que este "formalismo de Estado" se constitua em potência real e que ele mesmo se torne o seu próprio conteúdo *material*, isto é evidente na medida em que a "burocracia" é uma rede de ilusões *práticas*, ou seja, a "ilusão do Estado". O espírito burocrático é um espírito profundamente jesuítico, teológico. Os burocratas são os jesuítas do Estado, os teólogos do Estado. A burocracia é a *république prêtre*[21].

---

[21] "a república dos frades". (N.E.A.)

Visto que a burocracia é, segundo a sua *essência*, o "Estado como formalismo", então ela o é, também, segundo a sua *finalidade*. A finalidade real do Estado aparece à burocracia, portanto, como uma finalidade *contra* o Estado. O espírito da burocracia é o "espírito formal do Estado". Por isso ela transforma o "espírito formal do Estado", ou a *real* falta de espírito do Estado, em imperativo categórico. A burocracia se considera o fim último do Estado. Como a burocracia faz de seus fins "formais" o seu conteúdo, ela entra em conflito, por toda parte, com seus fins "reais". Ela é forçada, por conseguinte, a fazer passar o formal pelo conteúdo e o conteúdo pelo formal. Os fins do Estado se transmutam em fins da repartição e os fins da repartição se transformam em fins do Estado. A burocracia é um círculo do qual ninguém pode escapar. Sua hierarquia é uma *hierarquia do saber*. A cúpula confia aos círculos inferiores o conhecimento do particular, os círculos inferiores confiam à cúpula o conhecimento do universal e, assim, eles se enganam reciprocamente.

A burocracia é o Estado imaginário ao lado do Estado real, o espiritualismo do Estado. Cada coisa tem, por isso, um duplo significado, um real e um burocrático, do mesmo modo que o saber é duplo, um saber real e um burocrático (assim também a vontade). Mas o ser real é tratado segundo sua essência burocrática, segundo sua essência transcendente, espiritual. A burocracia tem a posse da essência do Estado, da essência espiritual da sociedade; esta é sua *propriedade privada*.

O espírito universal da burocracia é o *segredo*, o mistério; guardado em seu interior por meio da hierarquia e, em relação ao exterior, como corporação fechada. Por isso o espírito público do Estado, assim como a disposição política aparecem para a burocracia como uma *traição* de seu mistério. A autoridade é, portanto, o princípio de seu saber e o culto à autoridade é sua *disposição*. No seu interior, porém, o *espiritualismo* se torna um *materialismo crasso*, o materialismo da obediência passiva, da fé na autoridade, do *mecanismo* de uma atividade formal, fixa, de princípios, ideias e tradições fixos. Quanto ao burocrata tomado individualmente, o fim do Estado se torna seu fim privado, uma *corrida por postos mais altos*, um *carreirismo*. Primeiramente, ele considera a vida real como uma vida *material*, já que *o espírito desta vida tem sua existência separada para si* na burocracia. A burocracia deve, assim, tornar a vida tão material quanto possível. Em segundo lugar, a vida é, para o burocrata – quer dizer, na medida em que ela se torna objeto da atividade burocrática –, material, pois seu espírito lhe é prescrito, sua finalidade existe fora dele, sua existência é a existência da repartição. O Estado existe apenas como diferentes espíritos de repartição, imóveis, cuja coesão consiste na subordinação e na obediência passiva. A ciência real aparece como desprovida de conteúdo, assim como a vida real aparece como morta, uma vez que este saber imaginário e esta vida imaginária valem pela essência. O burocrata deve, por isso, proceder de forma jesuítica para com o Estado real, seja este jesuitismo consciente ou inconsciente. Mas é necessário que ele, tendo a ciência como seu oposto, chegue também à autoconsciência e se torne desde já um jesuitismo deliberado.

Enquanto, por um lado, a burocracia é este materialismo crasso, o seu espiritualismo crasso se mostra, por outro lado, no fato de ela querer *fazer tudo*, isto é, de ela fazer da *vontade* a *causa prima*[22], pois ela é mera existência *ativa* e recebe o seu conteúdo do exterior e, portanto, só pode demonstrar a própria existência ao formar e limitar este conteúdo. Para o burocrata, o mundo é um mero objeto de manipulação.

Quando Hegel chama o poder governamental de lado *objetivo* da soberania inerente ao monarca, ele está correto no mesmo sentido de que a Igreja católica era a *existência real* da soberania, do conteúdo e do espírito da Santíssima Trindade. Na burocracia, a identidade do interesse estatal e do fim particular privado está colocada de modo que o *interesse estatal* se torna um fim privado *particular*, contraposto aos demais fins privados.

A supressão da burocracia só pode se dar contanto que o interesse universal se torne *realmente* – e não, como em Hegel, apenas no pensamento, na *abstração* – interesse particular, o que é possível apenas contanto que o interesse *particular* se torne realmente *universal*. Hegel parte de uma oposição irreal e a conduz somente a uma identidade imaginária, ela mesma, em verdade, uma identidade contraditória. Uma tal identidade é a burocracia.

Acompanhemos detalhadamente seu desenvolvimento.

A única determinação filosófica que Hegel apresenta do *poder governamental* é a da "*subsunção*" do singular e do particular sob o universal etc.

Hegel se contenta com isso. De um lado: a categoria "subsunção" do particular etc. Ela deve ser realizada. Ele toma, então, uma existência empírica qualquer do Estado prussiano ou moderno (tal como ele é, dos pés à cabeça), e que, dentre outras, realiza também esta categoria, ainda que com esta última seu ser específico não seja expresso. A matemática aplicada é, também, subsunção etc. Hegel não se pergunta se esta é a maneira racional, adequada, de subsunção. Ele se agarra apenas a *uma* única categoria e se satisfaz em encontrar para ela uma existência correspondente. Hegel dá à *sua lógica um corpo político*; ele não dá a *lógica do corpo político* (§ 287).

Sobre a relação das corporações, comunas, com o governo, nós aprendemos, primeiramente, que sua *administração* (a ocupação de sua magistratura) depende, "em geral, de uma mistura de eleição pública desses interessados e de uma *confirmação* e determinação *superiores*". A *eleição mista* dos administradores da comuna e da corporação seria, portanto, a *primeira relação* entre a sociedade civil e o Estado ou poder governamental, a sua *primeira identidade* (§ 288). Esta identidade é, segundo o próprio Hegel, muito superficial, um *mixtum compositum*, uma "*mistura*". Essa identidade é tanto superficial

[22] "causa principal". (N.E.A.)

quanto é aguda a oposição. "Na medida em que estas questões" (a saber, da comuna, da corporação etc.) "são, por um lado, a *propriedade privada* e o *interesse* dessas esferas *particulares* e que, segundo este lado, sua autoridade repousa na confiança de seus colegas de estamento e concidadãos e que, por outro lado, esses círculos têm de ser subordinados aos *mais altos interesses do Estado*", isto resulta na referida "*eleição mista*".

A administração da corporação encerra, portanto, a oposição:

Propriedade privada e interesse das esferas particulares contra o mais alto interesse do Estado: oposição entre propriedade privada e Estado.

É desnecessário ressaltar que a solução desta oposição por meio da *eleição mista* é uma mera *acomodação*, uma transação, uma *confissão* do dualismo não resolvido, ela mesma um *dualismo*, uma "*mistura*". Os interesses particulares das corporações e das comunas têm, dentro *de sua própria esfera*, um dualismo que conforma o caráter de sua *administração*.

Mas a oposição decisiva se manifesta somente na relação entre estes "*interesses particulares em comum*" etc., que "se encontram fora do universal em si e para si do *Estado ele mesmo*", com este "*universal* em si e para si existente *do Estado*". Primeiramente, uma vez mais, o interior desta esfera.

> A manutenção do interesse universal do Estado e da legalidade nestes direitos particulares e a recondução destes àquele exige uma **gestão** da parte dos **delegados do poder governamental**, dos *funcionários estatais* **executivos** e das superiores autoridades consultivas enquanto *colegialmente* constituídas, que convergem para as instâncias supremas que tocam o monarca (§ 289).

Chamemos a atenção, de passagem, para a construção dos *colégios* governamentais, que na França, por exemplo, não são conhecidos. "*Na medida em que*" Hegel se refere a estas autoridades como "*deliberativas*", é "*portanto*" evidente, sem dúvida, que elas sejam "*constituídas em colegiados*".

Hegel faz intervir, no interior da sociedade civil, o "Estado ele mesmo", o "poder governamental", para a "gestão" do "interesse universal do Estado e da legalidade etc.", mediante "delegados" e, segundo ele, precisamente estes "delegados do poder governamental", os "funcionários estatais executivos", são a *verdadeira "representação no Estado"*, não "da", mas "contra" a "sociedade civil". A oposição entre Estado e sociedade civil está, portanto, consolidada; o Estado não reside na sociedade civil, mas fora dela; ele a toca apenas mediante seus "*delegados*", a quem é confiado o "*gestão do Estado*" no interior dessas esferas. Por meio destes "delegados" a oposição não é suprimida, mas transformada em oposição "legal", "fixa". O "Estado" é feito valer, como algo estranho e situado além do *ser* da sociedade civil, pelos deputados deste ser contra a sociedade civil. A "polícia", os "tribunais" e a "administração" não são deputados da própria sociedade civil, que neles e por meio deles administra o seu *próprio* interesse universal, mas sim delegados do Estado para administrar o Estado contra a sociedade civil. Hegel explicita com franqueza esta *oposição* mais adiante, no comentário supracitado.

As tarefas governamentais são de natureza *objetiva*, para si já definida (§ 291).

Disso Hegel conclui que elas exigem tão pouco uma "hierarquia do saber", a ponto de poder ser completamente executadas pela "própria sociedade civil"? Ao contrário.

Ele faz a profunda observação de que elas devem ser realizadas por "indivíduos" e de que "entre os dois não reside qualquer enlace imediatamente *natural*". Alusão ao poder do soberano, que é apenas "*poder natural do arbítrio*" e, por isso, pode "*nascer*". O "poder soberano" não é mais do que o representante do momento natural na vontade, do "domínio da *natureza física no Estado*".

Por isso, os "funcionários públicos executivos" se diferenciam essencialmente do "príncipe" na aquisição dos seus cargos.

> O **momento objetivo** para a sua destinação àquelas tarefas (a saber, as tarefas do Estado) é o conhecimento (o arbítrio subjetivo carece deste momento) e a demonstração de sua aptidão – demonstração que assegura ao Estado aquilo de que ele necessita e, como única condição, assegura simultaneamente, a **cada cidadão, a possibilidade** de se dedicar ao estamento **universal**.

Essa *possibilidade* de cada cidadão se tornar servidor público é, portanto, a segunda relação afirmativa entre sociedade civil e Estado, a *segunda identidade*. Ela é de natureza muito superficial e dualística. Todo católico tem a possibilidade de se tornar padre (isto é, de separar-se dos leigos, do mundo). Com isso, o clero, como potência externa, opõe-se menos ao católico? Que cada um tenha a possibilidade de adquirir o direito de uma *outra* esfera, demonstra apenas que *sua própria* esfera não é a realidade desse direito.

No Estado verdadeiro, não se trata da possibilidade de cada cidadão dedicar-se ao estamento universal como a um estamento particular, mas da capacidade do estamento universal de ser realmente universal, ou seja, o estamento de cada cidadão. Mas Hegel parte do pressuposto do estamento pseudo-universal, do estamento ilusório-universal, da universalidade estamental, particular.

A identidade, por ele construída, entre sociedade civil e Estado, é a identidade *de dois exércitos inimigos*, em que cada soldado tem a "possibilidade", por meio da "deserção", de se tornar membro do exército "inimigo" e, com isso, de fato, Hegel descreve com exatidão a situação empírica atual.

O mesmo ocorre com a sua construção dos "exames". Em um Estado racional, um exame se faz mais necessário para se tornar sapateiro do que para se tornar funcionário público executivo; pois o ofício de sapateiro é uma habilidade sem a qual se pode ser um bom cidadão do Estado, um homem social; mas o "saber político" é uma condição sem a qual o homem vive, no Estado, fora do Estado, separado de si mesmo, privado de ar. O "exame" não é senão uma fórmula maçônica, o reconhecimento legal do saber cívico como um privilégio.

O *exame*, o "vínculo" do "cargo público" e do "indivíduo", este laço objetivo entre o saber da sociedade civil e o saber do Estado, é apenas o *batismo burocrático do saber*, o reconhecimento oficial da *transubstanciação* do saber profano no saber sagrado (e é evidente que, em todo exame, o examinador sabe tudo). Nunca se ouviu falar que os homens de Estado gregos ou romanos tenham prestado exames. Mas o que é um homem de Estado romano em face de um homem de governo prussiano!

Ao lado do laço *objetivo* do indivíduo com o ofício público, ao lado do *exame*, encontra-se um outro laço, o *arbítrio do príncipe*.

> Como aqui o lado objetivo não reside na genialidade (como, por exemplo, na arte), o lado subjetivo, por meio do qual *este* indivíduo, dentre vários, e há necessária e indeterminadamente *vários*, dentre os quais a preferência não é, em absoluto, determinável, é escolhido e nomeado para um cargo e é investido na condução de uma função pública, essa conjunção do indivíduo e do cargo, como dois lados sempre acidentais para si um em relação ao outro, compete ao poder do príncipe enquanto poder estatal decisivo e soberano.

O príncipe é, por toda parte, o representante do acaso. Além do momento objetivo da profissão de fé burocrática (o exame), faz-se necessário ainda, para que a fé dê frutos, o momento subjetivo da *graça* do príncipe.

"Os negócios particulares do Estado que *a monarquia* outorga às autoridades" (a monarquia distribui, transmite as atividades particulares do Estado como *funções* às autoridades, *reparte o Estado entre os burocratas*; ela as distribui assim como a santa Igreja romana distribui as ordens; a monarquia é um sistema de emanação; a monarquia arrenda as funções do Estado) "constituem uma parte do lado *objetivo* da soberania inerente ao monarca". Aqui, Hegel *distingue*, pela primeira vez, os dois lados da soberania inerente ao monarca: o lado *subjetivo* e o lado *objetivo*. Ele os havia confundido anteriormente. A soberania inerente ao monarca é, aqui, considerada de um modo formalmente místico, assim como os teólogos encontram, na natureza, o Deus personalizado. Foi dito, ainda, que o monarca é o lado subjetivo da soberania inerente ao *Estado* (§ 293).

No § 294, Hegel desenvolve a *remuneração* dos funcionários a partir da Ideia. É aqui, na *remuneração* dos funcionários ou no fato de o serviço público garantir simultaneamente a segurança da existência empírica, que está posta a *identidade real* da sociedade civil e do Estado. O *soldo* dos funcionários é a mais alta identidade construída por Hegel. É a transformação das *atividades do Estado* em *cargos*, o que pressupõe a separação entre Estado e sociedade civil. Quando Hegel diz:

> O serviço público exige o sacrifício da satisfação independente e caprichosa dos fins subjetivos

– e isso é exigido em todo serviço –

> e dá, precisamente por isso, o direito de encontrar satisfação na prestação conforme o dever, mas somente nela. Nisso se encontra, por esse lado, a ligação do interesse universal com o particular, que constitui o conceito e a estabilidade interna do Estado,

isso 1) vale para cada servidor, 2) é exato que a *remuneração* dos funcionários constitui a estabilidade interna das grandes monarquias modernas. Somente a existência dos funcionários está *garantida*, em oposição ao membro da sociedade civil.

Ora, não pode escapar a Hegel o fato de ele ter construído o poder governamental como uma *oposição* à sociedade civil e, em verdade, como um extremo dominante. Como ele estabelece, agora, uma relação de identidade?

De acordo com o § 295, "a garantia do Estado e dos governados contra o abuso do poder por parte das autoridades e de seus funcionários" reside, por um lado, na sua "hierarquia" (como se a hierarquia não fosse o *abuso capital* e alguns pecados pessoais dos funcionários não fossem comparáveis de modo algum aos pecados hierárquicos *necessários;* a hierarquia pune o funcionário na medida em que ele peca contra ela ou comete um pecado que para ela é supérfluo; mas ela o protege, tão logo a hierarquia peque no funcionário; além disso, a hierarquia dificilmente se convence dos pecados dos seus membros) e "na legitimação das comunas, corporações, como aquilo por meio do qual é inibida, para si, a interferência do arbítrio subjetivo no poder conferido aos funcionários e o controle do alto, que não atinge a conduta individual" (como se esse controle não se desse do ponto de vista da hierarquia/burocracia), "é completado pelo controle de baixo".

A segunda garantia contra o arbítrio da burocracia são, assim, os privilégios da corporação.

Se, portanto, perguntamos a Hegel qual é a proteção da sociedade civil contra a burocracia, ele nos responde:

1) A *"hierarquia"* da burocracia. O próprio abuso. O *controle*. O fato de que o adversário se encontra ele mesmo com pés e mãos atados e, se para baixo ele é martelo, para cima ele é bigorna. Ora, onde está a proteção contra a "hierarquia"? O mal menor é certamente suprimido pelo maior na medida em que aquele desaparece quando é confrontado com este.

2) O *conflito*, o conflito não resolvido entre burocracia e corporação. A *luta*, a *possibilidade* da luta, é a garantia contra a derrota. Mais adiante (§ 297) Hegel ainda acrescenta como garantia as "instituições da soberania, pelo alto", sob as quais a hierarquia está novamente compreendida.

Mas Hegel ainda apresenta dois momentos (§ 296).

No próprio funcionário – e isto deve humanizá-lo e tornar "costume" a "impassibilidade, a legalidade e a benevolência da conduta" –, a "direta formação ética e de pensamento" devem servir como "o contrapeso espiritual" ao *mecanicismo* de seu saber e ao seu "trabalho efetivo". Como se o "mecanicismo" do seu saber "burocrático" e do seu "trabalho efetivo" não servisse de "contrapeso" à sua "formação ética e de pensamento"! E o seu espírito real e o seu trabalho efetivo não triunfarão, como substância, sobre o acidental das suas outras capacidades? Seu "cargo" é, de fato, sua "relação substancial" e seu "pão". O belo é que Hegel contrapõe a "direta formação ética e de pensamento" ao "mecanicismo do saber e do trabalho burocráticos"! O homem, no funcionário, deve proteger o funcionário contra si mesmo. Mas que unidade! *Contrapeso espiritual*. Que categoria dualística!

Hegel menciona, ainda, o "tamanho do Estado", que, na Rússia, não garante contra o arbítrio dos "funcionários estatais executivos" e, em todo caso, é uma circunstância que se encontra *"fora"* da *"essência"* da burocracia.

Hegel desenvolveu o "poder governamental" como "funcionalismo público" (*Staatsbediententhum*).

Aqui, na esfera do "universal em si e para si do Estado ele mesmo", encontramos somente conflitos não resolvidos. O *Exame* e o *pão* dos funcionários são as sínteses últimas.

Hegel alega a impotência da burocracia, o seu conflito com a corporação, como consagração suprema.

No § 297 é estabelecida uma identidade, na medida em que "os membros do governo e os funcionários do Estado constituem a parte principal do *estamento médio*". Hegel enaltece este "estamento médio" como o "pilar fundamental" do Estado "em relação à retidão e à inteligência". (Adendo ao parágrafo citado)

> Que esse estamento médio seja cultivado, é um interesse capital do Estado; mas isso só pode acontecer em uma organização como aquela que examinamos, ou seja, mediante a legitimação de círculos particulares que são relativamente independentes e graças a um **mundo de funcionários** cujo arbítrio se rompe diante de tais círculos legitimados.

Certamente, apenas em uma tal organização o povo pode aparecer como *um* estamento, o *estamento médio*; mas é uma organização aquilo que se mantém em funcionamento mediante o equilíbrio dos privilégios? O poder governamental é o mais difícil de ser desenvolvido. Ele pertence a todo o povo num grau muito mais elevado do que o poder legislativo.

Hegel exprime mais tarde, na nota ao § 308, o verdadeiro espírito da burocracia, ao qualificá-la de "rotina de funções" e de "horizonte de uma esfera limitada".

c) O poder legislativo

> *§ 298.* O *poder legislativo* diz respeito às leis como tais, na medida em que elas necessitam de contínua determinação ulterior, e aos assuntos **internos** que, em razão de seu conteúdo, são **completamente universais** (o que é uma expressão bastante geral). Esse poder é, ele próprio, uma **parte da constituição**, que lhe é pressuposta e que reside, por isso, em si e para si,

fora da determinação direta dele, mas que obtém o seu desenvolvimento ulterior no aperfeiçoamento das leis e no caráter progressivo dos assuntos universais do governo.

Antes de mais nada, surpreende que Hegel acentue que "este poder é, ele próprio, uma parte da constituição, que lhe é pressuposta e que reside, por isso, em si e para si, fora da determinação direta dele", porque Hegel não fez essa observação nem a respeito do poder soberano, nem a respeito do poder governamental, para os quais ela é igualmente verdadeira. Mas somente agora Hegel constrói o todo da constituição, motivo pelo qual ele não poderia tê-lo pressuposto; é precisamente nisso, no entanto, que reconhecemos sua profundidade, no fato de que ele comece, em toda parte, pela *oposição* das determinações (tal como elas são em nossos Estados) e as acentue em seguida.

O "poder legislativo é, ele próprio, uma parte da *constituição*", que "reside, em si e para si, fora de sua determinação direta". Mas a constituição também não se fez por si mesma; as leis, que "necessitam de contínua determinação ulterior", têm de ter sido feitas. É preciso que exista ou que tenha existido um poder legislativo *antes* da constituição e *fora* da constituição; é preciso que exista um poder legislativo fora do poder legislativo real, *empírico*, *posto*. Mas Hegel responderá: nós pressupomos um Estado *existente*! Acontece que Hegel é filósofo do direito e desenvolve o gênero do Estado. Ele não pode medir a Ideia pelo existente, mas deve medir o existente pela Ideia.

A colisão é simples. O *poder legislativo* é o poder de organizar o universal. É o poder da constituição. Ele ultrapassa a constituição.

Mas, por outro lado, o poder legislativo é um poder constitucional. Ele está, portanto, subsumido à constituição. A constituição é *lei* para o poder legislativo. Ela *deu* leis ao poder legislativo e lhas dá continuamente. O poder legislativo só é poder legislativo no interior da constituição e a constituição estaria *hors de loi*[23] se estivesse fora do poder legislativo. *Voilà la collision*[24]. Na história francesa mais recente muito se ruminou em torno disso.

Como resolve Hegel essa antinomia?

Primeiramente, ele diz:

A *constituição* é "*pressuposta*" ao poder legislativo; ela se encontra, "por isso, em si e para si, *fora de sua* determinação direta".

"*Mas*" – mas ela "obtém" "seu desenvolvimento ulterior" "no aperfeiçoamento das leis" e "no caráter progressivo dos assuntos universais do governo".

Quer dizer, portanto: diretamente, a constituição se encontra fora do domínio do poder legislativo, mas, indiretamente, o poder legislativo mo-

[23] "fora da lei". (N.E.A.)

[24] "E nisso está a contradição". (N.E.A.)

difica a constituição. Ele faz, por um desvio, o que ele não pode e não deve fazer pela via direta. Ele a decompõe *en détail*, porque não pode modificá-la *en gros*[25]. Faz segundo a natureza das coisas e das relações o que não devia fazer segundo a natureza da constituição. Faz *materialmente*, *de fato*, o que ele não faz *formalmente*, *legalmente*, constitucionalmente.

Hegel não superou, com isso, a antinomia; ele a transformou em uma outra antinomia, pôs a *atividade* do poder legislativo, a sua ação *constitucional*, em contradição com sua *determinação* constitucional. Subsiste a oposição entre a *constituição e o poder legislativo*. Hegel definiu o agir *de fato* e o agir *legal* do poder legislativo como contradição, ou, então, a contradição entre o que o poder legislativo deve ser e o que ele realmente é, entre o que ele crê fazer e o que ele faz realmente. Como pode Hegel fazer essa contradição passar pelo verdadeiro? "O caráter progressivo dos assuntos universais do governo" esclarece muito pouco, tanto mais que é precisamente este caráter progressivo que deve ser explicado.

No Adendo, em verdade, Hegel não contribui em nada para a solução da dificuldade. Mas a faz aparecer ainda mais claramente.

> A constituição deve ser, em si e para si, o solo firme, vigente, sobre o qual está assentado o poder legislativo e, por isso, ela não pode, portanto, estar apenas feita. Assim, a constituição *é*, mas também *vem-a-ser* essencialmente, quer dizer, ela progride em sua formação. Este progredir é uma **modificação**, que é **não aparente** e que não tem a **forma da modificação**.

Equivale a dizer que a constituição *é* segundo a lei (a ilusão), mas *vem-a-ser* segundo a realidade (a verdade). Ela é inalterável de acordo com sua determinação, mas na realidade se modifica; esta modificação é inconsciente, não tem a forma da modificação. A *aparência* contradiz a *essência*. A aparência é a lei *consciente* da constituição e a essência é sua lei *inconsciente*, que contradiz a primeira. O que é da natureza da coisa não está na lei. É justamente o contrário que está na lei.

Mas o verdadeiro não é que, no Estado – que, segundo Hegel, é a suprema existência da *liberdade*, a existência da razão autoconsciente – não é a lei, a existência da liberdade, mas sim a cega necessidade natural quem governa? E se for reconhecido que a lei da coisa contradiz a definição legal, por que então não reconhecer também a lei da coisa, da razão, como lei do Estado? Como sustentar conscientemente este dualismo? Hegel quer, em toda parte, apresentar o Estado como a realização do Espírito livre, mas *re vera*[26] ele resolve todas as colisões difíceis mediante uma necessidade natural

[25] As duas expressões estão em francês no original; quer dizer, decompõe "minuciosamente" (no varejo) porque não pode modificá-la por atacado. (N.E.B.)

[26] "na realidade". (N.E.A.)

que se encontra em oposição à liberdade. Assim, também, a passagem do interesse particular ao interesse universal não é uma lei consciente do Estado, mas mediada pelo acaso e executada *contra* a consciência; e Hegel quer no Estado, por toda parte, a realização da vontade livre! (Aqui se mostra o ponto de vista *substancial* de Hegel.)

Os exemplos que Hegel oferece sobre a mudança *gradual* da constituição são mal escolhidos: de bem privado, a fortuna dos príncipes alemães e de suas famílias se converte em domínio público e a jurisdição pessoal dos imperadores se transforma em jurisdição por meio de deputados. Ao contrário disso, a primeira transição se deu apenas com a conversão de toda propriedade estatal em propriedade privada dos príncipes.

Além disso, essas modificações são pontuais. É certo que constituições inteiras se transformaram a partir de necessidades que surgiram paulatinamente, da ordem antiga que desmoronou etc.; mas, para uma *nova* constituição, sempre se fez necessária uma revolução formal.

"Assim, o aperfeiçoamento de um estado de coisas", conclui Hegel,

> é, **aparentemente**, tranquilo e imperceptível. Depois de um longo tempo, uma constituição passa a uma condição totalmente diferente da anterior.

A categoria da transição *gradual* é, em primeiro lugar, historicamente falsa e, em segundo lugar, não esclarece nada. Para que a constituição não apenas sofra a modificação, para que, portanto, essa aparência ilusória não seja finalmente destruída pela violência, para que o homem faça conscientemente aquilo que, de outro modo, ele seria forçado a fazer inconscientemente em razão da natureza da coisa, é necessário que o movimento da constituição, o *progresso*, torne-se o *princípio da constituição*; que, portanto, o real sustentáculo da constituição, o povo, torne-se o princípio da constituição. O progresso ele mesmo é, então, a constituição.

Deve, portanto, a própria "constituição" pertencer ao domínio do poder legislativo? Essa pergunta só pode ser formulada 1) se o Estado político existe como mero formalismo do Estado real, se o Estado político é um domínio à parte, se o Estado político existe como "constituição"; 2) se o poder legislativo é de uma outra origem que o poder governamental etc.

O poder legislativo fez a revolução francesa; lá onde ele, em sua particularidade, apareceu como dominante, ele fez, em geral, as grandes revoluções universais orgânicas; ele não combateu a constituição, mas uma particular constituição antiquada, precisamente porque o poder legislativo era o representante do povo, da vontade genérica. Em contrapartida, o poder governamental fez as pequenas revoluções, as revoluções retrógradas, as reações; ele não fez a revolução por uma nova constituição, contra uma antiga, mas a fez contra a constituição, precisamente porque o poder governamental era o representante da vontade particular, do arbítrio subjetivo, da parte mágica da vontade.

Corretamente posta, a pergunta significa apenas: tem o povo o direito de se dar uma nova constituição? O que de imediato tem de ser respondido afirmativamente, na medida em que a constituição, tão logo deixou de ser expressão real da vontade popular, tornou-se uma ilusão prática.

A colisão entre a constituição e o poder legislativo é apenas um *conflito da constituição consigo mesma*, uma contradição no conceito da constituição.

A constituição não é senão uma acomodação entre o Estado político e o Estado não político; por isso, ela é, necessariamente em si mesma, um tratado entre poderes essencialmente heterogêneos. É, portanto, aqui, impossível para a lei enunciar que um desses poderes, uma parte da constituição, deva ter o direito de modificar a constituição mesma, o todo.

Se se deve falar da constituição como um particular, ela deve ser considerada, antes, como uma *parte* do todo.

Se por constituição se entendem as determinações universais, as determinações fundamentais da vontade racional, então se entende que cada povo (Estado) as tem como seu pressuposto e que elas devem formar seu credo político. Isso é mais propriamente matéria da ciência do que da vontade. A vontade de um povo pode transgredir as leis da razão tão pouco quanto a vontade de um indivíduo. Em um povo irracional, não se poderia falar, de modo algum, de uma organização racional do Estado. Aqui, na filosofia do direito, o nosso objeto é, acima de tudo, a vontade geral.

O poder legislativo não faz a lei, ele apenas a descobre e a formula.

Procurou-se resolver essa colisão mediante a distinção entre *assemblée constituante* e *assemblée constituée*[27].

§ 299. "Essas matérias" (as matérias do poder legislativo)

> se determinam, em relação aos indivíduos, mais precisamente segundo os dois lados: α) aquilo que, por meio do Estado, reverte em seu benefício e que eles têm a usufruir e β) aquilo que eles têm de prestar ao Estado. Naquele, estão compreendidos as leis do direito privado em geral, os direitos das comunas e das corporações e as disposições totalmente gerais e, indiretamente (§ 298), o todo da constituição. Mas aquilo que se deve prestar, somente quando é reduzido a *dinheiro*, como o *valor* geral existente das coisas e das prestações, é que pode ser determinado de uma maneira justa e, ao mesmo tempo, de modo que os trabalhos e serviços *particulares* que o indivíduo pode prestar sejam mediados pelo seu arbítrio.

Sobre essa determinação das matérias do poder legislativo, o próprio Hegel assinala na nota a esse parágrafo:

> Qual matéria deve ser remetida à legislação geral e qual à determinação das autoridades administrativas e à regulamentação do governo em geral pode, na verdade, ser diferenciado, em geral, de maneira que, naquela, recaia ape-

[27] "assembleia constituinte e assembleia constituída". (N.E.A.)

> nas o **inteiramente universal** segundo o conteúdo, as determinações legais e, nesta, recaia o **particular** e o modo de *execução*. Mas essa distinção não está já plenamente determinada pelo fato de a lei, para que seja lei e não um mero mandamento em geral (como: "não matarás" [...]), ter de ser *determinada* em si; mas, quanto mais é determinada, mais o seu conteúdo se aproxima da capacidade de ser executado tal como ela é. Ao mesmo tempo, porém, a determinação que fosse até esse ponto daria às leis um lado empírico que, na execução real, teria de se submeter a alterações, o que prejudicaria o seu caráter de leis. Na **unidade orgânica** dos poderes do Estado se encontra, todavia, que é *um* espírito que estabelece o universal e que o conduz à sua realidade determinada e o executa.

Mas é precisamente essa unidade *orgânica* que Hegel não construiu. Os diferentes poderes têm um princípio diferente. Eles são, portanto, realidades fixas. Buscar refúgio de seu conflito real na "unidade orgânica" *imaginária*, em lugar de desenvolvê-los como momentos de uma unidade orgânica é, por isso, apenas um subterfúgio vazio, místico.

A primeira colisão não resolvida era aquela entre a *constituição inteira* e o *poder legislativo*. A segunda é aquela entre o *poder legislativo* e o *poder governamental*, entre a lei e a execução.

A segunda definição do parágrafo é que a única prestação que o Estado exige dos indivíduos é o *dinheiro*.

Para isso, Hegel aduz as seguintes razões:

1. O dinheiro é o *valor* geral existente das coisas e das prestações;

2. A prestação pode ser determinada de um modo *justo* somente por meio dessa redução;

3. Somente assim a prestação pode ser determinada de modo tal que os trabalhos e serviços *particulares* que o indivíduo pode prestar sejam mediados pelo seu arbítrio.

Hegel observa na nota:

> *ad. 1.* À primeira vista, pode parecer estranho que no Estado, dentre as muitas habilidades, propriedades, atividades, talentos, e pelas *riquezas* infinitamente variadas e vivas que neles se encontram, que ao mesmo tempo são ligadas à disposição, o Estado não exija uma prestação direta, mas pretenda à *única* riqueza que aparece como *dinheiro*. – As prestações que se referem à defesa do Estado contra os inimigos pertencem ao dever que será tratado na seção seguinte

(não na seção seguinte, mas, por outras razões, voltaremos apenas posteriormente ao dever pessoal do serviço militar).

> Mas, de fato, o dinheiro não é uma riqueza particular ao lado das demais, mas é o universal destas, na medida em que elas se produzem na exterioridade da existência, na qual elas podem ser apreendidas como uma *coisa*.
>
> Entre nós,

como é dito mais à frente no *Adendo*,

o Estado compra aquilo de que necessita.

ad. 2. Apenas nesse extremo mais exterior

(ou seja, onde as *riquezas* se produzem na exterioridade da existência, na qual elas podem ser apreendidas como uma *coisa*)

é possível a determinação *quantitativa* e, com isso, a justiça e a **igualdade das prestações**.

No *Adendo*, lê-se:

Mediante o dinheiro, a **justiça da igualdade** pode ser mais bem realizada. De outro modo, o homem talentoso seria mais onerado do que aquele sem talento, se a prestação dependesse da capacidade concreta.

ad. 3. Platão, em seu Estado, faz com que os superiores repartam os indivíduos em estamentos particulares e lhes imponham prestações *particulares*; na monarquia feudal, os vassalos tinham de prestar, do mesmo modo, serviços indeterminados, mas também em sua *particularidade*, como, por exemplo, o ofício de juiz etc.; as prestações no Oriente, no Egito, para as imensas obras arquitetônicas etc., são igualmente de qualidade *particular* etc. Nessas relações, falta o princípio da *liberdade subjetiva*: que o agir substancial do indivíduo – que em tais prestações é um agir particular segundo seu conteúdo – seja mediado por sua *vontade particular*; um direito que é possível somente por meio da exigência das prestações na forma do valor geral e que é o fundamento que produziu essa transformação.

No *Adendo*, diz-se:

Entre nós, o Estado *compra* aquilo de que necessita, e isso pode parecer, à primeira vista, uma coisa abstrata, morta e inanimada, e pode também parecer que, com isso, o Estado tenha entrado em decadência ao se contentar com prestações abstratas. Mas pertence ao princípio do Estado moderno que tudo o que o indivíduo faça seja mediado pela sua vontade. [...] Ora, o **respeito** pela liberdade subjetiva é posto à luz precisamente por isso: só se prende alguém que é passível de ser preso.

Fazei o que quiserdes. Pagai o quanto deveis.
O início do *Adendo* diz:

Os dois lados da constituição se referem aos direitos e às prestações dos indivíduos. No tocante às prestações, elas se reduzem quase todas ao dinheiro. O serviço militar é, nos dias de hoje, praticamente a única prestação pessoal.

§ 300. No poder legislativo como **totalidade** são ativos sobretudo os dois outros momentos: o *monárquico*, como aquele ao qual compete a decisão suprema – *o poder governamental*, como o momento consultivo, dotado do conhecimento concreto e da visão geral do todo em seus múltiplos lados e nos princípios reais nele **consolidados**, assim como com o conhecimento das necessidades do poder do Estado em particular – enfim, o elemento *estamental*.

O poder monárquico e o poder governamental são... poder legislativo. Mas se o poder legislativo é a *totalidade*, o poder monárquico e o poder governamental deveriam, antes, ser momentos do poder legislativo. O elemento *estamental* que se acrescenta é, *apenas*, poder legislativo ou o poder legislativo em sua *diferença* com relação ao poder monárquico e ao poder governamental.

> *§ 301.* O elemento *estamental* tem a determinação de trazer à existência o assunto universal não apenas *em si*, mas também *para si*, isto é, o momento da *liberdade formal* subjetiva, a consciência pública como *universalidade empírica* dos pontos de vista e pensamentos dos *muitos*.

O elemento estamental é uma deputação da sociedade civil no Estado, ao qual ela se contrapõe sob a forma dos "muitos". Os muitos devem, por um momento, tratar com *consciência* os assuntos universais como seus próprios assuntos, como objeto da *consciência pública*, que, segundo Hegel, não é outra coisa senão a "*universalidade empírica* dos pontos de vista e pensamentos dos *muitos*" (e, em verdade, isto é assim nas monarquias modernas, e também nas monarquias constitucionais). É significativo que Hegel, que tem tão grande respeito pelo espírito do Estado, pelo espírito ético, pela consciência do Estado, solenemente o despreze no momento em que esse espírito se apresenta a ele em forma real, empírica.

É esse o enigma do misticismo. A mesma abstração fantástica, que reencontra a *consciência do Estado* na forma inadequada da *burocracia*, de uma hierarquia do saber, e que toma acriticamente essa existência inadequada pela existência real *plenamente válida*, admite, com a mesma inocência, que o espírito real, *empírico*, do Estado, a *consciência pública*, seja um mero *pot-pourri* dos "pensamentos e pontos de vista dos muitos". Como essa abstração fantástica imputa uma essência estranha à burocracia, do mesmo modo ela abandona a verdadeira essência à forma inconveniente do fenômeno. Hegel idealiza a burocracia e empiriciza a consciência pública. Ele pode tratar a consciência pública real bem *à part*, precisamente porque tratou a consciência *à part* como consciência pública. Ele precisa se ocupar tanto menos com a existência real do espírito do Estado, quanto pensa já tê-lo convenientemente realizado em suas *soi-disant*[28] existências. Enquanto o espírito do Estado assombrava misticamente no vestíbulo, a ele se faziam muitas reverências. Aqui, onde nós o apanhamos [*in*] *persona*, ele mal é visto.

"O elemento estamental tem a determinação de trazer à existência o assunto universal não apenas *em si*, mas também *para si*." E, de fato, o assunto universal chega à existência, para si, como "consciência pública", como "*universalidade empírica* dos pontos de vista e pensamentos dos *muitos*".

A subjetivação do "assunto universal", que dessa maneira é tornado independente, é exposta, aqui, como um momento do processo vital do "assunto

[28] "assim chamadas". (N.E.A.)

universal". Em lugar de os sujeitos se objetivarem no "assunto universal", Hegel deixa que o "assunto universal" se torne "sujeito". Os sujeitos não carecem do "assunto universal" como de seu verdadeiro assunto, mas o assunto universal carece dos sujeitos para sua existência *formal*. Que o "assunto universal" exista também como sujeito, isso é um assunto seu.

Aqui, deve-se atentar particularmente para a distinção entre o "*ser em si*" e o "*ser para si*" do assunto universal.

O "*assunto universal*" já existe "*em si*" como função do governo etc.; ele existe sem ser *realmente* o assunto *universal*; ele nada mais é do que isso, pois ele não é o assunto da "*sociedade civil*". Ele já encontrou sua existência *essencial*, que é em si. Que ele agora se torne também, realmente, "consciência pública", "universalidade empírica", isso é meramente formal e chega à realidade, por assim dizer, apenas *simbolicamente*. A existência "formal" ou existência "empírica" do assunto universal é separada de sua *existência substancial*. A verdade é: o "assunto universal" *em si existente* não é *realmente universal*, e o assunto universal real, *empírico*, é apenas *formal*.

Hegel separa *conteúdo* e *forma*, *ser em si* e *ser para si*, e deixa que este último se acrescente exteriormente, como um momento *formal*. O conteúdo está pronto e existe sob muitas formas, que não são as formas desse conteúdo; em contrapartida, é evidente que a forma, que ora deve valer como forma real do conteúdo, não tem o conteúdo real como o seu conteúdo.

O *assunto universal* está pronto, sem que ele seja o assunto real do povo. A causa real do povo se concretizou sem a ação do povo. O elemento estamental é a *existência ilusória* dos assuntos do Estado como causa do povo. É a ilusão de que o *assunto universal* seja assunto universal, assunto público, ou a *ilusão* de que a causa do povo seja o assunto universal. Chegou-se a tal ponto, tanto em nossos Estados quanto na filosofia do direito hegeliana, que a frase tautológica: "O assunto universal é o assunto universal" pode aparecer apenas como uma *ilusão da consciência prática*. O *elemento estamental* é a *ilusão política da sociedade civil*. A liberdade *subjetiva* aparece em Hegel como liberdade *formal* (é certamente importante que aquilo que é livre também seja feito livremente, que a liberdade não reine como instinto natural, inconsciente, da sociedade) precisamente porque ele não apresentou a liberdade objetiva como realização, como atividade da liberdade subjetiva. Porque ele deu ao conteúdo presumido ou real da liberdade um portador místico, o sujeito real da liberdade recebe um significado formal.

A separação do *em si* e do *para si*, da substância e do sujeito, é misticismo abstrato.

Na nota, Hegel explicita corretamente o "elemento estamental" como um elemento "formal", "ilusório".

Tanto o *saber* quanto a *vontade* do "elemento estamental" são em parte insignificantes, em parte suspeitos; isto é, o elemento estamental não é nenhum *complemento substancial*.

> 1. A representação que a consciência comum costuma ter, antes de tudo, sobre a necessidade ou utilidade da concorrência dos estamentos é particularmente, de modo aproximado, que os deputados do povo, ou mesmo o povo, *tenham que compreender da melhor maneira* o que melhor convém ao povo, e que este tenha indubitavelmente a melhor vontade para este melhor. No que diz respeito ao primeiro ponto, ocorre, antes, que o povo, na medida em que se designa com essa palavra uma parte especial dos membros de um Estado, significa a parte que *não sabe o que quer*. Saber o que se quer, e, ainda mais, o que quer a vontade que é em si e para si, ou seja, a razão, é o resultado de um profundo conhecimento

(que, por certo, reside nas repartições)

> e discernimento, que não é precisamente assunto do povo.

Mais adiante, diz-se dos próprios estamentos:

> Os mais altos funcionários do Estado têm necessariamente um discernimento mais profundo e mais amplo da natureza das instituições e das necessidades do Estado, bem como uma maior habilidade e experiência no exercício dessas funções e *podem* fazer o melhor sem os estamentos, assim como eles também devem continuamente fazer o bem nas assembleias estamentais.

E é evidente que, na organização descrita por Hegel, isso é plenamente verdadeiro.

> 2. Mas, no que concerne à *vontade* especialmente *boa* dos estamentos para o bem geral, já se notou acima que é próprio da opinião da plebe, do ponto de vista do negativo em geral, supor no governo uma vontade má ou menos boa; – uma suposição que, sobretudo se tivesse que ser respondida de forma igual, teria, por consequência, a recriminação de que os estamentos, uma vez que provêm da singularidade, do ponto de vista privado e dos interesses particulares, são inclinados a empregar a sua atividade em favor destes, em detrimento do interesse universal, enquanto, em contrapartida, os outros momentos do poder do Estado estão, já para si, postos no ponto de vista do Estado e consagrados ao fim universal.

Portanto, o *saber* e a *vontade* dos estamentos são em parte supérfluos, em parte suspeitos. O povo não sabe o que quer. Os estamentos não possuem a ciência do Estado na mesma medida dos funcionários, dos quais ela é monopólio. Os estamentos são supérfluos para a realização do "assunto universal". Os funcionários *podem* realizá-lo sem os estamentos; com efeito, eles *devem* fazer o bem, apesar dos estamentos. Quanto ao conteúdo, os estamentos são puro luxo. Sua existência é, por isso, no sentido mais literal, uma mera *forma*.

Além disso, no que concerne à disposição, à *vontade* dos estamentos, ele é suspeito, pois os estamentos provêm do ponto de vista privado e dos interesses privados. Na verdade, o interesse privado é seu assunto universal, e não o assunto universal seu interesse privado. Mas que bela maneira de o "assunto universal" ganhar *forma*, como assunto universal, em uma vontade que não sabe o que quer, que nem ao menos possui um saber específico do universal e em uma vontade cujo conteúdo peculiar é um interesse contrário!

Nos Estados modernos, assim como na filosofia do direito de Hegel, a realidade *consciente, verdadeira*, do *assunto universal*, é *apenas formal*, ou *apenas o formal é assunto universal real*.

Não se deve condenar Hegel porque ele descreve a essência do Estado moderno como ela é, mas porque ele toma aquilo que é pela *essência do Estado*. Que o racional é real, isso se revela precisamente em *contradição* com a *realidade irracional*, que, por toda parte, é o contrário do que afirma ser e afirma ser o contrário do que é.

Em vez de demonstrar que o "assunto universal" existe para si, subjetivamente, e que, com isso, existe realmente como tal, e que ele tem também a forma do assunto universal, Hegel demonstra apenas que a *ausência de forma* é a sua subjetividade, e que uma forma sem conteúdo tem de ser disforme. A forma que o assunto universal assume em um Estado que não seja o Estado do assunto universal pode ser, apenas, uma não-forma, uma forma que engana a si mesma, que contradiz a si mesma, uma *forma aparente*, que se mostrará como uma tal aparência.

Hegel quer o luxo do elemento estamental apenas por amor à lógica. O *ser para si* do assunto universal, como universalidade empírica, deve ter uma existência. Hegel não busca uma realização adequada do "ser para si do assunto universal"; ele se contenta em achar uma existência empírica que possa ser resolvida nessa categoria lógica; é, pois, o elemento estamental; e ele próprio não deixa de ressaltar quão deplorável e contraditória é essa existência. Em seguida, ele ainda censura a consciência comum por ela não se contentar com essa satisfação lógica, por ela não querer ver a realidade resolvida na lógica mediante uma abstração *arbitrária*, mas querer ver a lógica transformada em verdadeira objetividade.

Digo: abstração *arbitrária*. Com efeito, dado que o poder governamental, que quer, sabe e realiza o *assunto universal*, emana do povo e é uma pluralidade empírica (o próprio Hegel nos ensina que não se trata de uma totalidade), por que ele não poderia ser determinado como o "ser para si do assunto universal"? Ou por que não poderiam os "estamentos" serem determinados como seu *ser em si*, já que somente no governo a coisa ganha clareza, determinidade, execução e autonomia?

Mas a verdadeira oposição é: o "assunto universal" deve, porém, ser *representado* de algum modo no Estado como "assunto universal real" e, portanto, "empírico"; ele tem de aparecer em algum lugar com a coroa e o manto do universal; com o que o universal se torna por si mesmo um papel a ser protagonizado, uma ilusão.

Trata-se, aqui, da oposição: o "universal" como "*forma*", na "forma da universalidade", e o "universal como conteúdo".

Na ciência, por exemplo, um "indivíduo" pode realizar o assunto universal, e são sempre os indivíduos que o realizam. Porém, o assunto só se torna realmente universal quando não é mais assunto do indivíduo, mas da sociedade. Isso modifica não apenas a forma, mas também o conteúdo. Mas se trata, aqui, do Estado em que o próprio povo é o assunto universal; trata-se, aqui, da vontade, que tem a sua verdadeira existência como vontade genérica apenas na vontade popular autoconsciente. E, aqui, trata-se, além disso, da ideia do Estado.

O Estado moderno, no qual tanto o "assunto universal" quanto o ato de ocupar-se com ele são um monopólio, e no qual, em contrapartida, os monopólios são os assuntos universais reais, realizou o estranho achado de apropriar-se do "assunto universal" como uma *mera forma*. (A verdade é que apenas a *forma* é assunto universal.) Com isso, ele encontrou a forma correspondente ao seu conteúdo, que somente na aparência é o assunto universal real.

O Estado constitucional é o Estado em que o interesse estatal, enquanto interesse real do povo, existe *apenas* formalmente, e existe como uma *forma determinada* ao lado do Estado real; o interesse do Estado readquiriu aqui, *formalmente*, realidade como interesse do povo, mas ele deve, também, ter apenas essa *realidade formal*. Ele se transformou numa *formalidade*, no *haut goût*[29] da vida do povo, numa *cerimônia*. O elemento *estamental* é a *mentira sancionada, legal*, dos Estados constitucionais: que o *Estado* é o *interesse do povo* ou o *povo* é o *interesse do Estado*. Essa mentira será revelada no *conteúdo*. Ela se estabeleceu como poder *legislativo* precisamente porque o poder legislativo tem como seu conteúdo o universal, é algo que diz mais respeito ao saber do que ao querer, é o *poder metafísico* do Estado, enquanto a mesma mentira como poder governamental etc. deveria dissolver-se imediatamente ou transformar-se numa verdade. O poder metafísico do Estado era a sede mais apropriada da ilusão metafísica, universal, do Estado.

> A garantia, que reside nos estamentos para o bem universal e para a liberdade pública, encontra-se, se refletirmos um pouco, não em seu discernimento particular, mas reside, em parte, num discernimento **suplementar** (!!) dos deputados, especialmente no que tange à ocupação dos funcionários que se encontram mais distantes dos olhares dos postos mais altos, e particularmente às necessidades e falhas mais urgentes e especiais, das quais (eles) têm a visão mais concreta diante de si, e, em parte, naquele efeito que a esperada censura de muitos, na verdade uma censura pública, traz consigo, qual seja, o de empregar antecipadamente o melhor discernimento nas funções e nos projetos a serem propostos e de organizá-los apenas segundo os motivos mais puros – uma obrigação que se impõe igualmente aos membros dos estamentos.
>
> No que concerne à garantia em geral, que deve residir particularmente nos estamentos, **todas as outras instituições do Estado** também partilham com eles o

[29] "requinte". (N.E.A.)

fato de ser uma garantia do bem público e da liberdade racional, e há, entre elas, instituições como a soberania do monarca, a hereditariedade da sucessão ao trono, a organização judiciária etc., nas quais essa garantia reside, ainda, num grau muito mais decisivo. A determinação conceitual **peculiar** aos estamentos deve, por isso, ser procurada no seguinte fato: neles, vem *à existência, em relação ao Estado*, o momento subjetivo da liberdade universal, o discernimento próprio e a vontade própria da esfera que, nessa exposição, foi denominada sociedade civil. Que esse momento seja uma determinação da Ideia desenvolvida até a totalidade, essa necessidade interna, que não se deve confundir com *necessidades e utilidades externas*, decorre, como em toda parte, do ponto de vista filosófico.

A liberdade pública, universal, *está* pretensamente garantida nas outras instituições do Estado; os estamentos são pretensamente sua autogarantia. Pois o povo confere mais importância aos estamentos nos quais ele crê assegurar a si mesmo do que às instituições que, sem a sua ação, devem ser a garantia de sua liberdade, confirmação de sua liberdade sem ser confirmação de sua liberdade. A coordenação que Hegel consigna aos estamentos, ao lado das outras instituições, contradiz a sua essência.

Hegel soluciona o enigma ao encontrar a "determinação conceitual peculiar aos estamentos" no fato de que, neles, "vem *à existência, em relação ao Estado*, o discernimento próprio e a vontade própria da sociedade civil". É o *reflexo da sociedade civil no Estado*. Assim como os burocratas são *delegados do Estado* na sociedade civil, do mesmo modo os estamentos são *delegados da sociedade civil* no Estado. São sempre, portanto, *transações* entre duas *vontades opostas*.

No *Adendo* a esse parágrafo, lê-se:

> A posição do governo em relação aos estamentos não deve ser **essencialmente** hostil, e a crença na necessidade dessa relação hostil é um triste erro,

é uma "triste verdade".

> O governo não é um partido, ao qual se oponha outro partido.

Ao contrário.

> Os impostos que os estamentos aprovam não devem, além disso, ser considerados como uma **dádiva** ao Estado, mas sim como consentidos para o bem daqueles mesmos que os aprovam.

No Estado constitucional, a aprovação do imposto é, de acordo com a *opinião corrente*, necessariamente uma *dádiva*.

> O que constitui o significado próprio dos estamentos é que o **Estado entra**, por esse meio, **na consciência subjetiva do povo**, e que o povo começa a tomar parte no Estado.

A última coisa que foi dita é plenamente correta. Nos estamentos, o povo *começa* a tomar parte no Estado e, do mesmo modo, o Estado entra na consciência subjetiva do povo como algo transcendente. Mas como Hegel pode fazer passar este *começo* pela *realidade* plena?

> *§ 302.* Considerados como órgão *mediador*, os estamentos se encontram entre o governo em geral, de um lado, e o povo, dissolvido nas esferas particulares e nos indivíduos, de outro. A determinação dos estamentos exige neles tanto o *sentido* e a *disposição* do *Estado* e do *governo*, quanto os *interesses* dos círculos *particulares* e dos *singulares*. Ao mesmo tempo, essa posição tem o significado de uma mediação comum com o poder governamental organizado, mediação que faz com que nem o poder soberano apareça como *extremo* e, com isso, apenas como simples poder dominante e como arbítrio, nem também os interesses particulares das comunas, corporações e dos indivíduos se isolem, ou, ainda mais, os indivíduos venham a se apresentar como uma *multidão* e uma *turba*, como uma opinião e um querer inorgânicos, como um simples poder de massa contra o Estado orgânico.

Estado e governo são sempre colocados do mesmo lado, como idênticos; do outro lado, é colocado o povo, dissolvido nas esferas particulares e nos indivíduos. Os estamentos situam-se como órgão *mediador* entre os dois. Os estamentos são o meio em que "o sentido e a disposição do Estado e do governo" devem se encontrar e se unir com "o sentido e a disposição dos círculos particulares e dos singulares". A identidade desses dois "sentidos e disposições opostas", identidade na qual deveria propriamente residir o Estado, recebe uma representação *simbólica* nos *estamentos*. A transação entre Estado e sociedade civil aparece como uma esfera *particular*. Os estamentos são a *síntese de Estado e sociedade civil*. Não é demonstrado, porém, por onde os estamentos devem começar a unir, neles mesmos, duas disposições contraditórias. Os *estamentos* são a *contradição* entre Estado e sociedade civil, *posta* no Estado. Ao mesmo tempo, eles são a *pretensão* da *solução* dessa contradição.

> Ao mesmo tempo, essa posição tem o significado de uma mediação comum com o poder governamental **organizado** etc.

Os estamentos não *fazem mediação* apenas entre povo e governo. Eles impedem que o "poder soberano" apareça como "*extremo*" isolado e, com isso, como "simples poder dominante e como arbítrio"; do mesmo modo, impedem o "isolamento" dos interesses "particulares" etc., bem como "que os indivíduos venham a se apresentar como uma *multidão* e uma *turba*". Essa mediação é comum aos estamentos e ao poder governamental organizado. Em um Estado, no qual a "posição" dos "estamentos" impede que os indivíduos "venham a se apresentar como uma *multidão* ou uma *turba*, como uma opinião e um querer inorgânicos, como um simples poder de massa contra o Estado orgânico" – o "Estado *orgânico*" existe fora da "multidão" e da "turba", ou a "multidão" e a "turba" pertencem à organização do Estado; apenas que sua "opinião e querer inorgânicos" não devem chegar a se pôr como "opinião e querer contra o Estado", sob cuja *orientação determinada* eles se tornariam opinião e querer "orgânicos". Do mesmo modo, esse "poder de massa" deve permanecer apenas "de massa", de modo que o entendimento esteja fora da massa e, com isso, ela não coloque a si mesma em movimento, podendo ser posta em movimento apenas pelos monopolistas do "Estado orgânico" e ser explorada como poder de massa. Lá onde "os interesses particulares das comunas, corporações e dos indivíduos" não se isolam contra o Estado, mas onde os "indivíduos venham a se apresentar como uma *multidão* e uma *turba*, como uma opinião e um querer inorgânicos, como um simples poder de massa contra o Estado", é aí precisamente que se mostra que nenhum "interesse particular" contradiz o Estado, mas que o "real pensamento orgânico universal da multidão e da turba" não é o "pensamento do Estado orgânico", que não encontra naquele a sua realização. Onde, então, aparecem os estamentos como mediação desse extremo? Apenas em "os interesses particulares das comunas, corporações e dos indivíduos se isolem", ou em que seus interesses isolados *ajustem suas contas com o Estado por meio dos estamentos*, ao mesmo tempo em que a "opinião e o querer inorgânicos da multidão e da turba" ocupou sua *vontade* (sua atividade) na criação dos estamentos e empregou sua "opinião" na apreciação da atividade dos estamentos e saboreou a ilusão de sua própria objetivação. Os "estamentos" protegem o Estado da turba inorgânica apenas por meio da desorganização dessa turba.

Mas os *estamentos* devem, ao mesmo tempo, fazer a mediação "de tal forma que os interesses particulares das comunas, corporações e dos indivíduos" não "se isolem". Ao contrário, eles fazem a mediação: 1) transigindo com o "interesse do Estado", 2) sendo eles mesmos o "isolamento *político*" desses interesses particulares; esse *isolamento como ato político*, já que, por meio dos estamentos, esses "interesses isolados" alcançam o grau de interesse "universal".

Finalmente, os estamentos devem fazer a mediação contra o "*isolamento*" do poder soberano como um "*extremo*" (que, assim, *apareceria* "como simples poder dominante e como arbítrio"). Isto está correto na medida em que o *princípio do poder soberano* (o arbítrio) é limitado pelos estamentos, ou, ao menos, pode mover-se apenas dentro de entraves, e enquanto os próprios estamentos se tornam membros e cúmplices do poder soberano. Com isso, ou o poder soberano deixa realmente de ser o extremo do poder soberano (e o poder soberano existe apenas como um extremo, como uma unilateralidade, porque ele não é um princípio orgânico), tornando-se um *poder aparente*, um símbolo, ou, então, ele perde apenas a *aparência* do arbítrio e do simples poder dominante.

Eles fazem a mediação contra o "isolamento" dos interesses particulares, pois expressam esse isolamento como ato *político*. Eles *fazem a mediação* contra o isolamento do poder soberano como um extremo, em parte porque eles se tornam uma parte do poder soberano, em parte porque eles fazem do poder governamental um *extremo*.

Nos "estamentos" convergem todas as contradições da moderna organização do Estado. Eles são os "mediadores" em todos os sentidos, porque são "termos médios" em todos os sentidos.

É digno de nota que Hegel desenvolve menos o conteúdo da atividade estamental, o poder legislativo, do que a *posição* dos estamentos, sua estatura política.

Também é de notar que, enquanto, segundo Hegel, os *estamentos* se encontram "entre o *governo em geral, de um lado,* e o *povo* dissolvido nas esferas particulares e nos indivíduos, *de outro*", a sua posição, tal como foi desenvolvida acima, "tem o significado de uma mediação *comum* com o poder governamental organizado".

No que se refere à primeira posição, os *estamentos* são o povo contra o governo, mas *o povo en miniature*[30]. É a sua posição oposicional.

No que se refere à segunda, eles são o governo contra o povo, mas o governo ampliado. É a sua posição conservadora. Eles mesmos são parte do poder governamental contra o povo, mas de maneira que, ao mesmo tempo, têm o significado de ser o povo contra o governo.

Hegel qualificou, acima, o "poder legislativo como totalidade" (§ 300). Os *estamentos* são realmente essa *totalidade,* o Estado no Estado, mas precisamente neles *se evidencia* que o Estado não é a totalidade, mas um dualismo. Os estamentos representam o Estado em uma sociedade que *não é* um Estado. O Estado é uma *mera representação.*

Na nota, Hegel diz:

> Que um momento determinado, o qual, estando em oposição, ocupa a posição de um extremo, deixe de sê-lo e se torne um momento *orgânico,* quando ao mesmo tempo é *termo médio,* isso é algo que se encontra entre as mais importantes intuições lógicas.

(Então, o elemento estamental é 1. o extremo do povo contra o governo, mas 2. ao mesmo tempo, termo médio entre povo e governo, ou a *oposição no* próprio *povo.* A oposição entre governo e povo se concilia pela oposição entre *estamentos* e *povo.* Os estamentos têm, em relação ao governo, a posição do povo e, em relação ao povo, a posição do governo. Ao se tornar *imagem,* fantasia, ilusão, *representação,* o povo *representado* – ou seja, os estamentos, que se encontram imediatamente, como *poder particular,* separados do povo real – suprime a oposição real entre povo e governo. Aqui, o povo já é preparado, como ele o deve ser no organismo considerado, para não ter um caráter decidido.)

> No objeto aqui considerado, é tanto mais importante salientar esse aspecto, porque ele pertence ao preconceito, frequente mas altamente perigoso, de conceber os estamentos principalmente do ponto de vista da *oposição* perante o governo, como se essa fosse sua posição essencial. Organicamente, isto é, considerado na totalidade, o **elemento estamental** se mostra **apenas por meio da função de mediação.** Com isso, a própria **oposição** é reduzida a uma **aparência.** Se ela, enquanto tem sua **manifestação,** não ficasse apenas na superfície, mas se tornasse **realmente uma oposição substancial,** então o Estado estaria em vias de perecer. – O sinal de que o antagonismo não é dessa espécie decorre, segundo a natureza da coisa, disto: que os objetos desse antagonismo

[30] "em pequena escala". (N.E.A.)

não dizem respeito aos elementos essenciais do organismo do Estado, mas a coisas mais especiais e mais indiferentes, e a paixão que, porém, se vincula a esse conteúdo, torna-se partidarismo em vista de um mero interesse subjetivo, tal como os mais altos cargos do Estado.

No *Adendo* está dito:

A constituição é essencialmente um sistema de mediação.

§ 303. O estamento *universal*, que se dedica mais de perto ao *serviço do governo*, tem imediatamente em sua determinação o universal como fim de sua atividade essencial; no elemento *estamental* do poder legislativo, o *estamento privado* alcança um *significado* e uma eficácia *políticos*. Ora, este não pode aparecer, aqui, nem como simples massa indiferenciada, nem como uma multidão dissolvida nos seus átomos, mas, antes, como *aquilo que ele já é*, a saber, diferenciado no estamento que se funda na relação substancial e no estamento que se funda nas necessidades particulares e no trabalho que as mediatiza. Somente desse modo, levando-se isso em consideração, o elemento *particular*, real *no* Estado, liga-se verdadeiramente ao universal.

Temos, aqui, a solução do enigma. "No elemento estamental do poder legislativo, o *estamento privado* alcança um *significado político*." Compreende-se que o *estamento privado* alcance esse significado de acordo com o que ele é, de acordo com sua *posição na sociedade civil* (Hegel já qualificou o estamento universal como aquele que se dedica ao governo; o estamento universal é, portanto, representado no poder legislativo pelo poder governamental).

O elemento estamental é: *o significado político do estamento privado*, do estamento não político, uma *contradictio in adjecto*[31]. Ou, no estamento descrito por Hegel, o *estamento privado* (e, em geral, a distinção do estamento privado) tem um significado *político*. O *estamento privado* pertence ao ser, à política desse Estado. Hegel também dá àquele, por conseguinte, um *significado político*, ou seja, um significado diferente de seu significado real.

Na nota, é dito:

Isto vai contra outra concepção corrente, segundo a qual, como o estamento privado é alçado, no poder legislativo, à *participação* na coisa universal, ele deve aparecer na forma dos *indivíduos*, seja que eles escolham representantes para esta função, ou que cada um deva exercer, por si mesmo, o voto no poder legislativo. Essa opinião atomística, abstrata, desaparece já na família, assim como na sociedade civil, onde o indivíduo só vem a aparecer como membro de um universal. Mas o Estado é, essencialmente, uma organização de tais membros, que são círculos *para si*, e, nele, nenhum momento deve se mostrar como uma multidão inorgânica. *Os muitos* como singulares, o que de bom grado se entende por povo, são certamente um *conjunto*, mas apenas como a *multidão* – uma massa disforme, cujo movimento e agir seria, precisamente por isso, apenas elementar, irracional, selvagem e terrível.

[31] "contradição na determinação do conceito". (N.E.A.)

> A concepção que dissolve novamente, em uma massa de indivíduos, as comunidades já existentes nesses círculos – nos quais elas adentram o campo político, isto é, o ponto de vista da *mais elevada universalidade concreta* –, mantém precisamente nisso **a vida social e a vida política separadas uma da outra** e coloca esta última, por assim dizer, no ar, pois a sua base seria apenas a singularidade abstrata do arbítrio e da opinião, por conseguinte o acidental, e não um fundamento *firme* e *legítimo* em si e para si.
>
> Embora na concepção de tais teorias os *estamentos da sociedade civil* em geral e os *estamentos em* sentido *político* se encontrem distantes uns dos outros, a **linguagem** conservou, ainda, essa união que, aliás, **existia anteriormente**.

"O estamento *universal*, que se dedica mais de perto *ao serviço do governo*." Hegel parte do pressuposto de que o estamento *universal* se encontra no "serviço do governo". Ele supõe a inteligência universal como "estamental e estável".

"No elemento *estamental* etc." O "significado e eficácia políticos" do *estamento privado* são um significado e eficácia *particulares* dele. O *estamento privado* não se transforma em *estamento político*, mas ele se põe como *estamento privado* em sua eficácia e significado políticos. Ele não tem eficácia e significado políticos pura e simplesmente. Sua eficácia e significado políticos são a *eficácia e significado políticos do estamento privado como estamento privado*. O estamento privado pode, portanto, entrar na esfera política apenas segundo a *distinção estamental da sociedade civil*. A *distinção estamental* da sociedade civil se torna uma distinção política.

A própria *linguagem*, diz Hegel, expressa a identidade dos *estamentos da sociedade civil* e dos *estamentos em sentido político*, uma "união" "que, aliás, *existia anteriormente*" e que, portanto, dever-se-ia concluir, já não existe mais.

Hegel acha que, "levando-se isso em consideração, o elemento *particular*, real *no* Estado, liga-se verdadeiramente ao universal". A *separação da "vida política e da vida social" deve, desse modo, ser suprimida, e sua "identidade" deve ser posta.*

Hegel se baseia nisto:

"Naqueles círculos" (família e sociedade civil) "já existem *comunidades*." Como se poderia querer dissolvê-las, "novamente, em uma massa de indivíduos", no momento em que "elas adentram o campo político, isto é, o ponto de vista da *mais elevada universalidade concreta*"?

É importante seguir de perto esse desenvolvimento.

O ponto culminante da identidade hegeliana era, como ele mesmo o confessa, a *Idade Média*. Lá, os *estamentos da sociedade civil* em geral e os *estamentos em sentido político* eram idênticos. Pode-se exprimir o espírito da Idade Média desta forma: os estamentos da sociedade civil e os estamentos em sentido político eram idênticos porque a sociedade civil era a sociedade política; porque o princípio orgânico da sociedade civil era o princípio do Estado.

Mas Hegel parte da *separação* da *"sociedade civil"* e do *"Estado político"* como de dois opostos fixos, duas esferas realmente diferentes. De fato, essa separação é, certamente, *real* no Estado *moderno*. A identidade dos estamentos civil e político era a *expressão* da *identidade* das sociedades civil e política. Essa identidade desapareceu. Hegel a pressupõe como desaparecida. Se a identidade dos estamentos civil e político expressasse a verdade, ela não *poderia* ser, portanto, mais do que uma expressão da *separação* das sociedades civil e política! ou ainda: somente a *separação* dos estamentos civis e dos estamentos políticos exprime a *verdadeira* relação entre as *modernas* sociedades civil e política.

Em segundo lugar: Hegel trata, aqui, dos estamentos *políticos* em um sentido completamente diferente daquele dos estamentos *políticos* na Idade Média, sobre os quais é afirmada a identidade *com os estamentos da sociedade civil*.

Toda a sua existência era política; a sua existência era a existência do Estado. Sua *atividade legislativa*, sua *aprovação do imposto para o reino*, era apenas uma emanação *particular* de seu significado e de sua eficácia política *universal*. Seu estamento era seu Estado. A relação com o reino era apenas uma relação transacional desses diferentes Estados com a *nacionalidade*, pois o Estado político, diferentemente da sociedade civil, não era senão a *representação da nacionalidade*. A nacionalidade era o *point d'honneur*[32], o sentido político χατ' ἐξοχήν[33] dessas diferentes corporações etc., e somente a ela se reportavam os impostos etc. Tal era a relação dos estamentos legislativos com o reino. De modo semelhante se comportavam os estamentos *no interior dos principados particulares*. O *principado*, a *soberania*, era um estamento *particular* que tinha certos privilégios mas que era, igualmente, importunado pelos privilégios dos outros estamentos. (Entre os gregos, a sociedade civil era *escrava* da sociedade política.) A *atividade legislativa* universal dos estamentos da sociedade civil não era, de modo algum, um acesso do *estamento privado* a um significado e eficácia *políticos*, mas, antes, uma mera emanação de seus *reais e universais* significado e eficácia políticos; sua aparição como força legislativa era meramente um complemento de sua força soberana e governamental (executiva); era, antes, seu acesso ao assunto totalmente universal como uma *coisa privada*, seu acesso à soberania como um *estamento privado*. Os estamentos da sociedade civil eram, na Idade Média, como *tais*, ao mesmo tempo estamentos legislativos, porque *não* eram estamentos privados ou porque os *estamentos privados* eram os estamentos políticos. Os estamentos medievais, como elemento político-estamental, não alcançavam uma nova determinação. Eles não se tornavam *político*-estamentais porque tomavam parte na legislação, mas sim tomavam parte na legislação porque e na medida em que eram *político*-estamentais. Ora, o que isso tem em comum com o *estamento privado* hegeliano, que, como elemento *legislativo*,

---

[32] "ponto de honra". (N.E.A.)

[33] "principal, por excelência". (N.E.A.)

alcança um aspecto de bravura política, um estado de êxtase, um significado e eficácia políticos a parte, surpreendentes, excepcionais?

Nesse desenvolvimento, encontram-se reunidas todas as *contradições* da exposição hegeliana.

1) Ele pressupôs a *separação* da sociedade civil e do Estado político (uma situação moderna) e a desenvolveu como *momento necessário da Ideia*, como verdade absoluta racional. Apresentou o Estado político na sua forma *moderna* da *separação* dos diferentes poderes. Ao Estado real e *agente*, ele deu a burocracia como seu corpo e colocou esta, como o espírito que sabe, acima do materialismo da sociedade civil. Opôs o universal em si e para si existente do Estado aos interesses particulares e à necessidade da sociedade civil. Em uma palavra, ele expõe, por toda parte, o *conflito* entre sociedade civil e Estado.

2) Hegel opõe a sociedade civil, como *estamento privado*, ao Estado político.

3) Ele qualifica o elemento *estamental* do poder legislativo como o mero *formalismo político* da sociedade civil. Qualifica-o como uma *relação reflexiva da sociedade civil no Estado* e como uma relação reflexiva que não altera o *ser* do Estado. Uma relação reflexiva é, também, a mais alta identidade entre coisas essencialmente diferentes.

Por outro lado, Hegel quer:

1) fazer com que a sociedade civil não apareça, em sua constituição de si como elemento legislativo, nem como uma simples massa, indiferenciada, nem como uma multidão decomposta em seus átomos. Ele não quer *nenhuma* separação entre *vida social e vida política.*

2) Ele esquece que se trata de uma relação reflexiva e faz dos estamentos da sociedade civil, como tais, estamentos políticos, mas apenas, novamente, segundo o lado do poder legislativo, de tal forma que sua própria atividade seja a prova da separação.

Ele faz do *elemento estamental* expressão da *separação*, mas, ao mesmo tempo, esse elemento deve ser o representante de uma identidade que não existe. Hegel conhece a separação da sociedade civil e do Estado político, mas ele quer que no interior do Estado seja expressa a sua própria unidade, e, em verdade, isso deve ser realizado de maneira que os estamentos da sociedade civil constituam, ao mesmo tempo, como tais, o elemento *estamental* da sociedade legislativa (cf. XIV. X)[34].

> *§ 304.* O elemento político-estamental contém em sua própria determinação, ao mesmo tempo, a distinção dos estamentos, já existente nas esferas anteriores. A sua posição primeiramente abstrata, a saber, do *extremo da universalidade empírica* contra o princípio *do soberano* ou *do monarca* em geral – na qual reside

[34] Neste ponto, Marx interrompe o comentário ao § 303, para retomá-lo depois da transcrição do § 307: "O mais profundo em Hegel"... Os números XIV e X identificam a numeração das folhas manuscritas de Marx. (N.E.B.)

somente a *possibilidade* do *acordo* e, com isso, igualmente, a *possibilidade* da oposição *hostil* –, essa posição abstrata se torna relação racional (*silogismo*, cf. nota ao § 302) somente porque sua *mediação* vem à existência. Como, do lado do poder soberano, o poder governamental (§ 300) já tem essa determinação, assim também, do lado dos estamentos, um momento deles tem de estar voltado para a determinação de existir essencialmente como momento do termo médio.

§ 305. Um dos estamentos da sociedade civil contém o princípio que, por si, é capaz de ser constituído como essa relação política, isto é, o estamento da eticidade natural, que tem por sua base a vida familiar e, no que se refere à subsistência, a propriedade da terra; e, com isso, no que respeita à sua particularidade, tal estamento possui, em comum com o elemento da soberania, uma vontade que se funda em si e a determinação natural que o elemento da soberania contém em si.

§ 306. Esse estamento é constituído, mais de perto, para a posição e significação políticas, na medida em que seu patrimônio é independente tanto do patrimônio do Estado, quanto da incerteza da indústria, da busca do ganho e da mutabilidade da posse em geral – tanto do favor do poder governamental, quanto do favor da multidão –, e é reforçado mesmo *contra o próprio arbítrio*, em consequência do fato de os membros desse estamento, chamados para essa determinação, encontrarem-se privados do direito dos outros cidadãos de, em parte, dispor livremente de toda a sua propriedade e, em parte, de saber que ela é transmitida aos filhos com base na igualdade do amor por eles; o patrimônio se torna, assim, um *bem hereditário inalienável*, reforçado pelo morgadio.

Adendo: Esse estamento tem uma vontade mais consistente para si. No conjunto, o estamento dos proprietários fundiários se diferenciará em sua parte culta e no estamento dos camponeses. Ao passo que, a essas duas espécies, se contrapõe o estamento industrial, como aquele dependente da necessidade e para ela voltado, e o estamento universal, como aquele dependente essencialmente do Estado. A segurança e a estabilidade do estamento dos proprietários fundiários pode ser aumentada, ainda, pela instituição do morgadio, que, no entanto, só é desejável no que respeita à política, pois a ele está ligado um sacrifício para o objetivo político de que o primogênito possa viver independentemente. O fundamento do morgadio está no fato de que o Estado não deve contar com a mera possibilidade da disposição mas, antes, com uma necessidade. Ora, a disposição não está, certamente, ligada a um patrimônio – mas a conexão relativamente necessária é que aquele que possui um patrimônio independente não está limitado por circunstâncias exteriores e pode, assim, proceder sem impedimentos e agir em prol do Estado. Onde, porém, faltam instituições políticas, a fundação e a proteção dos morgados não é senão um entrave colocado à liberdade do direito privado, entrave ao qual se deve acrescentar o significado político ou ele vai ao encontro da dissolução daquela liberdade.

§ 307. O direito dessa parte do estamento substancial está, desse modo, fundado no **princípio natural da família**, mas este é alterado para o *fim político*, ao mesmo tempo, mediante duros sacrifícios, com o que esse estamento é

essencialmente destinado à atividade para esse fim e, igualmente, em consequência disso, é chamado e *legitimado* a essa atividade pelo *nascimento*, sem a acidentalidade de uma escolha. Com isso, tem ele a posição firme, substancial, entre o arbítrio subjetivo ou a acidentalidade dos dois extremos, e, como ele traz em si uma imagem do momento do poder do soberano, assim também ele compartilha, com o outro extremo, as necessidades e os direitos que são, de resto, iguais, e então ele se torna, a um só tempo, sustentáculo do trono e da sociedade.

Hegel realizou a proeza de desenvolver, a partir da Ideia absoluta, os pares por nascimento, o bem hereditário etc. etc., este "sustentáculo do trono e da sociedade".

O mais profundo em Hegel é que ele percebe a separação da sociedade civil e da sociedade política como uma *contradição*. Mas o que há de falso é que ele se contenta com a *aparência* dessa solução e a faz passar pela coisa mesma, enquanto as "*tais teorias*", por ele desprezadas, exigem a "*separação*" entre estamentos sociais e políticos, e com razão, pois elas exprimem uma *consequência* da sociedade moderna: nesta, o elemento *político-estamental* não é, precisamente, outra coisa senão a expressão fática da relação real de Estado e sociedade civil, a sua *separação*.

Hegel não chamou a coisa de que aqui se trata por seu nome conhecido. É a controvérsia entre constituição *representativa* e constituição *estamental*. A constituição representativa é um enorme progresso, pois ela é a expressão *aberta, não falseada, consequente*, da *condição política moderna*. Ela é a *contradição declarada*.

Antes de adentrarmos na coisa mesma, lancemos ainda um olhar na exposição hegeliana.

> No elemento *estamental* do poder legislativo, o *estamento privado* alcança um significado *político*.

Anteriormente (§ 301, nota), dizia-se:

> A determinação conceitual **peculiar** aos **estamentos** deve, por isso, ser procurada no seguinte fato: neles, vem *à existência, em relação ao Estado* ... o discernimento próprio e a vontade própria da esfera que, nessa exposição, foi denominada **sociedade civil**.

Resumindo o que vem a seguir, tem-se: "*A sociedade civil* é o *estamento privado*", ou o *estamento privado* é o estamento imediato, essencial e concreto da sociedade civil. Somente no elemento estamental do poder legislativo ela adquire "significado e eficácia políticos"; isso constitui algo novo, que se lhe acrescenta, uma função *particular*, pois precisamente seu caráter de *estamento privado* exprime a sua *oposição* ao significado e à eficácia políticos, a privação do caráter político, isto é, que a sociedade civil em si e para si é *sem* significado e eficácia políticos. O *estamento privado* é o estamento da sociedade civil, ou a sociedade civil é o *estamento privado*. Por isso, Hegel exclui coerentemente o "estamento universal" do "elemento estamental do poder legislativo".

> O estamento *universal*, que se dedica mais de perto ao *serviço do governo*, tem imediatamente, em sua determinação, o universal como fim de sua atividade essencial.

A sociedade civil ou o estamento privado não tem isso como sua determinação; sua atividade essencial não tem a determinação de ter como fim o universal, ou seja, sua atividade essencial não é uma determinação do universal, *não é* determinação *universal*. O estamento privado é o estamento da sociedade civil *contra* o Estado. O estamento da sociedade civil *não* é um estamento político.

Como Hegel qualificou a sociedade civil como estamento privado, ele caracterizou as distinções dos estamentos da sociedade civil como distinções *não* políticas, e a vida burguesa e a vida política como heterogêneas e, até mesmo, *opostas*. Como ele prossegue daí em diante?

> Ora, este não pode aparecer, aqui, nem como simples massa indiferenciada, nem como uma multidão dissolvida nos seus átomos, mas, antes, como *aquilo que ele já é*, a saber, diferenciado no estamento que se funda na relação substancial e no *estamento* que se funda nas necessidades particulares e no trabalho que as mediatiza (§ 201 ss.). Somente desse modo, levando-se isso em consideração, o elemento *particular*, real *no* Estado, liga-se verdadeiramente ao universal. [§ 303]

Como uma "simples massa indiferenciada", a sociedade civil (o *estamento privado*) não pode, certamente, aparecer em sua atividade legislativo-estamental, pois a "simples massa indiferenciada" existe apenas na "representação", na "fantasia", não na *realidade*. Há, aqui, somente maiores ou menores massas acidentais (cidades, vilarejos etc.). Essas massas, ou melhor, essa massa, não só *aparece*, como *é* realmente, por toda parte, "uma multidão dissolvida nos seus átomos" e, enquanto atomística, ela *deve* aparecer e produzir-se em sua atividade *político*-estamental. O *estamento privado*, a sociedade civil, não pode, aqui, aparecer "como *aquilo que ele já é*". Pois o que ele já é? É *estamento privado*, isto é, oposição e separação em relação ao Estado. Para alcançar "significado e eficácia *políticos*", ele deve, antes, renunciar àquilo que ele é já como *estamento privado*. Somente com isso ele adquire seu "significado e eficácia *políticos*". Esse ato político é uma completa transubstanciação. Nele, a sociedade civil deve separar-se de si completamente como sociedade civil, como estamento privado, e deve fazer valer uma parte de seu ser, aquela que não somente não tem nada em comum com a existência social real de seu ser, como, antes, a ele se opõe diretamente.

O que é a *lei geral* se mostra, aqui, no indivíduo. Sociedade civil e Estado estão separados. Portanto, também o cidadão do Estado está separado do simples cidadão, isto é, do membro da sociedade civil. O cidadão deve, pois, realizar uma *ruptura essencial* consigo mesmo. Como *cidadão real*, ele se encontra em uma dupla organização, a *burocrática* – que é uma determinação externa, formal, do Estado transcendente, do poder governamental, que não tangencia o cidadão e a sua realidade independente – e a *social*, a organização da sociedade civil. Nesta última, porém, o cidadão se encontra, como *homem privado*, fora do Estado; ela não tangencia o Estado político como tal. A primeira é uma organização estatal, para a qual ele sempre dá a *matéria*. A segunda é uma *organização social*, cuja matéria não é o Estado. Na primeira, o Estado se comporta como oposição formal ao cidadão; na segunda, o cidadão se comporta como oposição material ao Estado. Portanto, para se comportar como *cidadão real do Estado*, para obter significado e eficácia políticos, ele deve abandonar sua realidade social, abstrair-se dela, refugiar-se de toda essa organização em sua individualidade; pois a única existência que ele encontra para sua qualidade de cidadão do Estado é sua *individualidade* nua e crua, já que a existência do Estado como governo está completa sem ele e que a existência dele na sociedade civil está completa sem o Estado. Apenas em contradição com essas *únicas comunidades existentes*, apenas como *indivíduo*, ele pode ser *cidadão do Estado*. Sua existência como cidadão do Estado é uma existência que se encontra fora de suas existências *comunitárias*, sendo, portanto, puramente *individual*. O "poder legislativo", como "poder", é, de fato, apenas a *organização*, o *corpo comum* que ela *deve* adquirir. *Antes* do "poder legislativo", a sociedade civil, o estamento privado, *não* existe como *organização estatal*, e a fim de que ele, em tal condição, chegue à existência, sua *organização real*, sua vida social real deve ser posta como *não existente*, pois o elemento estamental do poder legislativo tem precisamente a determinação de pôr como *não existente* o *estamento privado*, a *sociedade civil*. A separação da sociedade civil e do Estado político aparece necessariamente como uma separação entre o cidadão *político*, o cidadão do Estado, e a sociedade civil, a sua própria realidade empírica, efetiva, pois, como idealista do Estado, ele é um ser *totalmente diferente* de sua realidade, um *ser* distinto, diverso, oposto. A sociedade civil realiza, aqui, dentro de si mesma, a relação entre Estado e sociedade civil, que, por outro lado, existe já como *burocracia*. No elemento estamental, o universal se torna realmente *para si* o que ele é *em si*, a saber, o *oposto do particular*. O cidadão deve abandonar seu estamento, a sociedade civil, o *estamento privado*, para alcançar significado e eficácia políticos, pois precisamente este *estamento* se encontra entre o *indivíduo* e o *Estado político*.

Se Hegel já opõe o conjunto da sociedade civil, como *estamento privado*, ao Estado político, então é evidente que as distinções no *interior* do estamento privado, os diferentes estamentos da sociedade civil, têm apenas um significado privado, nenhum significado político em relação ao Estado. Pois os diferentes estamentos da sociedade civil são simplesmente a realização, a existência do *princípio*, do estamento privado como princípio da sociedade civil. Mas se o princípio deve ser abandonado, então é evidente, com *mais razão* ainda, que as distinções *no interior* desse princípio não existem para o Estado político.

"Somente desse modo", conclui Hegel o parágrafo, "levando-se isso em consideração, o elemento *particular*, real *no* Estado, liga-se verdadeiramente ao universal". Mas Hegel confunde, aqui, o Estado como totalidade da existência de um povo com o Estado político. Esse particular não é o "*particular no*", mas "*fora* do Estado", quer dizer, fora do Estado político. Ele não apenas não é "o particular, real no Estado", como é também a "*irrealidade* do Estado". Hegel quer demonstrar que os estamentos da sociedade civil são os estamentos políticos e, para provar isso, supõe que os estamentos da sociedade civil sejam a "particularização do Estado político", isto é, que a sociedade civil seja a sociedade política. A expressão "o particular *no* Estado" só pode significar, aqui, "a particularização do Estado". Hegel, por uma má consciência, escolhe a expressão indeterminada. Não só ele mesmo desenvolveu o contrário, mas ele mesmo o confirma ainda nesse parágrafo, ao qualificar a sociedade civil como "estamento privado". Muito prudente é, também, a determinação de que o particular "*liga-se*" ao universal. Ligar é coisa que pode ser feita com as coisas mais heterogêneas. Não se trata aqui, porém, de uma *transição* gradual, mas de uma *transubstanciação*, e é inútil não querer ver este abismo que é transposto e demonstrado por meio da própria transposição.

Diz Hegel na nota:

"Isso vai contra uma outra concepção corrente etc." Acabamos de indicar como essa concepção corrente é consequente, necessária, uma "concepção necessária do atual desenvolvimento do povo", e como a concepção de Hegel, mesmo sendo, também, muito corrente em certos círculos, não deixa de ser uma inverdade. Retornando à concepção corrente, Hegel diz:

"Essa opinião atomística, abstrata, desaparece já na família etc. etc. Mas o Estado é etc." Abstrata é, certamente, essa opinião, mas ela é a "abstração" do Estado político, como o próprio Hegel o desenvolve. Ela é atomística também, mas ela é o atomismo da própria sociedade. A "opinião" não pode ser concreta quando o *objeto* da opinião é "abstrato". O atomismo, em que a sociedade civil se precipita no seu *ato político*, resulta necessariamente de que a comunidade, o ser em comum no qual existe o indivíduo, é a sociedade civil separada do Estado, ou que o *Estado político* é *uma abstração* da sociedade civil.

Essa opinião atomística, ainda que ela desapareça já na família e mesmo, talvez (??), na sociedade civil, reaparece no Estado político, precisamente porque ele é uma abstração da família e da sociedade civil. O mesmo acontece em sentido contrário. Ao exprimir a *estranheza* desse fenômeno, Hegel não superou o *estranhamento*.

"A concepção", diz-se em seguida,

> que dissolve novamente, em uma massa de indivíduos, as **comunidades já existentes** nesses círculos – nos quais elas adentram o campo político, isto é, o ponto de vista da *mais elevada universalidade concreta –, mantém* precisamente nisso a vida social e a vida política separadas uma da outra e coloca esta última, por assim dizer, no ar, pois a sua base seria apenas a singularidade abstrata do arbítrio e da opinião, por conseguinte o acidental, e não um fundamento *firme* e *legítimo* em si e para si. [§ 303]

Tal concepção não *mantém* a vida social e a vida política separadas; ela é simplesmente a *representação de uma separação realmente existente.*

Essa concepção não põe a vida política no ar, mas a vida política é a *vida aérea*, a região etérea da sociedade civil.

Consideremos, então, o sistema *estamental* e o sistema *representativo*.

É um progresso da história que os *estamentos políticos* tenham se tornado estamentos *sociais*, de modo que, assim como os cristãos são iguais no céu e desiguais na terra, também os membros singulares do povo são *iguais* no céu de seu mundo político e desiguais na existência terrena da *sociedade*. A transformação propriamente dita dos *estamentos políticos* em *sociais* se deu na *monarquia absoluta*. A burocracia fez valer a ideia da unidade contra os diferentes estados no Estado. Todavia, ao lado da burocracia do poder governamental absoluto, a *distinção social* dos estamentos permanecia como uma distinção política, uma distinção *política no interior* e ao lado da burocracia do poder governamental absoluto. Somente a Revolução Francesa completou a transformação dos estamentos *políticos* em *sociais*, ou seja, fez das *distinções estamentais* da sociedade civil simples distinções *sociais*, distinções da vida privada, sem qualquer significado na vida política. A separação da vida política e da sociedade civil foi, assim, consumada.

Com isso, os estamentos da sociedade civil se transformaram igualmente: mediante sua separação da sociedade política, a sociedade civil se tornou outra. Em seu sentido medieval, o *estamento* permanece, ainda, apenas no interior da própria burocracia, onde a posição social e a posição política são imediatamente idênticas. A ele se opõe a sociedade civil como *estamento privado*. A distinção estamental não é mais, aqui, uma distinção segundo a *necessidade* e o *trabalho* como corpos autônomos. A única distinção geral, *superficial e formal* é, aqui, apenas aquela entre *cidade* e *campo*. Mas dentro da própria sociedade a distinção se forma não em círculos fixos, mas em círculos móveis, cujo princípio é o *arbítrio*. *Dinheiro* e *cultura* são os critérios principais. Mas não desenvolveremos isso neste momento, e sim na crítica à exposição hegeliana da sociedade civil. Basta. O estamento da sociedade civil não tem como seu princípio nem a necessidade, que é um momento natural, nem a política. É uma divisão de massas que se formam fugazmente, cuja própria formação é arbitrária e que *não* é uma organização.

Característico é somente que a *privação de posses* e o *estamento* do trabalho *imediato*, do trabalho concreto, constituam menos um estamento da sociedade civil do que o terreno sobre o qual repousam e se movem os seus círculos. O estamento propriamente dito, onde posição política e posição social coincidem, é apenas aquele dos *membros do poder governamental*. O estamento atual da sociedade mostra já a sua diferença do antigo estamento da sociedade civil no fato de que ele não é, como outrora, algo de comum, uma comunidade que contém o indivíduo, mas que é em parte o acaso, em parte o trabalho etc. do indivíduo, o que determina se ele se mantém ou não em seu estamento; um *estamento* que é, ele próprio, por sua vez, apenas uma determinação *exterior* do indivíduo, pois não é inerente ao seu trabalho nem se relaciona com ele como uma comunidade objetiva, existente, organizada segundo leis estáveis e mantendo com ele relações estáveis. Ao contrário, ele não mantém qualquer relação *real* com o agir substancial do indivíduo, com seu *estamento real*. O médico não forma nenhum estamento particular na sociedade civil. Um comerciante pertence a um estamento diverso daquele de outro comerciante, isto é, ele pertence a outra *posição social*. Assim como a sociedade civil se separou da sociedade política, ela também se separou, em seu interior, em *estamento* e posição *social*, para tantas quantas são as relações que têm lugar entre ambos. O princípio do estamento social ou da sociedade civil é o *gozo* e a *capacidade de fruir*.

Em seu significado político, o membro da sociedade civil abandona seu estamento, sua real posição privada; é somente aqui que ele chega, como *homem*, a ter significado, ou que sua determinação como membro do Estado, como ser social, manifesta-se como sua determinação *humana*. Pois todas as suas outras determinações na sociedade civil *aparecem* como *inessenciais* ao homem, ao indivíduo, como determinações *exteriores*, que, na verdade, são necessárias à sua existência no todo, isto é, como um vínculo com o todo, mas um vínculo do qual ele pode muito bem prescindir. (A atual sociedade civil é o princípio realizado do *individualismo*; a existência individual é o fim último; atividade, trabalho, conteúdo etc., são *apenas* meio.)

A *constituição estamental*, quando não é uma tradição da Idade Média, é a tentativa de lançar, em parte, o homem, dentro da própria esfera política, na limitação de sua esfera privada; de fazer da sua particularidade a sua consciência substancial e, como a distinção estamental existe politicamente, de também fazê-la novamente uma distinção social.

O *homem real* é o *homem privado* da atual constituição do Estado.

O *estamento* tem, geralmente, o significado de que a *distinção*, a *separação*, é a *existência* do indivíduo. O modo de vida, atividade etc. deste último, em lugar de fazer dele um membro, uma função da sociedade, faz dele uma *exceção* da sociedade, é o seu privilégio. Que essa *distinção* não seja apenas uma distinção *individual*, mas se concretize como *comunidade*, estamento, corporação, isso não apenas não suprime a sua natureza exclusiva, como é, antes, somente sua expressão. Em vez de ser função da sociedade, a função individual se converte em uma sociedade para si.

O *estamento* não só se baseia, como lei geral, na *separação* da sociedade, como também separa o homem de seu ser universal, faz dele um animal que coincide imediatamente com sua determinidade. A Idade Média é a *história animal* da humanidade, sua zoologia.

A era moderna, a *civilização*, comete o erro inverso. Ela separa do homem o seu ser *objetivo*, como um ser apenas *exterior*, material. Ela não toma o conteúdo do homem como sua verdadeira realidade.

O restante sobre esse assunto será desenvolvido na seção: "sociedade civil". Passemos ao

> *§ 304.* O elemento político-estamental contém em seu **próprio** significado[35], ao mesmo tempo, a distinção dos estamentos, já existente nas esferas anteriores.

Já demonstramos que a "distinção dos estamentos, já existente nas esferas anteriores", não tem nenhum significado para a esfera política, ou tem apenas o significado de uma distinção privada, portanto não política. Porém, segundo Hegel, a distinção dos estamentos também afirmou, aqui, não o seu "significado já existente" (o significado que ela possui na sociedade civil), mas sim o "elemento político-estamental", na medida em que este a acolhe como seu ser; imersa na esfera política, a distinção dos estamentos assume um significado "próprio", correspondente *a este elemento* e não *a ela*.

Enquanto a organização da sociedade civil era política ou o Estado político era a sociedade civil, ainda não havia essa *separação* e *duplicação* de significado dos estamentos. Eles não *significavam uma coisa* no mundo social e *outra* no mundo político. Eles não adquiriam um *significado* no mundo político, mas sim *conferiam significado a si próprios*. O dualismo de sociedade civil e Estado político, que a constituição *estamental* pretende resolver por meio de uma *reminiscência*, evidencia-se por si mesmo no fato de que a *distinção dos estamentos* (a distinção interna da sociedade civil) adquire, na esfera *política*, um significado diferente daquele da esfera social. Há, aqui, aparente identidade, *o mesmo sujeito*, mas com uma determinação *essencialmente diversa*; portanto, na verdade, há um *duplo* sujeito e essa *identidade ilusória* (ela é já ilusória porque o *sujeito real*, o homem, nas diversas determinações de seu ser, permanece igual a si mesmo; ele não perde sua identidade; mas, aqui, o homem não é sujeito, mas sim identificado com um predicado – o estamento – e, ao mesmo tempo, afirma-se que ele, ao se encontrar nessa *determinidade determinada*, encontra-se então em *outra* determinidade; que ele, como esta limitação exclusiva, determinada, é *algo diferente* desta limitação) é mantida de forma artificial mediante a reflexão de que, uma vez, a distinção social dos estamentos recebe, como tal, uma determinação que deve provir unicamente da esfera política e, doutra vez, ela recebe uma determinação, na esfera política, que não deriva da esfera política, mas do sujeito da esfera social. Para representar tal sujeito limitado, o estamento determinado (a distinção estamental), como o sujeito essencial dos dois predicados, ou para provar a identidade de ambos os predicados, estes são mistificados e desenvolvidos em uma dupla figura ilusória, indeterminada.

O mesmo sujeito é tomado, aqui, em diferentes *significados*, mas o significado não é a sua autodeterminação, e sim uma determinação *alegórica*, inter-

[35] Em Hegel "determinação" (*Bestimmung*) em vez de "significado" (*Bedeutung*). (N.E.A.)

posta. Poder-se-ia tomar, para o mesmo significado, outro sujeito concreto, e para o mesmo sujeito outro significado. O significado que a distinção social dos estamentos adquire na esfera política não provém dela mesma, mas sim da esfera política, e ela poderia, aqui, ter também outro significado, tal como, de resto, deu-se historicamente. E vice-versa. É a maneira *acrítica*, *mística*, de *interpretar* uma *antiga visão de mundo* com o sentido de uma nova, pelo que ela se torna apenas um híbrido infeliz, no qual a forma engana o significado e o significado engana a forma, e nem a forma alcança seu significado e a forma real, nem o significado alcança a forma e o significado real. Essa *ausência de crítica*, esse *misticismo*, é tanto o enigma das modernas constituições (χατ' ἐξοχήν[36] das estamentais) como é também o mistério da filosofia hegeliana, em especial da *filosofia do direito* e da *filosofia da religião*.

Liberta-se dessa ilusão da melhor maneira quando se toma o significado pelo que ele é, pela *determinação propriamente dita*; faz-se dele, como tal, sujeito, e então se compara para saber se o sujeito que *pretensamente* lhe pertence é seu *predicado real*, se ele representa a sua essência e a sua verdadeira realização.

"A sua" (do elemento político-estamental)

> posição primeiramente abstrata, a saber, do *extremo da universalidade empírica* contra o *princípio do soberano* ou do *monarca* em geral – na qual reside somente a *possibilidade* do *acordo* e, com isso, igualmente, a *possibilidade* da oposição *hostil* –, essa posição abstrata se torna relação racional (*silogismo*, comparar com a nota ao § 302) somente porque sua *mediação* vem à existência.

Vimos que os estamentos formam, em comum com o poder governamental, o termo médio entre o princípio monárquico e o povo, entre a vontade do Estado, como *uma* vontade empírica, e esta mesma vontade do Estado, como *muitas* vontades empíricas, entre a *singularidade empírica* e a *universalidade empírica*. Hegel devia determinar a vontade soberana como *singularidade empírica*, assim como determinou a vontade da sociedade civil como *universalidade empírica*; mas ele não exprime a *oposição* em toda a sua agudeza.

Hegel continua:

> Como, do lado do poder soberano, o poder governamental (§ 300) já tem essa determinação, assim também, do lado dos estamentos, um momento deles tem de estar voltado para a determinação de existir essencialmente como momento do termo médio.

Ocorre que os verdadeiros opostos são o príncipe e a sociedade civil. E nós já vimos que o mesmo significado que tem o poder governamental do lado do príncipe, o tem também o elemento estamental do lado do povo. Enquanto o príncipe *emana* em uma circulação que se ramifica, o povo se *condensa* em uma edição em miniatura, pois a monarquia constitucional só

---

[36] "principal, por excelência". (N.E.A.)

pode se entender com o *povo en miniature*. O elemento estamental é, do lado da sociedade civil, exatamente *a mesma abstração do Estado político* que o poder governamental o é do lado do príncipe. A mediação parece, portanto, estar completamente constituída. Os dois extremos abdicaram de sua rigidez, enviaram um ao outro o fogo de seu ser particular e o *poder legislativo*, cujos elementos são precisamente tanto o poder governamental quanto os estamentos, parece não somente ter de permitir que a *mediação* venha à existência, mas que ele mesmo já seja a *mediação que veio à existência*. Hegel também já qualificou o *elemento estamental, em comum com o poder governamental*, como o *termo médio* entre povo e príncipe (assim como o elemento estamental como o termo médio entre sociedade civil e governo etc.). A relação racional, o *silogismo*, parece, portanto, estar concluída. O *poder legislativo*, o termo médio, é um *mixtum compositum*[37] dos dois extremos, do princípio monárquico e da sociedade civil; da singularidade empírica e da universalidade empírica, do sujeito e do predicado. Hegel concebe, em geral, o *silogismo* como termo médio, como um *mixtum compositum*. Pode-se dizer que, em seu desenvolvimento do silogismo racional, toda a transcendência e o místico dualismo de seu sistema tornam-se evidentes. O termo médio é o ferro de madeira, a oposição dissimulada entre universalidade e singularidade.

Observemos, primeiramente, a propósito de todo esse desenvolvimento, que a "mediação" que Hegel quer estabelecer aqui não é uma exigência que ele deduz a partir da *essência* do *poder legislativo*, de sua própria determinação, mas antes por *consideração* a uma *existência* que reside fora de sua determinação essencial. É uma *construção da consideração*. O poder legislativo, preferencialmente, é construído somente em consideração a um terceiro. É, portanto, preferencialmente a *construção de sua existência formal* que absorve toda a atenção. O poder legislativo é construído muito *diplomaticamente*. Isso decorre da posição *falsa*, ilusória, χατ' ἔξοχήν[38] *política*, que tem o poder legislativo no Estado moderno (do qual Hegel é intérprete). Disso se depreende, por si, que este Estado não é um *verdadeiro* Estado, pois nele as *determinações estatais*, entre elas o poder legislativo, têm que ser consideradas não em si e para si, não teoricamente, mas praticamente; não como forças independentes, mas como forças em oposição; não a partir da natureza da coisa, mas segundo as regras da convenção.

Portanto, o elemento estamental deveria propriamente ser, "em comum com o poder governamental", o termo médio entre a vontade da singularidade empírica, o príncipe, e a vontade da universalidade empírica, a sociedade civil; porém, na *verdade*, realmente, "*sua* posição" é uma "posição primeiramente abstrata, a saber, do *extremo da universalidade empírica* contra o *princípio do soberano* ou *do monarca* em geral, na qual reside somente a *possibilidade* do

[37] "mistura". (N.E.A.)

[38] "principal, por excelência". (N.E.A.)

acordo e, com isso, igualmente a *possibilidade da oposição hostil*", uma "posição abstrata", como Hegel observa corretamente.

Antes de mais nada, parece que aqui nem o "*extremo da universalidade empírica*", nem o "princípio do soberano ou do monarca", o extremo da singularidade empírica, se contrapõem.

Pois os estamentos são *delegados* da sociedade civil, assim como o poder governamental é *delegado* do príncipe. Do mesmo modo que, no poder governamental delegado, o princípio soberano deixa de ser o extremo da singularidade empírica, e, mais ainda, nele abandona a sua vontade "*sem fundamento*", rebaixa-se à "*finitude*" do saber, da responsabilidade e do pensamento, assim também, no elemento estamental, a sociedade civil não parece ser mais a universalidade empírica, mas um todo bem determinado, que tem tanto "o sentido e a disposição do Estado e do governo, quanto os interesses dos círculos particulares e dos singulares" (§ 302). A sociedade civil, em sua edição estamental em miniatura, deixou de ser a "universalidade empírica". Ela se rebaixou, muito mais, a uma comissão, a um número bem determinado; e, se o príncipe se deu uma universalidade empírica no poder governamental, também a sociedade civil se deu, nos estamentos, uma singularidade empírica ou particularidade. Ambos se tornaram uma particularidade.

A única oposição que ainda é possível aqui parece ser aquela entre os dois representantes das duas vontades do Estado, entre as duas emanações, entre o *elemento governamental* e o *elemento estamental* do poder legislativo; parece ser, portanto, uma *oposição no interior do próprio poder legislativo*. A mediação "*comum*" parece, também, bastante apropriada para que os elementos agarrem uns aos outros pelos cabelos. No elemento governamental do poder legislativo, a inacessível singularidade empírica do príncipe *tomou forma terrena* em um certo número de personalidades limitadas, palpáveis, responsáveis; no elemento estamental, a sociedade civil *tomou forma celeste* em um certo número de homens políticos. Os dois lados perderam sua intangibilidade. O poder soberano perdeu o seu inacessível, exclusivo, *Uno empírico*; a sociedade civil perdeu seu inacessível, vago, *Todo empírico*; um a sua rigidez, a outra sua fluidez. No elemento estamental, de um lado, e no elemento governamental do poder legislativo, de outro, que pretendiam juntos mediar sociedade civil e príncipe, a *oposição* parece, portanto, ter se tornado primeiramente uma oposição belicosa, mas também uma *contradição irreconciliável*.

Essa "*mediação*", tal como Hegel desenvolve corretamente, tem necessidade apenas de "que *sua mediação* venha à *existência*". Ela é muito mais a existência da contradição do que a existência da mediação.

Que essa mediação seja realizada pelo lado do *elemento estamental*, Hegel parece afirmá-lo sem fundamento. Ele diz:

> Assim como, do lado do poder do príncipe, o poder governamental (§ 300) já tem essa determinação, assim também, do lado dos estamentos, um momento

deles tem de estar voltado para a determinação de existir essencialmente como o momento do termo médio.

Já vimos, porém, que Hegel opõe, aqui, de forma arbitrária e inconsequente, príncipe e estamentos como extremos. A mesma determinação que o poder governamental possui do lado do poder do príncipe, o elemento estamental a possui do lado da sociedade civil. Os estamentos não se situam apenas, em comum com o poder governamental, entre príncipe e sociedade civil, mas também entre o governo em geral e o povo (§ 302). Eles fazem, do lado da sociedade civil, mais do que o poder governamental o faz do lado do poder soberano, uma vez que é propriamente este último que se contrapõe ao povo como seu oposto. Eles chegaram ao cúmulo da mediação. Por que, então, sobrecarregar este asno com mais sacos ainda? Por que o elemento estamental deve, pois, constituir, por toda parte, a ponte de asnos[39], justamente entre ele e seu oponente? Por que é ele, por toda parte, o próprio sacrifício? Deve ele cortar *uma* de suas mãos, a fim de que não possa enfrentar *com as duas* seu antagonista, o elemento governamental do poder legislativo?

Acrescente-se, ainda, que Hegel fez com que os estamentos resultassem das corporações, distinções estamentais etc., a fim de que eles não fossem uma "mera universalidade empírica", e que agora, ao contrário, ele os transforma em mera "universalidade empírica", para fazer com que deles resulte a distinção estamental! Do mesmo modo que, por meio do poder governamental, o príncipe, como o Cristo desse poder, estabelece sua mediação com a sociedade civil, assim também a sociedade civil estabelece sua mediação com o príncipe por meio dos seus padres, os estamentos.

Parece, antes, que o papel dos extremos, do poder soberano (singularidade empírica) e da sociedade civil (universalidade empírica), deva ser o de servir de mediador "de sua mediação", tanto mais que "um momento determinado, o qual, estando em oposição, ocupa a posição de um extremo, deixe de sê-lo e se torne momento *orgânico*, quando ao mesmo tempo é *termo médio*, isso é algo que se encontra entre as mais importantes intuições lógicas" (§ 302, nota). A sociedade civil parece não poder assumir esse papel, já que ela não possui assento no "poder legislativo" como *ela própria*, como extremo. O outro extremo, que se encontra *como tal* no meio do poder legislativo, o princípio soberano, parece, portanto, ter de se fazer de mediador entre o elemento estamental e o governamental. Ele parece, também, qualificado para isso. Pois, por um lado, o todo do Estado está nele representado, portanto também

[39] Marx faz aqui um trocadilho, empregando a expressão "ponte dos asnos" tanto em seu sentido escolástico (*pons asinorum*), do diagrama utilizado para descobrir as possibilidades de termos médios de um silogismo, quanto no sentido literal. Os estamentos são os asnos sobrecarregados de funções, que têm de ser, ainda, a própria ponte – o termo médio – que os une ao governo. (N.T.)

a sociedade civil, e particularmente ele tem em comum com os estamentos a "singularidade empírica" da vontade, já que a universalidade empírica só é real como singularidade empírica. Além disso, ele não se opõe à sociedade civil apenas como *formalidade*, como *consciência* de Estado, como o faz o poder governamental. Ele mesmo *é* Estado, tem, em comum com a sociedade civil, o momento *material, natural*. Por outro lado, o príncipe é o cume e o representante do poder governamental. (Hegel, que tudo inverte, faz do poder governamental o representante, a emanação do príncipe. Porque, na Ideia, cuja existência tem de ser o príncipe, Hegel vê não a ideia real do poder governamental, não o poder governamental na sua idealidade, mas sim o sujeito que é a Ideia absoluta, que existe *corporeamente* no príncipe; então o poder governamental se torna um *prolongamento místico da alma existente em* seu corpo – no *corpo do príncipe*.)

O príncipe deveria, por conseguinte, fazer-se, no poder legislativo, de termo médio entre o poder governamental e o elemento estamental; porém, o poder governamental é justamente o termo médio entre ele e a sociedade estamental, e esta é o termo médio entre ele e a sociedade civil! Como deveria ele mediar aqueles de quem ele tem necessidade, como seu termo médio, para não ser um extremo unilateral?

Aqui se evidencia todo o absurdo desses extremos, que desempenham alternadamente ora o papel de extremos, ora o de termo médio. São cabeças de Jano, que ora se mostram de frente, ora de costas, e que de frente têm um caráter diverso do de costas. Aquilo que se determina primeiramente como termo médio entre dois extremos comporta-se, então, ele mesmo, como extremo, e um dos dois extremos, que através daquele era mediado com o outro, mostra-se, agora, como extremo (porque em *sua distinção* com o outro extremo) entre o seu extremo e o seu termo médio. É uma complementação recíproca. Tal como um homem que se encontra entre dois litigantes e, então, um destes, por sua vez, coloca-se entre o intermediário e o outro litigante. É a história do homem e da mulher que brigavam e do médico que queria servir de conciliador entre eles, com o que, então, a mulher devia se colocar entre o médico e o marido e, este, entre a mulher e o médico. Tal como o leão no *Sonho de uma noite de verão*, que exclama: "Eu sou um leão e não sou um leão, eu sou Marmelo"[40]. Assim, cada extremo é, aqui, ora o leão da oposição, ora o Marmelo da mediação. Quando um extremo grita: "agora eu sou o meio", os outros dois não podem tocar nele, mas apenas golpear aquele que, antes, era o extremo. Trata-se de uma sociedade belicosa em seu âmago, mas que tem muito medo das manchas roxas para se bater

[40] Referência ao ato V, cena 1, da comédia de Shakespeare. Marx comete, aqui, um pequeno equívoco: no entremez representado no interior da peça, o "leão" é protagonizado pelo marceneiro Pino (*Schnock*) e não pelo carpinteiro Marmelo (*Squenz*). Para o nome das personagens em português, seguimos a tradução de F. C. de Almeida Cunha Medeiros e Oscar Mendes (W. Shakespeare, *Comédias e sonetos*, São Paulo, Abril Cultural, 1981, p. 205-77). (N.T.)

realmente, e os dois, que querem brigar, se ajustam de tal modo que o terceiro, que se encontra entre eles, deva receber as pancadas; mas, então, um dos dois apresenta-se novamente como o terceiro, e, diante de tamanha precaução, eles não chegam a qualquer decisão. Esse sistema também é feito de tal forma que o mesmo homem que quer espancar seu oponente deve, por outro lado, protegê-lo das pancadas do outro oponente, e, nessa dupla ocupação, não atinge a realização de sua tarefa. É notável que Hegel, que reduz esse absurdo da mediação à sua expressão abstrata, lógica, por isso não falseada, intransigível, o designe, ao mesmo tempo, como o *mistério especulativo* da lógica, como a relação racional, como o silogismo racional. Extremos reais não podem ser mediados um pelo outro, precisamente porque são extremos reais. Mas eles não precisam, também, de qualquer mediação, pois eles são seres opostos. Não têm nada em comum entre si, não demandam um ao outro, não se completam. Um não tem em seu seio a nostalgia, a necessidade, a antecipação do outro. (Mas quando Hegel trata a universalidade e a singularidade, os momentos abstratos do silogismo, como opostos reais, é esse precisamente o dualismo fundamental da sua lógica. O resto sobre isso pertence à crítica da lógica hegeliana.)

A isso parece se contrapor: *les extrêmes se touchent*[41]. Polo norte e polo sul se atraem; os sexos feminino e masculino igualmente se atraem, e somente pela união de suas diferenças extremas o homem nasce.

Por outro lado. Cada extremo *é* seu outro extremo. O *espiritualismo* abstrato é *materialismo abstrato*; o *materialismo abstrato* é o *espiritualismo abstrato* da matéria.

No que concerne ao primeiro ponto, polo norte e polo sul são, ambos, *polo*; sua *essência* é idêntica; do mesmo modo, os sexos *feminino e masculino* são um *gênero*, uma *essência*, a essência humana. Norte e sul são determinações opostas de *uma* essência; a diferença de uma *essência* em seu mais *alto desenvolvimento*. Eles são a essência *diferenciada*. Eles são o que são *apenas* como uma determinação *diferenciada*, e precisamente como *essa* determinação diferenciada da essência. *Verdadeiros* extremos *reais* seriam polo e não polo, gênero humano e inumano. A diferença é, aqui, uma *diferença da existência*, lá uma diferença da *essência*, de *duas* essências. Quanto ao segundo ponto, nele reside a determinação principal de que um *conceito* (existência etc.) é tomado *abstratamente*, de que ele não tem significado como conceito independente, mas apenas como uma *abstração* de outro conceito e apenas como essa *abstração*; assim, por exemplo, o espírito é apenas a *abstração* da matéria. É evidente, então, que, justamente porque essa forma deve produzir seu conteúdo, o espírito é, antes, o *contrário abstrato*, o objeto do qual ele abstrai, na sua abstração, aqui o materialismo abstrato, sua essência real. Se a *diferença* no interior da existência de *um* ser não fosse confundida, em parte com a *abstração independente* (abstração, compreende-se,

[41] "os extremos se atraem". (N.E.A.)

não de outro, mas propriamente de si mesmo), em parte com a contradição *real* dos seres reciprocamente excludentes, então um tríplice erro seria evitado: 1) que, sendo verdadeiro apenas o extremo, cada abstração e unilateralidade seja considerada verdadeira, por meio do que um princípio, em vez de aparecer como totalidade em si mesmo, aparece como abstração de outro; 2) que a *resolubilidade* de opostos *reais*, sua constituição em extremos, que não é senão a sua autoconsciência e o seu incitamento para a resolução da luta, seja pensada como algo possivelmente evitável ou nocivo; 3) que se procure sua mediação. Então, como ambos os extremos se apresentam em sua existência como reais e como extremos, é próprio apenas da *essência* de um deles o ser extremo, e isso não tem para o outro o *significado* de *verdadeira realidade*. Um invade o outro. A posição não é igual. Por exemplo, cristianismo ou religião em geral e filosofia são extremos. Mas, em verdade, a religião não constitui uma oposição verdadeira à filosofia. Pois a filosofia compreende a *religião* em sua realidade *ilusória*. A religião, enquanto quer ser uma realidade, está, portanto, para a filosofia, dissolvida na própria filosofia. Não se dá um real dualismo da *essência*. Voltaremos a essa questão mais adiante.

Pergunta-se: como Hegel chega, em suma, a ter necessidade de uma nova *mediação* do lado do elemento estamental? Ou compartilha Hegel o "preconceito, frequente mas altamente perigoso, de conceber os estamentos principalmente do ponto de vista da *oposição* ao governo, como se essa fosse sua posição essencial"?? (§ 302 nota).

A questão é simplesmente esta: por um lado, vimos que, no "poder legislativo", a sociedade civil como elemento "estamental", e o poder do príncipe como elemento governamental, estimularam-se apenas para formar uma oposição real, imediatamente prática.

Por outro lado, o poder legislativo é totalidade. Encontramos nele 1) a deputação do princípio soberano, o "poder governamental"; 2) a deputação da sociedade civil, o elemento "estamental", mas, além disso, encontra-se nele 3) um *extremo como tal*, o princípio soberano, enquanto o outro extremo, a sociedade civil como tal, não se encontra nele. Apenas por meio disso o elemento "estamental" se torna extremo do princípio "soberano", que deveria ser propriamente a sociedade civil. Somente como elemento "estamental" a sociedade civil se organiza, como vimos, em existência *política*. O elemento "estamental" é sua existência *política*, sua *transubstanciação* no Estado político. Apenas o "poder legislativo" é, por isso, como vimos, o *Estado* propriamente *político* em sua totalidade. Aqui ele é, portanto, 1) princípio soberano, 2) poder governamental, 3) sociedade civil. O elemento "estamental" é "*a sociedade civil do Estado político*", do "poder legislativo". O extremo, que a sociedade civil deveria constituir perante o príncipe, é, por essa razão, o elemento "*estamental*". (É porque a sociedade civil é a irrealidade da existência política, que a existência política da sociedade civil é sua própria dissolução, sua separação de si mesma.) Do mesmo modo, esse extremo constitui, portanto, uma oposição ao poder governamental.

Eis por que Hegel também designa o elemento "estamental" novamente como o "extremo da universalidade empírica", o que é propriamente a sociedade civil ela mesma. (Hegel, portanto, fez resultar inutilmente o elemento político-estamental das corporações e dos diferentes estamentos. Isso só teria sentido se os diferentes estamentos como tais fossem estamentos legislativos e, portanto, se a diferenciação da sociedade civil, a determinação social *re vera*[42] fosse a determinação política. Não teríamos, então, um *poder legislativo* do todo do Estado, mas o *poder legislativo* dos diferentes estamentos, corporações e classes sobre o todo do Estado. Os estamentos da sociedade civil não receberiam nenhuma determinação política, mas determinariam o Estado político. Eles fariam de sua *particularidade* o poder determinante da totalidade. Eles seriam o poder do particular sobre o universal. Teríamos, também, não um poder legislativo, porém mais poderes legislativos, que transigiriam entre si e com o governo. Mas Hegel tem em vista o significado moderno do elemento estamental, de ser a realização da cidadania do Estado, a realização do burguês (*bourgeois*). Ele quer que o "universal em si e para si" do Estado político não seja determinado pela sociedade civil, mas que, ao contrário, ele a determine. Enquanto, portanto, acolhe a forma do elemento medieval-estamental, ele dá a esse elemento o significado oposto, de ser determinado pela essência do Estado político. Os estamentos, como representantes das corporações etc., não seriam a "universalidade empírica", mas a "particularidade empírica", a "particularidade da empiria"!). O "poder legislativo" necessita, então, em si mesmo, da *mediação*, isto é, de um ocultamento da oposição, e essa mediação deve partir do "elemento estamental", pois este último perde, dentro do poder legislativo, o significado de representação da sociedade civil e se torna elemento *primário*; o elemento estamental é a sociedade civil do poder legislativo. O "poder legislativo" é a totalidade do Estado político e, precisamente por isso, a sua *contradição tornada manifesta*. Por isso ele é, do mesmo modo, sua dissolução *posta*. Nele colidem princípios totalmente diversos. Sem dúvida, isso *aparece* como *oposição* dos elementos do princípio soberano e do princípio do elemento estamental etc. Em *verdade*, no entanto, trata-se da antinomia de *Estado político* e *sociedade civil*, da *contradição do Estado político abstrato* consigo mesmo. O poder legislativo é a revolta *posta*. (O erro principal de Hegel reside no fato de que ele assuma *a contradição do fenômeno* como *unidade* no ser, *na Ideia*, quando essa contradição tem sua razão em algo mais profundo, a saber, numa *contradição essencial*, como, por exemplo, aqui, no fato de que a contradição do poder legislativo em si mesmo é somente a contradição do Estado político consigo mesmo e, portanto, da sociedade civil consigo mesma.

[42] "na realidade". (N.E.A.)

A crítica vulgar cai em um erro *dogmático* oposto. Assim ela critica, por exemplo, a constituição. Ela chama a atenção para a oposição entre os poderes etc. Ela encontra contradições por toda parte. Isso é, ainda, crítica dogmática, que *luta* contra seu objeto, do mesmo modo como, antigamente, o dogma da santíssima trindade era eliminado por meio da contradição entre um e três. A verdadeira crítica, em vez disso, mostra a gênese interna da santíssima trindade no cérebro humano. Descreve seu ato de nascimento. Com isso, a crítica verdadeiramente filosófica da atual constituição do Estado não indica somente contradições existentes; ela *esclarece* essas contradições, compreende sua gênese, sua necessidade. Ela as apreende em seu significado *específico*. Mas esse *compreender* não consiste, como pensa Hegel, em reconhecer por toda parte as determinações do Conceito lógico, mas em apreender a lógica específica do objeto específico.)

Hegel expressa isso dizendo que na posição do elemento político-estamental diante do elemento do príncipe "reside somente a *possibilidade do acordo* e, com isso, igualmente a *possibilidade* da oposição *hostil*".

A possibilidade da oposição se encontra por toda parte onde se encontram vontades *diferentes*. O próprio Hegel diz que a "possibilidade do acordo" é a "possibilidade da oposição". Agora ele deve, então, instituir um elemento que seja a "*impossibilidade da oposição*" e a "*realidade* do acordo". Um tal elemento seria, portanto, para ele, a liberdade de decisão e de pensamento perante o poder do príncipe e o governo. Não pertenceria mais, desse modo, ao elemento "político-estamental". Seria, muito mais, um elemento da vontade soberana e do governo e se encontraria, com respeito ao *real* elemento estamental, na mesma oposição do próprio governo.

Essa exigência é já bastante moderada pela conclusão do parágrafo:

> Como, do lado do poder soberano, o poder governamental (§ 300) já tem essa determinação, assim também, do lado dos estamentos, um momento deles tem de estar voltado para a determinação de existir **essencialmente** como **momento do termo médio**.

O momento que é delegado do lado dos estamentos deve ter a determinação *inversa* daquela que o poder governamental o tem do lado do príncipe, a saber, que o elemento estamental e o elemento soberano são extremos opostos. Assim como o príncipe se democratiza no poder governamental, o elemento "estamental" deve se *monarquizar* em sua deputação. O que Hegel quer, portanto, é um *momento soberano do lado dos estamentos*. Como o poder governamental é um momento estamental do lado do príncipe, deve haver também um momento soberano do lado dos estamentos.

A "realidade do acordo" e a "impossibilidade da oposição" se convertem na seguinte exigência: "do lado dos estamentos, um momento deles tem de estar voltado para a *determinação* de *existir essencialmente* como *momento* do *termo médio*". Estar voltado para a *determinação*! Essa "determinação" a possuem, segundo o § 302, os estamentos em geral. Aqui, não deveria mais se tratar de "*determinação*", mas sim de "*determinidade*".

Que tipo de determinação é essa, "de existir essencialmente como momento do termo médio"? É ser, segundo sua "essência", o "asno de Buridan"[43].

A questão é simplesmente esta:

Os estamentos devem ser a "mediação" entre soberano e governo, de um lado, e povo, de outro; mas eles não o são: eles são, antes, a oposição *política* organizada da sociedade civil. O "poder legislativo" necessita, em si mesmo, de *mediação*, e de fato, como foi visto, de uma mediação do lado dos estamentos. Não basta o pressuposto acordo *moral* das duas vontades, em que uma é a vontade do Estado como vontade soberana e a outra a vontade do Estado como vontade da sociedade civil. O poder legislativo é, de fato, apenas o Estado político *total*, organizado, mas precisamente nisso aparece também – porque em seu mais alto desenvolvimento – a manifesta contradição do *Estado político* consigo mesmo. É preciso, portanto, que seja posta a *aparência* de uma *identidade real* entre vontade soberana e vontade estamental. *O elemento estamental tem que ser posto como vontade soberana, ou a vontade soberana tem que ser posta como elemento estamental*. O elemento estamental deve pôr a si mesmo como a realidade de uma vontade que não é a vontade do elemento estamental. A *unidade*, que não está presente segundo a *essência* (se não ela deveria mostrar-se em *ato* e não por meio do *modo de existência* do elemento estamental), deve, ao menos, estar presente como uma *existência*, ou uma *existência* do poder legislativo (do elemento estamental) tem a *determinação* de ser essa *unidade daquilo que não é unido*. Esse momento do elemento estamental, câmara dos pares, câmara alta etc., é a *síntese* suprema do Estado político na organização considerada. Certamente não se alcança, com isso, aquilo que Hegel quer, "a realidade do acordo" e a "impossibilidade da oposição hostil", mas, antes, permanece-se na "possibilidade do acordo". Mas é a *ilusão posta* da *unidade do Estado político consigo mesmo* (da vontade soberana e da vontade estamental e, além disso, do princípio do Estado político e da sociedade civil), dessa *unidade* como princípio *material*, isto é, de modo que não apenas dois princípios opostos se unam, mas que a unidade seja a sua *natureza*, a sua razão de existência. Esse momento do elemento estamental é o *romantismo* do Estado político, o *sonho* de sua substancialidade ou de seu acordo consigo mesmo. É uma existência *alegórica*.

---

[43] Referência ao seguinte paradoxo, cuja formulação é atribuída a Jean Buridan: "um asno que tivesse diante de si, e exatamente à mesma distância, dois feixes de feno exatamente iguais, não poderia manifestar preferência por um mais que pelo outro e, portanto, morreria de fome". Buridan pretendia, com isso, questionar a redução do livre-arbítrio a um "livre-arbítrio indiferente". Se não há uma "preferência", não pode haver igualmente escolha. (Cf. J. Ferrater Mora, *Dicionário de filosofia*, São Paulo, Loyola, 2000, v. 1, p. 207.) (N.T.)

Se essa *ilusão* é ilusão eficaz ou *autoengano consciente*, isso depende, agora, do real *status quo* da relação entre os elementos estamental e soberano. Enquanto estamentos e poder soberano entram em acordo *de fato*, entendem-se, a *ilusão* de sua unidade *essencial* é uma *ilusão real*, portanto *eficaz*. No caso contrário, em que esta última deva manifestar sua *verdade*, ela se torna uma *inverdade consciente* e se torna ridícula.

> *§ 305.* Um dos **estamentos** da sociedade **civil** contém o princípio que, por si, é capaz de ser constituído como essa relação **política**, isto é, o estamento da eticidade natural, que tem por sua base a vida familiar e, no que se refere à subsistência, a propriedade da terra; e, com isso, no que respeita à sua particularidade, tal estamento possui, em comum com o elemento da soberania, uma vontade que se funda em si e a determinação natural que o elemento da soberania contém em si.

Já apontamos a inconsequência de Hegel: 1) de conceber o elemento político-estamental na sua *moderna* abstração da sociedade civil etc., depois de tê-lo feito nascer das corporações; 2) de determiná-lo, agora, novamente, segundo a *distinção estamental da sociedade civil*, depois de já haver determinado os estamentos políticos como tais, como sendo o "extremo da universalidade empírica".

O *consequente* seria: considerar os *estamentos políticos* para si como um elemento novo e, então, a partir deles mesmos, construir a mediação exigida no § 304.

Vemos, no entanto, como Hegel reintroduz a distinção estamental da sociedade civil e, ao mesmo tempo, produz a aparência de que a *realidade* e o *ser peculiar* da distinção estamental social não determinam a *suprema esfera política*, o poder legislativo, mas de que, ao contrário, são rebaixadas à condição de mero *material*, que a esfera política forma e constrói segundo a *sua* própria necessidade.

> Um dos estamentos da sociedade civil contém o **princípio** que, por si mesmo, é capaz de **ser** constituído como essa **relação política**, isto é, o estamento da **eticidade natural**.

(o estamento dos proprietários fundiários).

Ora, em que consiste essa *capacidade principiadora* ou essa *capacidade de princípio* do estamento dos proprietários fundiários?

Ele tem

> **por sua base** a **vida familiar** e, no que se refere à subsistência, a **propriedade da terra**; e, com isso, **no que respeita à sua particularidade**, tal estamento possui, em comum com o elemento **da soberania**, uma vontade que se funda **em si** e a **determinação natural** que o elemento da **soberania** contém em si.

A "vontade que se funda em si" diz respeito à subsistência, à "propriedade da terra"; e a "determinação natural" em comum com o poder do príncipe diz respeito à "vida familiar" como base.

A subsistência da "propriedade da terra" e a "vontade que se funda em si" são duas coisas distintas. Dever-se-ia falar, antes, de uma "vontade que *repousa* sobre a terra". Mais ainda, o discurso deveria ser sobre uma vontade que repousa "na disposição do Estado", não *em si mesma*, mas *no todo*.

Em lugar da "disposição", da "propriedade do espírito público", aparece a "propriedade *da terra*".

Além disso, no que diz respeito à *"vida familiar"* como base, parece que a eticidade "social" da sociedade civil esteja situada acima dessa "eticidade natural". Ademais, a "vida familiar" é a *"eticidade natural" dos outros estamentos*, ou do estamento dos cidadãos da sociedade civil, tanto quanto do estamento dos proprietários fundiários. Porém, que a "vida familiar" seja, no estamento dos proprietários fundiários, não apenas o princípio da família, mas a base da sua existência social em geral, isso parece, antes, tornar esse estamento inapto para a mais elevada tarefa política, já que ele aplicará leis patriarcais a uma esfera não patriarcal e fará valer o filho ou o pai, o senhor e o servo, lá onde se trata do Estado *político*, da *qualidade de cidadão do Estado* (*Staatsbürgerthum*).

No que concerne à *determinação natural* do elemento *soberano*, Hegel desenvolveu não um rei patriarcal, mas um rei *moderno, constitucional*. Sua determinação natural consiste em que ele é o *representante corpóreo* do Estado e que ele nasceu *rei*, ou que a realeza é a sua *herança familiar*; mas o que isso tem em comum com a vida familiar como base do estamento dos proprietários fundiários, o que a eticidade natural tem em comum com a determinação natural do nascimento como tal? O rei compartilha isto com o cavalo: assim como este último nasce cavalo, o rei nasce rei.

Se Hegel tivesse feito da distinção estamental como tal, por ele aceita, uma distinção política, então o estamento dos proprietários fundiários como tal já seria uma parte autônoma do elemento estamental e se, nessa condição, ele é um momento da mediação juntamente com o poder soberano, que necessidade haveria, então, da construção de uma *nova* mediação? E por que separar o estamento dos proprietários fundiários do momento propriamente estamental, se este último só adota a posição "abstrata" em face do elemento do príncipe por meio daquela separação? Mas depois que Hegel desenvolveu justamente o elemento político-estamental como um elemento próprio, como uma *transubstanciação do estamento privado na qualidade de cidadão do Estado* e, precisamente por isso, descobriu-o carente de mediação, como pode ele, agora, dissolver novamente esse organismo na distinção do estamento privado, portanto, no estamento privado, e a partir dele buscar a mediação do Estado político consigo mesmo?

Em suma, que anomalia que a suprema *síntese* do Estado político não seja outra coisa senão a síntese de propriedade fundiária e vida familiar!

Em uma palavra:

No momento em que os estamentos sociais são, como tais, estamentos políticos, não é necessária aquela mediação, e, no momento em que a mediação é necessária, o estamento social não é político, e tampouco o é, portanto, aquela mediação. O proprietário fundiário é uma parte do elemento político-estamental não como proprietário fundiário, mas como cidadão do Estado, enquanto, ao contrário (quando ele é cidadão do Estado quando *proprietário fundiário* ou é proprietário fundiário quando cidadão do Estado), sua qualidade de cidadão do Estado é a sua *qualidade de proprietário fundiário*: ele não é cidadão do Estado porque proprietário fundiário, mas proprietário fundiário porque cidadão do Estado!

Eis aqui, portanto, uma inconsequência de Hegel *no interior de seu próprio* modo de ver, e uma tal inconsequência é *acomodação*. O elemento político--estamental é, em sentido moderno, no sentido desenvolvido por Hegel, a *separação posta e consumada da sociedade civil em relação ao seu estamento privado e suas distinções*. Como Hegel pode fazer do estamento privado a *solução* das antinomias do poder *legislativo* em si mesmo? Hegel quer o sistema medieval dos estamentos, mas no sentido moderno do poder legislativo, e quer o moderno poder legislativo, mas no corpo do sistema medieval dos estamentos! É o pior sincretismo.

No começo do § 304, lê-se:

> O elemento político-estamental contém em sua própria determinação, ao mesmo tempo, a distinção dos estamentos, já existente nas esferas anteriores.

Mas, em sua *própria* determinação, o elemento político-estamental contém essa distinção somente na medida em que ele a anula, na medida em que ele a aniquila em si mesmo, *abstrai dela*.

Se o estamento dos proprietários fundiários ou, como ouviremos a seguir, o estamento dos proprietários fundiários *potencializado*, a propriedade fundiária da nobreza, como tal se torna, da maneira descrita, a mediação do Estado *político* total, do poder legislativo em si mesmo, isso é certamente a mediação do elemento político-estamental com o poder soberano, no sentido de que é a *dissolução* do elemento político-estamental enquanto elemento político real. Não o estamento dos proprietários fundiários, mas o *estamento*, o *estamento privado*, a *análise* (a redução) do elemento político-estamental no estamento privado é, aqui, a *unidade restabelecida do Estado político consigo mesmo*. (Aqui, a *mediação* não é o *estamento dos proprietários fundiários* como tal, mas a sua separação do *elemento* político-estamental em sua qualidade de *estamento privado social*; vale dizer que o fato de ser estamento privado lhe confere uma posição à parte no elemento político-estamental, portanto também a outra parte do elemento político-estamental assume a posição de um estamento privado *particular* e, por conseguinte, *deixa* de representar a cidadania da sociedade civil.) Não há mais aqui, então, o Estado *político como duas* vontades *opostas*, mas, de um lado, encontra-se o Estado político (governo e príncipe) e, de outro, a sociedade civil em sua diferença em relação ao Estado político (os diversos estamentos). Com isso, também o Estado político como *totalidade* foi suprimido.

O sentido mais aproximado da *duplicação* do elemento político-estamental em si mesmo como uma mediação com o poder soberano é, em geral, que a *separação* deste elemento em si mesmo, sua própria oposição em si mesmo, é a sua unidade *restabelecida* com o poder soberano. O dualismo fundamental entre o elemento *soberano e o elemento estamental* do poder legislativo é *neutralizado* por meio do dualismo do elemento estamental em si mesmo. Em Hegel, porém, essa neutralização ocorre quando o elemento político-estamental se separa do seu próprio elemento *político*.

No que diz respeito à *propriedade da terra* como *subsistência*, que deve corresponder à *soberania* da vontade, à *soberania do príncipe*, e no que concerne à *vida familiar* como base do estamento dos proprietários fundiários, que deve corresponder à *determinação natural* do poder soberano, retornaremos a isso mais adiante. Aqui, no § 305, é desenvolvido o "*princípio*" do estamento dos proprietários fundiários, "que, por si, é capaz de ser constituído como essa relação política". No *§ 306*, trata-se deste "constituir-se" "para a posição e a significação políticas". Ele se reduz a isto: "o patrimônio se torna, assim, um *bem hereditário inalienável*, reforçado pelo *morgadio*". O "*morgadio*" seria, portanto, o constituir-se político do estamento dos proprietários fundiários.

"O fundamento do morgadio", diz o Adendo,

> está no fato de que o Estado não deve contar com **a mera possibilidade** da disposição mas, antes, com uma **necessidade**. Ora, a disposição não está, certamente, ligada a um patrimônio – mas a conexão **relativamente necessária** é que aquele que possui um patrimônio independente não está limitado por circunstâncias exteriores e **pode**, assim, proceder sem impedimentos e agir em prol do Estado.

Primeira tese. O Estado não se contenta com "a *mera possibilidade da disposição*", ele deve contar com uma "*necessidade*".

Segunda tese. "A disposição não está ligada a um patrimônio", isto é, a disposição do patrimônio é uma "*mera possibilidade*".

Terceira tese. Mas há uma "*conexão relativamente necessária*"; a saber: "aquele que possui um patrimônio independente" etc. *pode* "agir em prol do Estado", ou seja, o *patrimônio* dá a "*possibilidade*" da disposição de Estado, embora esta "possibilidade" não satisfaça, de acordo com a primeira sentença.

Além disso, Hegel não demonstrou que a *propriedade da terra* é o único "patrimônio independente".

A *constituição de seu patrimônio como independente* é a constituição do estamento dos proprietários fundiários "para a posição e significação políticas". Ou "a independência do patrimônio" *é* sua "posição e significação políticas".

Essa independência também é desenvolvida da seguinte forma:

Seu "*patrimônio*" é "*independente* do *patrimônio do Estado*". Por patrimônio do Estado compreende-se, aqui, evidentemente, a *caixa do governo*. Neste sentido, "o estamento *universal*" "*se contrapõe*" "como aquele essencialmente dependente do *Estado*". Assim é dito no prefácio, p. 13:

> Além disso, entre nós, a **filosofia** não é exercida como o era, aproximadamente, entre os gregos, como uma arte privada, mas ela tem, antes, uma existência pública, em contato com o público, principalmente ou **unicamente** a **serviço** do Estado.

Portanto, também a filosofia é "*essencialmente*" dependente da caixa do governo.

Seu *patrimônio* é *independente* "da incerteza da indústria, da busca do ganho e da mutabilidade da posse em geral". No que diz respeito a isso, a ele se opõe o "estamento industrial", "como aquele dependente da necessidade e para ela voltado".

Esse patrimônio é, com isso, independente "tanto do *favor* do *poder governamental*, quanto do *favor* da *multidão*".

Finalmente, ele é reforçado mesmo *contra o próprio arbítrio*, em consequência do fato de os membros desse estamento, chamados para essa determinação, "encontrarem-se privados do direito dos outros cidadãos de, em parte, dispor livremente de toda a sua propriedade e, em parte, de saber que ela é transmitida aos filhos com base na igualdade do amor por eles".

As oposições assumiram, aqui, uma forma totalmente nova e muito material, como mal poderíamos esperá-las no céu do Estado político.

A oposição, tal qual Hegel a desenvolve, expressa em sua agudeza, é a oposição de *propriedade privada* e *patrimônio*.

A propriedade fundiária é a *propriedade privada* χατ' ἔξοχήν[44], a propriedade privada *propriamente dita*. Sua exata natureza *privada* se evidencia 1) como "*independência do patrimônio do Estado*", do "*favor do poder governamental*", da propriedade que existe como "propriedade universal do Estado político"; um *patrimônio particular*, depois da construção do Estado político, ao lado de outros patrimônios; 2) como "*independência* da necessidade" da sociedade, ou do "patrimônio social", do "favor da multidão". (É igualmente característico que a participação no patrimônio do Estado seja concebida como "*favor* do *poder governamental*", e que a participação no patrimônio social seja concebida como "*favor* da *multidão*".) O patrimônio do "estamento universal" e do "estamento industrial" não é uma *propriedade privada propriamente dita*, porque ele é limitado, lá *diretamente*, aqui *indiretamente*, pela relação com o patrimônio universal, ou com a propriedade como propriedade social; ele é uma *participação* nela e, por isso, é certamente mediado, em ambos os casos, pelo "favor", isto é, pelo "acaso da vontade". A ele se contrapõe a *propriedade fundiária* como *propriedade privada soberana*, que ainda não alcançou a forma do patrimônio, quer dizer, a forma de uma propriedade posta pela *vontade social*.

A constituição política em seu ponto culminante é, portanto, a *constituição da propriedade privada*. A mais alta *disposição política* é a *disposição da propriedade*

---

[44] "principal, por excelência". (N.E.A.)

privada. O *morgadio* é meramente a manifestação *externa* da natureza *interna* da *propriedade fundiária*. Porque esta última é *inalienável*, os nervos *sociais* lhe são cortados e *seu isolamento da sociedade civil* é assegurado. Porque ela não é transmitida "aos filhos de acordo com a igualdade do amor", ela é separada, independente até mesmo da pequena sociedade, da sociedade natural, da *família*, de sua vontade e de suas leis; e conserva, portanto, a natureza *rude* da *propriedade privada* também em relação à passagem no interior do *patrimônio familiar*.

Hegel declarara, no § 305, o estamento dos proprietários fundiários capaz de ser constituído em "relação política", porque a "vida familiar" é a sua "base". Mas ele mesmo qualificou o "amor" como a base, o princípio, o *espírito* da vida familiar. No estamento que tem a vida familiar como sua base, falta, portanto, a *base da vida familiar*, o amor como princípio real, por conseguinte eficiente e determinante. É a vida familiar *sem espírito*, a *ilusão* da vida familiar. Em seu mais alto desenvolvimento, o *princípio da propriedade privada contradiz* o *princípio da família*. Contrariamente, portanto, ao *estamento da eticidade natural*, da vida familiar, é, antes, apenas na sociedade civil que a *vida familiar* chega a ser vida da família, *vida do amor*. O estamento da eticidade natural é, antes, a *barbárie* da propriedade privada *contra* a vida familiar.

Essa seria, portanto, a *soberana grandeza da propriedade privada*, da *propriedade fundiária*, sobre a qual houve, recentemente, tantos sentimentalismos e sobre a qual tantas lágrimas multicores de crocodilo foram derramadas.

De nada adianta Hegel dizer que o *morgadio* é meramente uma *exigência da política* e que deve ser compreendido em sua posição e significação *políticas*. É inútil que ele diga:

> A segurança e a estabilidade desse estamento podem ser aumentadas, ainda, pela instituição do morgadio, que, no entanto, *só* é desejável *no que respeita à política*, pois a ele está ligado um sacrifício para o *objetivo político* de que o primogênito *possa viver independentemente*.

Há, em Hegel, uma certa decência, a *dignidade do intelecto*. Ele não quer justificar e construir o morgadio em si e para si, ele o quer apenas com referência a outro, não como autodeterminação, mas como determinidade de um outro, não como fim, mas como *meio* para um fim. Na verdade, o morgadio é uma consequência da propriedade fundiária *exata*, é a propriedade privada petrificada, a propriedade privada (*quand même*[45]) na mais alta independência e agudeza de seu desenvolvimento, e aquilo que Hegel apresenta como o fim, como o determinante, como a *prima causa* do morgadio, é, antes, um efeito, uma consequência, o poder da *propriedade privada abstrata sobre o Estado político*, ao passo que Hegel descreve o morgadio como o *poder* do *Estado político sobre a propriedade privada*. Ele faz da causa o efeito, e do efeito a causa, do determinante o determinado e do determinado o determinante.

---

[45] "como ela mesma". (N.E.A.)

Mas qual é o *conteúdo* da constituição política, do fim político, qual é o fim desse fim? Qual é sua substância? O *morgadio*, o *superlativo da propriedade privada*, a *propriedade privada soberana*. Que poder exerce o Estado político sobre a propriedade privada no morgadio? Ele o *isola* da família e da sociedade, ele o conduz à sua *autonomização abstrata*. Qual é, então, o poder do Estado político sobre a propriedade privada? O *próprio poder da propriedade privada*, sua essência trazida à existência. O que resta ao Estado político, em oposição a essa essência? A *ilusão* de que ele determina, onde ele é determinado. Ele rompe, é verdade, a *vontade da família e da sociedade*, mas apenas para dar existência à *vontade da propriedade privada que é sem a vontade da família e da sociedade* e para reconhecer essa existência como a suprema existência do Estado político, como a suprema existência *ética*.

Consideremos os diversos elementos, como eles se comportam, aqui no *poder legislativo*, no Estado total, que atingiu a realidade, a consequência e a consciência, no Estado político *real*, em relação à determinação e forma *ideais* ou *que-devem-ser* (*sein-sollenden*), *lógicas*, desses elementos.

(O morgadio não é, como diz Hegel, "um entrave colocado à liberdade do direito privado", ele é, muito antes, a "liberdade do direito privado, que se libertou de todas as cadeias sociais e morais".) ("A mais alta construção política é, aqui, a construção da propriedade privada abstrata".)

Antes de fazermos essa comparação, é preciso ainda examinar mais de perto uma disposição do parágrafo, a saber, de que por meio do morgadio o patrimônio do estamento dos proprietários fundiários, a propriedade fundiária, a propriedade privada, "é reforçado mesmo *contra o próprio arbítrio*, em consequência do fato de os membros desse estamento, chamados para essa determinação, encontrarem-se privados do direito dos outros cidadãos de dispor livremente de toda a sua propriedade".

Já salientamos como, mediante a "inalienabilidade" da propriedade fundiária, os nervos sociais da propriedade privada são cortados. A propriedade privada (a propriedade fundiária) é assegurada contra *o próprio arbítrio* do proprietário, pelo fato de a esfera de seu arbítrio se ter transformado, de arbítrio humano geral, no *arbítrio específico* da *propriedade privada*; a propriedade privada se tornou o *sujeito* da vontade e a vontade o mero *predicado* da propriedade privada. A propriedade privada não é mais um objeto *determinado* do arbítrio, mas sim o arbítrio é o predicado *determinado* da propriedade privada. Comparemos, no entanto, o que o próprio Hegel diz no interior da esfera do direito privado:

> *§ 65.* Eu posso *alienar* minha propriedade, já que ela só é minha na medida em que nela eu coloco minha vontade, mas apenas na medida em que a coisa, segundo *sua natureza*, seja algo de *exterior*.
>
> *§ 66.* Com isso, são *inalienáveis* aqueles bens, ou, antes, aquelas determinações substanciais – assim como o direito a eles é *imprescritível* – que constituem a minha pessoa mais própria e a essência universal de minha autoconsciência,

bem como minha personalidade em geral, meu livre-arbítrio universal, minha eticidade, minha religião.

No morgadio, a propriedade fundiária, a propriedade privada exata, torna--se um bem *inalienável*, portanto uma *determinação substancial*, que constituem a "pessoa mais própria, a essência universal da autoconsciência" do estamento dos senhores do morgadio (*Majoratsherrlichen Standes*), sua "personalidade em geral, seu livre-arbítrio universal, sua eticidade, religião". É, portanto, também lógico que, onde é *inalienável* a propriedade privada, a propriedade fundiária, sejam alienáveis, em contrapartida, o "livre-arbítrio universal" (ao qual também pertence a livre disposição sobre algo exterior, como é a propriedade fundiária) e a *eticidade* (à qual pertence o *amor*, como espírito real que se manifesta também como lei real da família). A *"inalienabilidade" da propriedade privada* é, ao mesmo tempo, a *"alienabilidade" do livre-arbítrio universal e da eticidade*. A propriedade não é mais, aqui, na medida em que "eu ponha nela minha vontade", mas minha vontade é, "na medida em que esteja posta na propriedade". Aqui, minha vontade não possui, mas é possuída.

O prurido *romântico* do regime do morgadio é, precisamente, o de que a propriedade privada, portanto o arbítrio privado, apareça em sua forma mais abstrata, o de que a vontade *tosca, imoral, absolutamente limitada*, apareça como a mais alta síntese do Estado político, como a alienação suprema do arbítrio, como a luta mais abnegada, mais dura com a *debilidade humana*, pois a *humanização*, a *hominização* da propriedade privada aparece, aqui, como debilidade *humana*. O *morgadio* é a *propriedade privada* que se tornou *religião* de si mesma, a *propriedade privada* absorvida em si mesma, *encantada* por sua independência e soberania. Do mesmo modo que se retira da alienação direta, o morgadio se retira também do *contrato*. Hegel descreve a passagem da propriedade privada ao contrato da seguinte maneira:

> *§ 71*. A existência, como ser determinado, é essencialmente ser para outro; a propriedade, pelo lado em que se mostra uma existência como coisa externa, é, para outras exterioridades e em conexão com elas, necessidade e contingência. Porém, como existência da *vontade*, ela é para outro somente quando é *para a vontade* de outra pessoa. Essa relação de vontade a vontade é o verdadeiro e próprio terreno onde a liberdade tem *existência*. Essa mediação, pela qual se tem **propriedade** não mais apenas mediante **uma coisa e a minha vontade subjetiva**, mas igualmente mediante outra vontade e, com isso, em uma vontade **comum**, constitui a esfera do contrato.

(No morgadio, é lei do Estado que se tenha a propriedade não em *uma* vontade *comum*, mas somente "mediante uma *coisa* e a minha *vontade subjetiva*".) Enquanto Hegel concebe, no *direito privado*, a *alienabilidade* e a dependência da propriedade privada em relação a uma vontade *comum* como seu *verdadeiro idealismo*, no *direito público*, ao contrário, ele exalta a soberania imaginária de uma propriedade independente contra a "incerteza da indústria, a busca do ganho, a mutabilidade da posse, a dependência do patrimônio do Estado". Mas que Estado é esse, que não pode suportar, nem uma vez sequer, o idealismo do direito privado? Que filosofia do direito é essa, em que a independência da propriedade privada tem no direito privado um significado diverso daquele do direito público?

Diante da *rude estupidez* da propriedade privada independente, a incerteza da indústria é elegíaca, a busca do ganho é patética (dramática), a mutabilidade da posse é um fato sério (trágico), a dependência do patrimônio do Estado é moral. Em suma, em todas essas qualidades pulsa, através da propriedade privada, o *coração humano*; é a dependência do homem em relação ao homem. De qualquer forma que essa dependência se configure em si e para si, ela é *humana*, se comparada com o escravo, que se crê livre porque a esfera que o limita não é a sociedade, mas a *gleba*; a liberdade dessa vontade é sua *vacuidade* de outro conteúdo que não seja a *propriedade privada*.

Uma tal monstruosidade, como a de definir o morgadio como uma determinação da propriedade privada por meio do Estado político, é, em suma, inevitável, quando se interpreta uma velha visão de mundo no sentido de uma nova, quando se dá a uma coisa, como aqui a propriedade privada, um duplo significado, um no tribunal do direito abstrato e outro oposto no céu do Estado político.

Chegamos, então, à comparação aludida acima.

No *§ 257*, é dito:

> O Estado é a realidade da ideia ética, o espírito ético enquanto vontade substancial *evidente*, nítida para si mesma... Nos *costumes*, ele possui sua existência imediata e, na *autoconsciência* do indivíduo... sua existência mediata, assim como esta, mediante a disposição, tem no Estado, como sua essência, fim e produto de sua atividade, a sua *liberdade substancial*.

No § 268, é dito:

> A *disposição* política, o *patriotismo* em geral, como certeza que se funda na *verdade*, e a vontade tornada *hábito*, são apenas resultado das instituições existentes no Estado, no qual a racionalidade existe *realmente*, assim como ela obtém sua atuação mediante o agir conforme a tais instituições. – Essa disposição é, em geral, a *confiança* (que pode se tornar inteligência mais ou menos cultivada) – a consciência de que meu interesse substancial e particular é conservado e guardado no interesse e nos fins de um outro (aqui, do Estado), na relação deste último comigo como indivíduo – com o que, precisamente, este outro não é imediatamente um outro para mim e eu sou livre nessa consciência.

A *realidade* da ideia ética aparece, aqui, como a *religião da propriedade privada*. (Porque, no morgadio, a propriedade privada se comporta para consigo mesma de maneira religiosa, segue que, nos nossos tempos modernos, a religião se tornou em geral uma qualidade inerente da propriedade fundiária, e que toda a literatura sobre o morgadio está repleta de unção religiosa. A religião é a suprema forma intelectual dessa brutalidade.) A "vontade substancial *evidente*, nítida para si mesma", se transforma numa vontade obscura, fragmentada na gleba, e se embriaga precisamente pela impenetrabilidade do elemento ao qual está presa. "A certeza que se funda na verdade", que "é a disposição política", é a certeza fundada em seu "próprio terreno" (em sentido literal). A "vontade" política, "tornada hábito", não é mais "apenas resultado etc.", mas sim uma instituição existente fora do Estado. A disposição política não é mais a "*confiança*", mas é muito mais a "segurança, a consciência de que meu interesse substancial e particular é *independente* do interesse e dos fins de um outro (aqui, do Estado), na relação deste último comigo como indivíduo". É a consciência da minha *liberdade em relação ao Estado*.

A "manutenção do *interesse universal do Estado* etc." (§ 289) era a tarefa do "poder governamental". Nele residia a "inteligência cultivada e a consciência jurídica da massa de um povo" (§ 297). Ele tornava, em verdade, os estamentos supérfluos, pois os altos funcionários "*podem* fazer o melhor sem os estamentos, assim como eles também devem continuamente fazer o melhor nas assembleias estamentais" (§ 301, nota). "O estamento universal, que se dedica mais de perto ao serviço do governo, tem imediatamente em sua determinação o universal como fim de sua atividade essencial". [§ 303]

E como aparece, agora, o estamento universal, o poder governamental? Como "aquele essencialmente dependente do Estado", como o "patrimônio *dependente do favor do poder governamental*". A mesma transformação se passou com a sociedade civil, que, antes, atingira sua eticidade na corporação. Ela é um patrimônio dependente "da incerteza da indústria etc.", do "favor da multidão".

Qual é, portanto, a pretensa qualidade específica do senhor do morgadio? E em que pode consistir, em suma, a qualidade *moral* de um patrimônio *inalienável*? Na *incorruptibilidade*. A *incorruptibilidade* aparece como a *mais alta* virtude política, uma virtude abstrata. Além disso, a incorruptibilidade é algo tão à parte no Estado construído por Hegel, que ela tem de ser construída como um poder político *particular*, provando, precisamente por isso, que ela não é o espírito do Estado político, não é a regra, mas a *exceção*, e que é construída como uma tal exceção. Para preservá-los da corruptibilidade, corrompem-se os senhores do morgadio por meio de sua propriedade inalienável.

Enquanto, de acordo com a Ideia, a *dependência* do Estado e o sentimento dessa dependência deveriam ser a suprema liberdade política, porque se trata do sentimento que tem a pessoa privada de ser uma pessoa abstrata dependente e que, mais ainda, somente como cidadã do Estado essa pessoa se sente e deve se sentir *independente*, é construída aqui a *pessoa privada independente*. "Seu patrimônio é independente tanto do patrimônio do Estado, quanto da incerteza da indústria etc." A ela se contrapõe "o estamento industrial, como aquele dependente da necessidade e para ela voltado, e o estamento universal, como aquele dependente essencialmente do Estado". Há aqui, portanto, *independência* do Estado e da sociedade civil, e essa abstração realizada de ambos, que é, realmente, a mais rude *dependência da gleba*, constitui, no poder legislativo, a mediação e a unidade de ambos. O *patrimônio privado independente*, ou seja, o patrimônio privado abstrato e a *pessoa privada* a ele correspondente são a construção suprema do Estado político. A "independência" política é construída como "propriedade privada independente" e "pessoa dessa propriedade privada independente". Veremos no próximo parágrafo o que são *re vera*[46] a "independência", "a incorruptibilidade" e a disposição de Estado delas proveniente.

Que o *morgadio* seja um bem *hereditário* é evidente por si. Posteriormente, mais detalhes sobre isso. Que ele seja, como Hegel ressalta no Adendo, o *bem do primogênito*, é puramente histórico.

> *§ 307.* O direito dessa parte do estamento substancial está, desse modo, fundado, de um lado, no princípio natural da família, mas este, ao mesmo tempo, é alterado para o *fim político* por meio de **duros sacrifícios**, *com o que* este estamento está essencialmente destinado à atividade para esse fim e, igualmente, em consequência disso, é chamado e *legitimado* a essa atividade pelo *nascimento*, sem a acidentalidade de uma escolha.

Hegel não demonstrou em que medida o direito desse estamento substancial está fundado no *princípio natural* da família, a menos que por um tal princípio ele entenda que a propriedade fundiária exista como *bem hereditário*. Com isso, não é desenvolvido nenhum direito desse estamento em sentido político, mas apenas o direito, por nascimento, do senhor do morgadio à propriedade da terra. "Este", o princípio natural da família, "ao mesmo tempo, é alterado para o fim político por meio de duros sacrifícios". Vimos, certamente, como, aqui, "o princípio natural da família" é "alterado"; e vimos como isso, no entanto, não representa "duros sacrifícios" "ao fim político", mas apenas a *abstração realizada da propriedade privada*. Por meio dessa *alteração do princípio natural da família*, é antes o fim político que é igualmente alterado, "*com o que* (?) este estamento está essencialmente destinado à atividade para esse fim" – por meio da autonomização da propriedade privada? – "e, igualmente, em consequência disso, é chamado e legitimado a essa atividade pelo nascimento, sem a acidentalidade de uma escolha".

Aqui, portanto, a *participação no poder legislativo* é um direito *inato* do homem. Aqui, temos *legisladores natos*, a *mediação nata do Estado político consigo mesmo*. Muito se gracejou, especialmente por parte dos senhores do morgadio, sobre os *direitos inatos do homem*. Mas não é mais cômico que a mais alta dignidade do poder legislativo seja confiada a uma raça particular de homens? Não há nada mais ridículo do que Hegel contrapor a designação por "nascimento" do legislador, do representante do cidadão do Estado, à sua designação por meio da "acidentalidade de uma escolha". Como se a *eleição*, o produto consciente da confiança civil, não se encontrasse em uma

[46] "na realidade". (N.E.A.)

relação necessária com o fim político completamente diferente do acaso físico do nascimento. Em toda parte, Hegel cai de seu espiritualismo político no mais crasso *materialismo*. No cume do Estado político, é o nascimento, por toda parte, que faz de determinados indivíduos a encarnação das mais altas tarefas públicas. As supremas atividades do Estado coincidem com os indivíduos por meio do nascimento, assim como a situação de um animal, seu caráter, modo de viver etc., lhe são imediatamente inatos. O Estado, em suas funções supremas, assume uma realidade *animal*.

A natureza se vinga de Hegel pelo desprezo demonstrado. Se a matéria não deve ser, para si, nada mais perante a vontade humana, então a vontade humana não conserva nada mais para si fora da matéria.

A *falsa* identidade, a identidade *fragmentária, parcial*, entre natureza e espírito, corpo e alma, aparece como *encarnação*. Como o nascimento só dá ao homem a existência *individual* e o põe, em primeiro lugar, apenas como indivíduo *natural* e, todavia, já que as determinações do Estado, como o poder *legislativo* etc. são *produtos sociais*, nascidos da sociedade e não do indivíduo natural, então o chocante, o *milagre* é precisamente a identidade imediata, a coincidência imediata entre o *nascimento individual* e o indivíduo como *individuação de uma determinada posição e função sociais* etc. Nesse sistema, a natureza *faz*, imediatamente, reis, ela faz, imediatamente, *pares* etc. assim como faz olhos e narizes. O *chocante* é ver como produto imediato do gênero físico o que é somente produto do gênero autoconsciente. Eu sou humano por nascimento, sem o consentimento da sociedade; mas é apenas por meio do consentimento geral que esse nascimento determinado se torna nascimento de um par ou de um rei. Somente o consentimento faz do nascimento dessa pessoa o nascimento de um rei; assim, é o consenso e não o nascimento que faz o rei. Se é o nascimento, diferentemente das outras determinações, que dá imediatamente ao homem uma posição, então é *seu corpo* que faz dele *este* funcionário social *determinado*. *Seu corpo* é seu direito *social*. Nesse sistema, a *dignidade corporal do homem* ou a *dignidade do corpo humano* (o que pode, em pormenor, ser assim concebido: a dignidade do elemento natural, físico, do Estado) aparece de modo que as dignidades determinadas e, em verdade, as mais altas *dignidades* sociais, são as *dignidades de corpos determinados, predestinados por nascimento*. Por isso, é natural, na nobreza, o orgulho do sangue, da ascendência, em suma, da *biografia de seu corpo*; e é naturalmente essa concepção *zoológica* que tem na *heráldica* a sua ciência correspondente. O segredo da nobreza é a *zoologia*.

Há dois momentos a salientar no morgadio hereditário:

1) O permanente é o *bem hereditário*, a *propriedade fundiária*. Ele é o constante na relação, a *substância*. O senhor do morgadio, o proprietário, é, na verdade, apenas *acidente*. A propriedade fundiária se *antropomorfiza* nas diversas gerações. É como se a *propriedade fundiária herdasse* sempre o primogênito da casa, como um atributo preso a ela. Cada primogênito, na série dos proprietários fundiários, é a *herança*, a *propriedade* da *propriedade fundiária inalienável*,

a *substância predestinada de sua vontade* e de sua *atividade*. O sujeito é a coisa e o predicado é o homem. A vontade se torna propriedade da propriedade.

2) A *qualidade política* do senhor do morgadio é a *qualidade política* do seu bem hereditário, uma *qualidade política* inerente a esse bem hereditário. A qualidade política aparece aqui, portanto, igualmente como *propriedade* da *propriedade fundiária*, como uma qualidade que pertence imediatamente à terra (natureza) *puramente física*.

No que concerne ao primeiro ponto, segue-se que o senhor do morgadio é o *servo* da *propriedade fundiária* e que, nos *servos* que lhe são subordinados, aparece apenas a consequência *prática* da relação *teórica* em que ele mesmo se encontra com a propriedade fundiária. A profundidade da subjetividade germânica aparece por toda parte como a rudeza de uma objetividade sem espírito.

Há que se explicar aqui 1) a relação entre *propriedade privada e herança*; 2) a relação entre *propriedade privada*, herança e, por conseguinte, o privilégio de certas linhagens da participação na soberania política; 3) a *relação histórica real*, ou relação *germânica*.

Vimos que o morgadio é a abstração da "*propriedade privada independente*". Uma segunda consequência decorre disso. A *independência*, a *autonomia* no Estado político, cuja construção nós seguimos até agora, é a *propriedade privada*, que aparece, em seu ponto culminante, como *propriedade fundiária inalienável*. A independência política, com isso, não decorre *ex proprio sinu*[47] do Estado político, ela não é uma dádiva do Estado político a seus membros, ela não é o espírito que o anima mas, ao contrário, os membros do Estado político recebem sua independência de um ser que não é o ser do Estado político, mas de um ser do direito privado abstrato, da *propriedade privada* abstrata. A independência política é um acidente da propriedade privada, não a substância do Estado político. O Estado político e, nele, o *poder legislativo*, como vimos, é o mistério revelado do *verdadeiro valor e da verdadeira essência* dos momentos do Estado. O significado que a *propriedade privada* tem no Estado político é seu significado *verdadeiro, essencial*; o significado que a *distinção estamental* possui no Estado político é o *significado essencial* da distinção estamental. Do mesmo modo, manifesta-se no "*poder legislativo*" a *essência* do poder soberano e do governo. Aqui, na esfera do Estado político, é que os momentos singulares do Estado se relacionam entre si como com o *ser do gênero*, como com seu "ser genérico"; porque o Estado político é a esfera de sua determinação universal, a sua *esfera religiosa*. O Estado *político* é o *espelho da verdade* dos diversos momentos do Estado *concreto*.

Se, portanto, a "propriedade privada independente", no Estado político, no poder legislativo, tem o *significado* da *independência política*, ela *é*, então, a

[47] "a partir do próprio ser". (N.E.A.)

independência política do Estado. A "propriedade privada independente" ou a "propriedade privada *real*" não é, pois, apenas o "sustentáculo da constituição", mas "a *constituição mesma*". Mas o sustentáculo da constituição é a constituição das constituições, a constituição real, primária!

Ao construir o monarca hereditário, como que surpreso com o "desenvolvimento imanente de uma ciência, a *dedução de todo seu conteúdo* a partir do *Conceito* simples" (§ 279, nota), Hegel fez a observação:

> Assim, esse é o momento fundamental da, primeiramente no direito imediato, **personalidade abstrata**, momento que evolui mediante suas diferentes formas de subjetividade e que aqui, no direito absoluto, no Estado, na objetividade plenamente concreta da vontade, é a *personalidade do Estado,* sua *certeza de si mesmo.*

Quer dizer, no Estado político *revela-se* que a *"personalidade abstrata"* é a *mais elevada* personalidade *política,* a base política de todo o Estado. Do mesmo modo, no morgadio, revela-se o direito dessa personalidade abstrata, a sua *objetividade,* a "propriedade privada abstrata" como a suprema objetividade do Estado, como seu *direito supremo* à existência.

O fato de o Estado ser o monarca hereditário, uma personalidade abstrata, significa apenas que a personalidade do Estado é abstrata ou que é o Estado da personalidade abstrata; como, de resto, também os romanos desenvolveram o direito do monarca puramente segundo as normas do direito privado ou o direito privado como a suprema norma do direito público.

Os *romanos* são os racionalistas, os alemães os místicos da propriedade privada soberana.

Hegel qualifica o direito privado como o *direito da personalidade abstrata* ou como o *direito abstrato.* E, na verdade, ele tem que ser desenvolvido como a *abstração* do direito e, com isso, como o *direito ilusório da personalidade abstrata,* assim como a moralidade desenvolvida por Hegel é a *existência ilusória da subjetividade abstrata.* Hegel desenvolve o direito privado e a moralidade como tais abstrações, contudo disso não se segue que o Estado, a eticidade, que os tem como pressupostos, não possa ser senão a *sociedade* (a vida social) dessas ilusões, mas é concluído, ao contrário, que elas são momentos subalternos dessa vida ética. No entanto, o que é o direito privado senão o direito, e o que é a moralidade senão a moral desses sujeitos do Estado? Ou melhor, a pessoa do direito privado e o sujeito da moralidade são a *pessoa* e o *sujeito* do Estado. Combateu-se Hegel muitas vezes por seu desenvolvimento da moral. Mas o que ele fez foi desenvolver a moral do Estado moderno e do direito privado moderno. Quis-se separar mais a moral do Estado, emancipá-la mais! O que se provou com isso? Que a separação do Estado atual da moral é moral, que a moral é não estatal e o Estado é imoral. É, antes, um grande mérito de Hegel, ainda que inconsciente sob um certo aspecto (a saber, sob o aspecto de que Hegel faz passar como ideia real da eticidade o Estado que tem uma tal moral por pressuposto), ter apontado à moral moderna o seu verdadeiro lugar.

Na constituição em que o *morgadio* é uma garantia, a *propriedade privada* é a garantia da constituição política. No morgadio, isso aparece de modo que uma forma *particular* de propriedade privada é essa garantia. O *morgadio* é simplesmente uma existência particular da relação universal entre *propriedade privada e Estado político*. O morgadio é o sentido *político* da propriedade privada, a propriedade privada em seu significado político, ou seja, em seu significado universal. A constituição é, aqui, portanto, *constituição da propriedade privada*.

Onde encontramos o morgadio em sua forma *clássica*, nos povos germânicos, encontramos também a constituição da *propriedade privada*. A *propriedade privada* é a categoria universal, o liame universal do Estado. Mesmo as funções universais aparecem como propriedade privada, seja de uma corporação, seja de um estamento.

Comércio e indústria, em suas nuances particulares, são a propriedade privada de corporações particulares. Dignidades da corte, jurisdição etc. são a propriedade privada de estamentos particulares. As diversas províncias são propriedades privadas de príncipes singulares etc. O serviço militar ao país etc. é a propriedade privada do soberano. O espírito é a propriedade privada do clero. Minha atividade conforme ao dever é propriedade privada de outrem, assim como meu direito é uma propriedade privada particular. A soberania, aqui a *nacionalidade*, é propriedade privada do imperador.

Frequentemente se disse que, na Idade Média, cada forma de direito, de liberdade, de existência social, aparece como um *privilégio*, como uma *exceção* à regra. Nesse caso, não se podia desconsiderar o fato empírico de que esses privilégios todos aparecem na forma da *propriedade privada*. Qual é o fundamento geral dessa coincidência? Que a *propriedade privada* é a *existência genérica* do *privilégio*, o direito como *exceção*.

Onde os príncipes atacaram a *independência* da propriedade privada, como na França, eles atentaram contra a propriedade privada das *corporações*, antes de atentar contra a propriedade privada dos *indivíduos*. Entretanto, na medida em que atacaram a propriedade privada das corporações, eles atacaram a propriedade privada como corporação, como o liame *social*.

No *feudalismo*, aparece diretamente que o poder soberano é o poder da propriedade privada e no *poder soberano* está depositado o mistério do que é o *poder universal*, o *poder de todas as esferas do Estado*.

(No príncipe, como representante do poder do Estado, está manifesto o que é a *potência* do Estado. O príncipe *constitucional* expressa, por isso, a ideia do Estado constitucional em sua abstração mais aguda. Por um lado, ele é a *ideia* do Estado, a majestade santificada do Estado e, na verdade, como *esta* pessoa. Ele é, igualmente, uma *mera* imaginação, como pessoa e como príncipe, ele não tem nem poder real, nem atividade real. Aqui, é expressa, em sua contradição mais alta, a separação entre a pessoa política e a real, a pessoa formal e a material, a pessoa universal e a individual, o homem e o homem social.)

A propriedade privada tem a razão *romana* e o coração *germânico*. Neste ponto, será instrutivo fazer uma comparação entre esses dois desenvolvimentos extremos da propriedade privada. Isso nos ajudará a solucionar o problema político discutido.

Os romanos, na verdade, foram os primeiros a desenvolver o *direito da propriedade privada*, o direito abstrato, o direito privado, o direito da pessoa abstrata. O *direito privado romano* é o *direito privado* em seu *desenvolvimento clássico*. Nos romanos, no entanto, não encontramos, em nenhuma parte, que o direito da propriedade privada tenha sido mistificado, tal como nos alemães. Ele não se tornará jamais, também, *direito público*.

O direito da propriedade privada é o *jus utendi et abutendi*[48], o direito do *arbítrio* sobre a coisa. O interesse principal dos romanos consiste em desenvolver e determinar as *relações* que se dão como relações *abstratas* da propriedade privada. O verdadeiro fundamento da propriedade privada, a *posse*, é um *fato*, um *fato inexplicável, não um direito*. É somente por meio das determinações jurídicas, conferidas pela sociedade à posse de fato, que esta última adquire a qualidade de posse jurídica, a *propriedade privada*.

No que concerne ao vínculo, nos romanos, entre constituição política e propriedade privada, aparecem:

1) O *homem* (como escravo), assim como nos povos antigos em geral, como objeto da propriedade privada.

Nisso, nada de especial.

2) As regiões conquistadas são tratadas como propriedade privada; nelas, é feito valer o *jus utendi et abutendi*.

3) Em sua própria história, aparece a luta entre pobres e ricos, patrícios e plebeus etc.

De resto, a propriedade privada se faz valer no todo, como nos antigos povos clássicos em geral, como *propriedade pública*, seja como despesa da república nos tempos prósperos, seja como *benfeitoria geral luxuriosa* (banhos etc.) perante a massa.

A maneira como a escravatura é explicada é o *direito de guerra*, o direito de ocupação; precisamente porque sua existência política é aniquilada, eles são escravos.

Salientamos principalmente duas relações em distinção aos alemães.

1) O poder *imperial* não era o poder da propriedade privada, mas a *soberania da vontade empírica* como tal, que, longe de considerar a *propriedade privada* como liame entre si e seus súditos, dispunha, ao contrário, livremente da propriedade privada, bem como de todos os demais bens sociais. O poder imperial era, por isso, *hereditário* apenas *de fato*. A mais elevada elaboração do direito da propriedade privada, do direito privado, ocorreu, é bem verdade,

48 "direito de uso e disposição (ou de uso e abuso)". (N.E.A.)

na era dos imperadores, mas ela é antes uma consequência da dissolução política do que a dissolução política uma consequência da propriedade privada. Além disso, quando o direito privado atingiu o pleno desenvolvimento em Roma, o direito público foi abolido, caminhou para sua dissolução, enquanto na Alemanha ocorreu o inverso.

2) As dignidades do Estado nunca são hereditárias em Roma; isto é, a propriedade privada não é a categoria política dominante.

3) Ao contrário do morgadio germânico etc., a *liberdade de testar* aparece em Roma como uma emanação da propriedade privada. Nesta última oposição reside *toda* a diferença dos desenvolvimentos romano e germânico da propriedade privada.

(No morgadio, o fato de a propriedade privada ser a relação com a função pública aparece de tal maneira que a existência do Estado seja uma inerência, um acidente da propriedade privada *imediata*, da *propriedade fundiária*. Assim, o Estado aparece, no ápice, como propriedade privada, enquanto a propriedade privada deveria aparecer, aqui, como propriedade do Estado. Em vez de fazer da propriedade privada uma qualidade do cidadão do Estado, Hegel faz da qualidade de cidadão do Estado, da existência do Estado e da disposição do Estado uma qualidade da propriedade privada.)

> *§ 308.* Na outra parte do elemento estamental entra o lado *móvel* da *sociedade civil*, que, exteriormente devido à multidão de seus membros, mas essencialmente devido à natureza de sua determinação e ocupação, pode-se manifestar apenas por meio de *deputados*. Na medida em que estes últimos são deputados pela sociedade civil, é imediatamente claro que esta faz aquilo *como aquilo que ela é* – portanto, não enquanto dissolvida atomisticamente nos indivíduos e reunindo-se, num breve momento, apenas para um ato isolado e temporário, sem atitude subsequente, mas sim enquanto organizada nas suas associações, comunidades e corporações, constituídas sem demora, que recebem desse modo uma conexão política. No seu **direito** a tal delegação, convocada pelo poder soberano, assim como no direito do primeiro estamento à manifestação (§ 307), encontra a existência dos estamentos e de sua reunião uma garantia constituída, peculiar.

Encontramos, aqui, uma *nova* oposição entre sociedade civil e estamentos: uma parte *móvel* e do mesmo modo, portanto, uma parte *imóvel* destes últimos (a parte da propriedade fundiária). Tem-se apresentado essa oposição, também, como oposição entre *espaço* e *tempo* etc., entre conservador e progressista. Sobre isso, veja-se o parágrafo precedente. De resto, Hegel fez igualmente *estável*, por meio das corporações etc., a parte *móvel* da sociedade civil.

A segunda oposição é que os *senhores do morgadio*, a primeira parte, recentemente desenvolvida, do *elemento estamental*, são, como tais, legisladores; que o poder legislativo é um atributo de sua pessoa empírica; que eles não são *deputados*, mas sim são *eles mesmos*; ao passo que, no segundo estamento, ocorrem *eleição* e *deputação*.

Hegel dá duas razões para que essa *parte móvel* da sociedade civil possa entrar no Estado político, no poder legislativo, apenas mediante *deputados*. A primeira, a *multidão*, ele mesmo a considera como *exterior* e nos poupa, com isso, a réplica.

Mas a razão *essencial* seria a "natureza de sua determinação e ocupação". A "atividade" e a "ocupação" políticas são algo estranho à "natureza de sua determinação e ocupação".

Hegel retorna, então, à sua velha cantilena, aos estamentos como "*deputados* da sociedade civil". Esta deve fazer "aquilo, *como aquilo que ela é*". Mas ela deve fazê-lo, mais ainda, como aquilo que ela *não* é, pois ela é uma sociedade *apolítica* e deve, aqui, realizar um ato *político* como um ato *essencial a ela*, proveniente dela mesma. Com isso, ela é "dissolvida atomisticamente nos indivíduos" "e reunindo-se, em um breve momento, apenas para um ato singular e temporário, sem atitude subsequente". Primeiramente, seu ato *político* é um ato *isolado e temporário* e, por isso, somente enquanto tal ele pode aparecer em sua realização. Ele é um ato *escandaloso* da sociedade civil, um *êxtase* desta última, e como tal ele também tem de *se manifestar*. Em segundo lugar, Hegel não encontrou dificuldade, e até mesmo estabeleceu como necessário que a sociedade civil se separe *materialmente* (faça tão somente o papel de uma *segunda sociedade, delegada da primeira*) de sua realidade civil e se ponha como aquilo que ela *não* é: como pode ele, agora, querer refutar isso *formalmente*?

Hegel julga que na medida em que a sociedade faz delegados em suas corporações etc., então "suas associações" etc., "constituídas sem demora", "recebem desse modo uma conexão *política*". Mas ou elas recebem um significado que *não* é o seu significado, ou sua conexão como tal *é* a conexão política, de modo que esta não "*recebe*" uma coloração política, como acima desenvolvido, mas é, antes, a "política" que recebe dela sua conexão.

Ao qualificar apenas essa parte do elemento estamental como aquela dos "deputados", Hegel designou, sem o saber, a essência das duas câmaras (lá onde elas realmente guardam, entre si, a relação por ele indicada). Câmara dos deputados e câmara dos pares (ou como quer que elas se chamem) não são, aqui, diferentes existências do mesmo princípio, mas sim fazem parte de *dois princípios* e condições sociais essencialmente *diferentes*. A câmara dos deputados é, aqui, a *constituição política* da sociedade civil em sentido moderno; a câmara dos pares o é em sentido estamental. Câmara dos pares e câmara dos deputados se defrontam, aqui, como representação *estamental* e como representação *política* da sociedade civil. Uma é o princípio estamental *existente* da sociedade civil, a outra é a realização de sua existência *política abstrata*. É evidente, por isso, que a última não pode *existir* novamente como representação dos estamentos, corporações etc., pois ela não representa em absoluto a existência estamental, mas sim a existência política da sociedade civil. E é igualmente evidente que, na primeira câmara, tenha assento apenas a parte *estamental* da sociedade civil, a "propriedade fundiária soberana", a nobreza hereditária, pois ela não é *um* estamento entre outros estamentos, mas sim o princípio estamental da sociedade civil como princípio real, social, portanto político, é algo que existe *somente* nela. Ela é *o* estamento. A sociedade civil, portanto, tem na câmara *estamental* a representante de sua existência medieval e, na câmara dos deputados, a representante de sua existência *política* (moderna). O progresso em relação à Idade Média consiste, aqui, apenas na redução da *política estamental* a uma existência política particular ao lado da política do *cidadão do Estado*. A existência política *empírica* que Hegel tem diante dos olhos (*Inglaterra*) guarda, portanto, um significado bem diferente daquele que ele lhe imputa.

Nesse sentido, também a constituição francesa representa um progresso. Ela reduziu, em verdade, a câmara dos pares a uma pura nulidade, mas essa câmara, *segundo o princípio* da monarquia constitucional, tal como Hegel tencionava desenvolvê-lo, só pode ser, por sua natureza, *uma nulidade*, a *ficção* da harmonia entre príncipe e sociedade civil, ou do *poder legislativo* ou *Estado político consigo mesmo* como uma existência particular e, precisamente por isso, mais uma vez *contraditória*.

Os franceses deixaram subsistir a *perpetuidade* dos pares, visando exprimir a independência destes em relação à escolha por parte do governo e do povo. Mas aboliram a expressão *medieval*: a *hereditariedade*. Seu progresso consiste em que eles não derivam mais a *câmara dos pares* da sociedade *civil real*, mas a criaram a partir de sua *abstração*. Eles deixam derivar a sua escolha do Estado político *existente*, do *príncipe*, sem ter ligado este último a qualquer qualidade social. A *paridade* é realmente, nessa *constituição*, um *estamento na sociedade civil*, um estamento que é puramente político e criado a partir do ponto de vista da abstração do *Estado político*; mas ele aparece mais como *decoração política* do que como *estamento* real, provido de direitos particulares. A câmara dos pares, sob a restauração, era uma reminiscência. A câmara dos pares da revolução de Julho[49] é uma criação *efetiva* da monarquia constitucional.

Como na era moderna a ideia de Estado não poderia aparecer senão como a *abstração* do "Estado *somente* político" ou como a *abstração de si mesma da sociedade civil*, de sua condição real, é, desse modo, um mérito dos franceses o fato de terem firmado essa *realidade abstrata*, de tê-la produzido e, com isso, de ter produzido o princípio *político* ele mesmo. Aquilo que se poderia censurar aos franceses como abstração é, portanto, consequência verdadeira e produto – ainda que apenas em uma oposição, mas em uma oposição necessária – da *reencontrada disposição política*. O mérito dos franceses é, portanto,

---

[49] Revolução de julho de 1830, que depôs o rei Bourbon Carlos X e alçou ao trono Luís Filipe de Orléans, conhecido como "o rei burguês". Seu reinado (a Monarquia de Julho), caracterizado por alterações de caráter liberal na constituição restauracionista de 1814, duraria até a revolução de 1848. (N.T.)

o de ter estabelecido a câmara dos pares como produto *próprio* do Estado político ou, em geral, de ter feito do princípio político em sua *peculiaridade* algo de determinante e eficaz.

Hegel observa ainda que, na deputação por ele construída, no "direito das corporações etc. a tal delegação", "encontra a *existência* dos estamentos e de sua reunião uma garantia constituída, peculiar". A *garantia da existência* da assembleia dos estamentos, sua *verdadeira* existência *primitiva* seria, portanto, o *privilégio* das corporações etc. Com isso, Hegel desceu ao ponto de vista medieval e sacrificou completamente sua "abstração do Estado político como a esfera do Estado enquanto Estado, o universal em si e para si".

Em sentido moderno, a *existência* da *assembleia estamental* é a *existência política* da sociedade civil; a *garantia* da sua existência política. Duvidar de sua existência é, portanto, *duvidar da existência do Estado*. Como, para Hegel, anteriormente, a "disposição política", a essência do poder legislativo, encontra sua garantia na "propriedade privada independente", assim também sua *existência* encontra a garantia nos "privilégios das corporações".

Mas o outro elemento estamental é, antes, o *privilégio político* da sociedade civil, ou seu *privilégio* de ser *política*. Portanto, ele não pode de modo algum ser o privilégio de um modo social particular de sua existência, e menos ainda pode ele encontrar sua garantia em tal privilégio, uma vez que ele *deve* ser, muito mais, a garantia universal.

Hegel se limita, desse modo, a descrever o "Estado político" não como a realidade mais alta, que é em si e para si, da existência social, mas a dar-lhe uma realidade precária, *dependente em relação a outro*: a descrevê-lo não como a existência verdadeira das outras esferas, mas sim a deixar com que ele encontre nas outras esferas *sua verdadeira existência*. Ele necessita, por toda parte, da garantia das esferas que se encontram fora dele. Ele não é o poder realizado. É a impotência *sustentada*; não é o poder sobre esses sustentáculos, mas o poder do sustentáculo. O sustentáculo é quem detém o poder.

Que existência elevada é essa, que necessita de uma garantia fora de si mesma? e que deve, além disso, ser a existência *universal* desta mesma garantia e, portanto, sua real garantia? Em suma, no desenvolvimento do poder legislativo, Hegel retrocede, por toda parte, do ponto de vista filosófico ao outro ponto de vista, que não considera a coisa em *relação consigo mesma*.

Se a existência dos estamentos necessita de uma garantia, eles *não* são uma *existência real*, mas apenas uma *existência fictícia do Estado*. A garantia para a existência dos estamentos é, nos Estados constitucionais, a *lei*. Sua existência é, portanto, existência *legal*, que depende, como realidade da *associação estatal*, da essência universal do Estado e não da potência ou impotência das corporações particulares ou associações. (É somente aqui que as corporações etc., os círculos particulares da sociedade civil, devem precisamente receber sua existência universal, mas, então, Hegel *antecipa* novamente essa existência universal como privilégio, como existência dessas particularidades.)

O direito político, como direito das corporações etc., contradiz totalmente o direito político enquanto *político*, ou direito do Estado, ou qualidade do cidadão do Estado; pois ele não deve ser precisamente o direito dessa existência enquanto existência particular, o direito enquanto esta particular existência.

Antes de passarmos à categoria da *eleição*, como o ato político pelo qual a sociedade civil se concentra em uma delegação política, detenhamo-nos ainda sobre algumas afirmações da nota a esse parágrafo.

> Que todos devam participar singularmente nas deliberações e decisões sobre os assuntos gerais do Estado, pois estes todos são membros do Estado, cujos assuntos são assuntos de *todos* e no qual esses têm um direito de ser com seu saber e querer –, essa concepção, que gostaria de colocar o elemento *democrático, sem nenhuma forma racional*, no organismo estatal, que é tal somente por meio da referida forma, apresenta-se tão óbvia porque permanece circunscrita à *abstrata* determinação de ser membro do Estado, e o pensamento superficial se atém a abstrações.

Antes de mais nada, Hegel se refere a uma "*abstrata* determinação de ser membro do Estado", muito embora essa seja, segundo a *Ideia*, segundo a *opinião* de seu próprio desenvolvimento, a mais alta e *a mais concreta* determinação social da pessoa do direito, do membro do Estado. Ater-se à "determinação de ser membro do Estado" e considerar o indivíduo nessa determinação, não parece precisamente "ser o pensamento artificial que se atém a abstrações". Mas que a "determinação de ser membro do Estado" seja uma determinação "*abstrata*", isso não é culpa desta determinação, mas do desenvolvimento hegeliano e das relações reais modernas, que pressupõem a separação da vida real em relação à vida política e fazem da qualidade política uma "determinação abstrata" do membro real do Estado.

A participação direta de *todos* nas deliberações e decisões sobre os assuntos gerais do Estado admite, segundo Hegel, "o elemento *democrático, sem nenhuma forma racional*, no organismo estatal, que é tal *somente* por meio da referida forma"; ou seja, o elemento democrático pode ser admitido apenas como elemento *formal* em um organismo estatal que é somente formalismo estatal. O elemento democrático deve ser, antes, o elemento real que dá a si mesmo, no organismo estatal *inteiro*, a sua *forma racional*. Se, ao contrário, ele entra no organismo ou formalismo estatal como um elemento "*particular*", compreende-se por "forma racional" de sua existência a domesticação, a acomodação, uma forma na qual ele não mostra a peculiaridade de sua essência, ou seja, que ele entra apenas *como* princípio *formal*.

Já esclarecemos que Hegel desenvolve apenas um *formalismo de Estado*. O verdadeiro princípio *material* é, para ele, a *Ideia*, a abstrata *forma* pensada do Estado como um Sujeito, a Ideia absoluta, que não guarda em si nenhum momento passivo, *material*. Diante da abstração dessa Ideia, aparecem como *conteúdo* as determinações do real formalismo empírico do Estado e, por isso, o conteúdo *real* aparece como matéria inorgânica, desprovida de forma (aqui: o homem real, a sociedade real etc.).

Hegel pôs a essência do elemento estamental nisto: no fato de que a "universalidade empírica" se torna o sujeito do universal que é em si e para si. Ora, que significa isso, senão que os assuntos do Estado "são assuntos de *todos* e no qual esses têm um *direito* de ser com seu saber e querer"? E os estamentos, não devem ser eles precisamente esse seu direito realizado? E é surpreendente, então, que os todos queiram também a "realidade" desse seu próprio direito?

> Que *todos* devam participar singularmente nas deliberações e decisões sobre os assuntos gerais do Estado.

Em um Estado realmente racional, poder-se-ia responder: "não *devem* participar *todos singularmente* nas deliberações e decisões sobre os assuntos gerais do Estado", pois os "singulares" participam, enquanto "todos", isto é, dentro da sociedade e como membros da sociedade, nas deliberações e decisões sobre os *assuntos gerais*. Não todos singularmente, mas os singulares como todos.

Hegel se coloca o dilema: ou a sociedade civil (os muitos, a massa) participa, por meio dos deputados, nas deliberações e resoluções sobre os assuntos gerais do Estado, ou *todos* o fazem enquanto *singulares*. Essa não é uma oposição da *essência*, como Hegel busca apresentá-la em seguida, mas sim da *existência* e, em verdade, da existência exterior, do *número*, com o que o fundamento que o próprio Hegel designou como "*exterior*" – a *massa dos membros* – permanece sempre como o fundamento último contra a participação direta de todos.

A questão sobre como a sociedade civil deve tomar parte no poder legislativo, que ela ingresse nele por meio de *deputados*, ou que "todos singularmente" participem de forma direta, é ela mesma uma questão no interior da *abstração do Estado político*, ou no interior do *Estado político abstrato*; é uma questão política *abstrata*.

Trata-se, em ambos os casos, como Hegel o desenvolveu, do significado político da "universalidade empírica".

A oposição, em sua forma própria, é a seguinte: os *singulares fazem isto enquanto todos* ou os *singulares* fazem isto enquanto *poucos*, enquanto *não todos*. Em ambos os casos, a totalidade permanece apenas como pluralidade *exterior* ou totalidade dos singulares. A totalidade não é uma qualidade essencial, espiritual, real, do singular. A totalidade não é algo por meio do qual o singular perde a determinação da singularidade abstrata; a totalidade é apenas o *número* total da *singularidade*. *Uma* singularidade, *muitas* singularidades, *todas* as singularidades. Uma, muitas, todas – nenhuma dessas determinações altera a *essência* do sujeito, da singularidade.

"Todos" devem "participar singularmente nas deliberações e decisões sobre os assuntos gerais do Estado"; isto é, portanto: *todos* devem participar, não como todos, mas sim como "singular".

A questão parece ser contraditória em um duplo sentido.

Os assuntos universais do Estado são os assuntos estatais, o Estado enquanto *assunto real*. A deliberação e a decisão são a *realização* do Estado enquanto assunto real. Parece evidente, portanto, que todos os membros do Estado têm uma *relação* com o Estado como seu *assunto real*. Encontra-se já no conceito de *membro estatal* que eles são, cada um, um *membro* do Estado, uma *parte* dele, que ele os toma como *sua parte*. Mas, se eles são uma *parte* do Estado, é evidente que sua *existência* social é, desde já, *sua real participação* no Estado. Eles não *são* apenas parte do Estado, mas o Estado é *sua* parte. Ser parte consciente de alguma coisa é lhe tomar, com consciência, uma parte, participar nela conscientemente. Sem essa consciência, o membro do Estado seria um *animal*.

Quando se diz "os assuntos universais do Estado", produz-se a aparência de que os "assuntos universais" e o "Estado" são algo de *diferente*. Mas o *Estado* é o "assunto universal", portanto realmente os "assuntos universais".

Tomar parte nos assuntos universais do Estado e tomar parte no Estado é, portanto, idêntico. Que, portanto, um membro estatal, uma parte do Estado, participe no Estado, e que essa participação possa aparecer apenas como *deliberação* ou *decisão* ou em outras formas semelhantes, e que, por conseguinte, cada membro do Estado participe na *deliberação* e da *decisão* (se essas funções são apreendidas somente como as funções da *real* participação no Estado) sobre os assuntos universais do Estado, é uma *tautologia*. Se se trata, portanto, dos *reais* membros do Estado, então não se pode falar dessa participação como de um *dever*. Bem diferente, tratar-se-ia, antes, desses sujeitos, que *devem* e *querem* ser *membros do Estado*, mas que não o *são* realmente.

Por outro lado, caso se trate de assuntos *determinados*, de um ato singular do Estado, então é novamente evidente que não o realizam *todos singularmente*. Se assim o fosse, o indivíduo seria a *verdadeira* sociedade e tornaria supérflua a sociedade. O indivíduo teria de fazer tudo de uma vez, enquanto que a sociedade faz agir, assim como ele pelos outros, também os outros por ele.

A questão se *todos singularmente* "devem tomar parte nas deliberações e decisões sobre os assuntos gerais do Estado" é uma questão que deriva da separação entre Estado político e sociedade civil.

Vimos. O Estado existe *somente* como *Estado político*. A totalidade do Estado político é o *poder legislativo*. Tomar parte no poder legislativo é, por isso, tomar parte no Estado político, manifestar e realizar sua *existência* como *membro do Estado político*, como *membro do Estado*. Que, portanto, *todos singularmente* queiram participar no poder legislativo não é senão a vontade de *todos* de ser *membros* reais (ativos) *do Estado* ou de se dar uma *existência política* ou de manifestar e realizar sua própria existência como existência *política*. Vimos anteriormente que o elemento estamental é a *sociedade civil* do poder legislativo, sua *existência política*. Que, por conseguinte, a sociedade civil penetre no poder *legislativo massivamente*, *inteiramente* se possível, que a sociedade civil real queira substituir-se à *fictícia* sociedade civil do poder legislativo, isso não é senão a tendência da sociedade civil a dar-se uma existência *política* ou a fazer da *existência política* a sua existência real. A tendência da *sociedade civil* de transformar-se em sociedade *política*, ou de fazer da sociedade *política* a sociedade *real*, mostra-se como a tendência, a mais *universal* possível, à participação no *poder legislativo*.

O *número* não é, aqui, sem importância. Se o acréscimo do *elemento estamental* é um acréscimo físico e intelectual de uma das forças *inimigas* em luta (e vimos que os diferentes elementos do poder legislativo se defrontam como forças inimigas em luta), já a questão de saber se todos singularmente são membros do poder legislativo ou se eles devem intervir por meio de deputados é, ao contrário, o pôr-em-questão do princípio *representativo* no interior do mesmo princípio, no interior da concepção fundamental do Estado político, que encontra sua existência na monarquia constitucional. 1) É uma representação da abstração do Estado político que o *poder legislativo* seja a *totalidade* do Estado político. Sendo esse ato *uno* o único ato *político* da sociedade civil, então *todos* devem e querem participar dele por uma vez. 2) *Todos* enquanto *singulares*. No *elemento estamental*, a atividade legislativa não é considerada como *social*, como uma função da *sociabilidade*, mas sim, muito mais, como o ato pelo qual os indivíduos assumem desde já uma função realmente ou *conscientemente social*, isto é, uma função política. O *poder legislativo* não é, aqui, uma emanação, uma função da sociedade, mas somente a *formação* dessa sociedade. A formação do poder legislativo exige que *todos* os membros da sociedade civil se considerem como *singulares*, e estes realmente se defrontam com ela como *singulares*. A determinação de "serem membros do Estado" é a sua "determinação abstrata", uma determinação que não se realiza na sua realidade viva.

Ou tem-se a separação de Estado político e sociedade civil, e nesse caso *todos singularmente* não podem participar do poder legislativo. O Estado político é uma existência *separada* da sociedade civil. De um lado, a sociedade civil renunciaria a si mesma se todos fossem legisladores e, de outro lado, o Estado político, que com ela se defronta, pode suportá-la apenas de um modo que seja adequado a seu *formato*. Ou seja, a participação da sociedade civil no Estado político mediante *deputados* é precisamente a *expressão* de sua separação e de sua unidade somente dualística.

Ou ao contrário. A sociedade civil é sociedade política *real*. E então é um absurdo colocar uma exigência que deriva apenas da concepção do Estado político enquanto existência separada da sociedade civil, uma exigência que deriva apenas da representação *teológica* do Estado político. Nessa situação, desaparece totalmente o significado do poder *legislativo* como poder *representativo*. O poder legislativo é, aqui, representativo no sentido em que toda função é representativa: o sapateiro, por exemplo, é meu representante na medida em que satisfaz uma necessidade social, assim como toda atividade social determinada, enquanto atividade genérica, representa simplesmente o gênero, isto é, uma determinação de minha própria essência, assim como todo homem é representante de outro homem. Ele é, aqui, representante não por meio de uma outra coisa, que ele representa, mas por aquilo que ele *é* e *faz*.

O poder "legislativo" é almejado não em razão de seu *conteúdo*, mas em razão de seu significado político *formal*. O *poder governamental*, por exemplo, tinha de ser, em si e para si, muito mais o objetivo dos desejos populares do que o é a função legislativa, a função *metafísica* do Estado. A função *legislativa* é a vontade, não na sua energia prática, mas na sua energia teórica. A *vontade* não deve, aqui, valer *em lugar* da *lei*: mas sim trata-se de *descobrir* e *formular* a lei real.

Dessa natureza incerta do poder legislativo, como função *legislativa* real e como função *representativa, político-abstrata*, deriva uma peculiaridade que se faz valer preferencialmente na França, o país da cultura política.

(No *poder governamental*, temos, sempre, *duas coisas*: a ação real e a razão de Estado dessa ação, como uma outra consciência real que, em sua estrutura total, é a burocracia.)

O conteúdo próprio do poder governamental é tratado (tanto quanto os *interesses particulares* dominantes não entram em um conflito significativo com o *objectum quaestionis*[50]) muito à parte, como coisa acessória. Uma questão só suscita atenção especial quando se torna questão *política*, quer dizer, ou a partir do momento em que a ela esteja ligada uma questão ministerial e, portanto, a força do poder legislativo sobre o poder governamental, ou tão logo se trate, em geral, de direitos que se encontram em conexão com o formalismo político. De onde esse fenômeno? Porque o poder legislativo é, ao mesmo tempo, a representação da existência política da sociedade civil; porque a essência política de uma questão consiste, em suma, em sua relação com os diferentes poderes do Estado político; porque o poder legislativo representa a consciência política e esta última só pode se mostrar como *política* no conflito com o poder governamental. Essa exigência essencial – de que toda necessidade social, lei etc. seja comprovada no seu significado *social* como *política*, isto é, como *determinada pelo todo estatal* – assume, no Estado da abstração política, o sentido de uma tendência *formal* contrária a uma outra força (ou conteúdo) e exterior ao seu conteúdo real. Essa não é uma abstração dos franceses, mas a consequência necessária, pois o Estado real existe apenas como o *formalismo político de Estado* acima considerado. A *oposição* no interior do poder representativo é a existência *política* χατ' ἐξοχήν[51] deste mesmo poder.

Dentro da constituição representativa, a questão investigada assume um outro sentido, diferente daquele em que Hegel a considerou. Não se trata, aqui, de determinar se a sociedade civil deve exercer o poder legislativo por meio de deputados ou todos singularmente, mas se trata, sim, da *extensão* e da máxima *generalização* possível da *eleição*, tanto do sufrágio *ativo* como do

[50] "objeto da investigação (questão)". (N.E.A.)

[51] "principal, por excelência". (N.E.A.)

sufrágio *passivo*. Esse é o ponto propriamente controverso da *reforma* política, tanto na França quanto na Inglaterra.

Não se considera a *eleição* filosoficamente, quer dizer, em sua essência peculiar, quando ela é compreendida imediatamente em relação ao *poder soberano* ou ao *poder governamental*. A *eleição* é a *relação real* da *sociedade civil real* com a *sociedade civil* do *poder legislativo*, com o *elemento representativo*. Ou seja, a *eleição* é a relação *imediata, direta*, não *meramente representativa, mas real*, da sociedade civil com o Estado político. É evidente, por isso, que a *eleição* constitui o interesse político fundamental da sociedade civil real. É somente na *eleição ilimitada*, tanto ativa quanto passiva, que a sociedade civil se eleva *realmente* à abstração de si mesma, à existência política como sua verdadeira existência universal, essencial. Mas o acabamento dessa abstração é imediatamente a superação da abstração. Quando a sociedade civil pôs sua *existência política* realmente como sua *verdadeira* existência, pôs concomitantemente como *inessencial* sua existência social, em sua diferença com sua existência política; e com uma das partes separadas cai a outra, o seu contrário. A *reforma eleitoral* é, portanto, no interior do *Estado político abstrato*, a exigência de sua *dissolução*, mas igualmente da *dissolução da sociedade civil*.

Encontraremos, mais tarde, a questão da reforma eleitoral sob uma outra forma, isto é, sob o aspecto dos *interesses*. Do mesmo modo, discutiremos os outros conflitos, que derivam da dupla determinação do *poder legislativo* (de ser, de um lado, *deputado*, mandatário da sociedade civil e, do outro, simplesmente sua existência *política*, e *uma peculiar existência* dentro do formalismo político do Estado).

Retornemos, primeiramente, à nota ao nosso parágrafo.

> A consideração racional, a consciência da Ideia, é *concreta* e coincide, desse modo, com o verdadeiro sentido *prático*, que é, ele próprio, não mais do que o sentido racional, o sentido da Ideia.
>
> O Estado **concreto** é o *todo organizado em seus círculos particulares*; o membro do Estado é um *membro* de um tal *estamento*; somente por essa sua determinação objetiva ele pode entrar em consideração no Estado. [§ 308]

Sobre isso, já dissemos o necessário mais acima.

> A sua (do membro do Estado) determinação universal contém o duplo momento: de ser *pessoa privada* e de ser igualmente, como *pensante*, consciência e vontade do *universal*; mas essa consciência e vontade não é vazia, mas *plena* e realmente *viva*, somente quando é preenchida pela particularidade – e esta é o estamento e a determinação particulares; ou seja, o indivíduo é *gênero*, mas tem sua *imanente realidade* universal como gênero *próximo*.

Tudo o que Hegel diz é correto, com a restrição: 1) de que ele põe como idênticos *estamento particular* e *determinação*, 2) de que essa determinação, a espécie, o gênero próximo, deva ser posta também *realmente*, não apenas *em si*, mas *para si*, como *espécie do gênero universal*, como *sua* particularização. Mas

Hegel se contenta com o fato de que, no Estado – que ele apresenta como a existência autoconsciente do espírito ético – esse espírito ético seja o *determinante* apenas *em si*, segundo a Ideia universal. Ele não deixa que a sociedade se torne o determinante real, pois para isso é necessário um sujeito *real* e ele possui apenas um sujeito abstrato, uma *imaginação*.

> *§ 309.* Que a deputação ocorre pela deliberação e pela resolução sobre os assuntos *universais*, significa que a estes são destinados, por meio da confiança, aqueles indivíduos que entendem mais desses assuntos do que os mandantes; significa, também, que eles fazem valer não o interesse particular de uma comunidade, de uma corporação, contra o interesse universal, mas sim essencialmente este último. Eles não se encontram, com isso, na situação de serem mandatários comissionados ou portadores de instruções, tanto menos que a assembleia tem a determinação de ser uma reunião viva, em que se debate, se persuade mutuamente e se decide em conjunto.

Os deputados não devem 1) ser "mandatários comissionados ou portadores de instruções", porque devem fazer "valer não o interesse particular de uma comunidade, de uma corporação, contra o interesse universal, mas sim essencialmente este último". Hegel construiu os representantes, primeiramente, como representantes das corporações etc., para, então, atribuir-lhes a outra determinação política, de que eles não devem fazer valer o *interesse particular* da corporação etc. Ele suprime, com isso, sua primeira determinação, pois a separa totalmente, em sua determinação *essencial* como representantes, de sua *existência corporativa*. Com isso, ele separa também a corporação de si mesma como seu próprio conteúdo real, pois ela deve eleger não a partir de *seu ponto de vista*, mas a partir do *ponto de vista do Estado*; isto é, ela deve eleger em sua *inexistência* como corporação. Ele reconhece, portanto, na determinação *material*, aquilo que ele converteu em sua determinação *formal*, a abstração de si mesma da sociedade civil em seu ato político; e sua *existência política* não é senão *essa abstração*. Hegel aduz, como razão, que os representantes devem ser escolhidos precisamente para o exercício dos "assuntos universais"; mas as corporações não são a existência dos assuntos universais.

2) A "deputação deve ter o significado" de que a "estes são destinados, por meio da confiança, aqueles indivíduos que entendem mais desses assuntos do que os mandantes", do que se deve deduzir, uma vez mais, que os deputados não estejam, portanto, na situação de "mandatários".

Que os deputados entendam "mais" dos assuntos universais e não entendam "simplesmente", Hegel só pode afirmá-lo mediante um sofisma. Pois isso só poderia ser concluído se os mandantes tivessem a escolha de deliberar e decidir *eles mesmos* sobre os assuntos universais; *ou* de deputar indivíduos determinados para a sua execução; ou seja, precisamente se a *deputação*, a *representação* não pertencesse essencialmente ao caráter do *poder legislativo* da sociedade civil, o que, como foi exposto, constitui justamente a sua essência *particular* no Estado construído por Hegel.

Eis um exemplo significativo de como Hegel, quase deliberadamente, abandona a coisa no interior de sua própria particularidade e lhe imputa, em sua forma limitada, um sentido oposto a essa limitação.

Hegel dá, ao final, o verdadeiro fundamento: os deputados da sociedade civil se constituem numa "assembleia", e somente essa assembleia é a *existência política real* e o *querer* da sociedade civil. A separação entre Estado político e sociedade civil aparece como a separação entre os deputados e seus mandantes. A sociedade simplesmente deputa de si mesma os elementos para a sua existência política.

A contradição aparece duplamente:

1) *formal*: os deputados da sociedade civil são uma sociedade cujos membros não se encontram vinculados aos seus constituintes por meio da forma da "instrução", do mandato. Eles são constituídos formalmente, mas, tão logo o são *realmente*, eles *não* são mais *comissionados*. Eles devem *ser deputados* e *não* o são.

2) *material*: em relação aos interesses. Sobre isso a seguir. Aqui, tem lugar o contrário: eles são comissionados como representantes dos assuntos *universais*, mas eles representam assuntos realmente *particulares*.

É significativo que *Hegel* qualifique, aqui, a *confiança* como a substância da *deputação*, como a relação substancial entre representantes e representados. *Confiança* é uma relação pessoal. No Adendo, lê-se ainda sobre isso:

> A representação se funda na confiança, mas confiança é algo diferente de eu dar, enquanto tal, o meu voto. A maioria dos votos é igualmente contrária ao princípio segundo o qual eu devo estar presente naquilo que deve me obrigar. Tem-se confiança num homem, quando nele se observa a intenção de tratar minha causa como sua, segundo sua melhor consciência e conhecimento.

> *§ 310.* A **garantia** das qualidades e da disposição correspondentes a esse fim – pois o patrimônio independente, já na primeira parte dos estamentos, exige o seu direito – mostra-se, na segunda parte, que provém dos elementos móveis e mutáveis da sociedade civil, principalmente na disposição, habilidade e conhecimento das instituições e interesses do Estado e da sociedade civil – adquiridos por meio da *efetiva* administração das funções nos *ofícios da magistratura ou do Estado*, e confirmados pela *ação* – e no *sentido de autoridade* e no *sentido do Estado*, assim educado e experimentado.

Primeiramente, a primeira câmara, a *câmara da propriedade privada independente* fora construída como *garantia*, para o príncipe e o poder governamental, contra a disposição da segunda câmara, como a *existência política* da universalidade empírica; e, agora, Hegel exige novamente uma *nova garantia*, que deve garantir a *disposição* etc. da própria segunda câmara.

Primeiro, a garantia dos deputados era a confiança, a garantia dos mandantes. Agora, essa confiança necessita, também ela, de uma garantia de sua validade.

A Hegel não agradaria fazer da segunda câmara a câmara dos funcionários estatais *aposentados*. Ele não exige apenas o "sentido do Estado", mas também o sentido da "autoridade", o sentido burocrático.

O que ele realmente exige, aqui, é que o poder *legislativo* deva ser o *real* poder *governativo*. Ele expressa isso de tal forma que exige a burocracia *duas vezes*: uma como representação do príncipe, outra como representação do povo.

Se, nos Estados constitucionais, os funcionários também são admitidos como deputados, isso só se dá porque, em geral, faz-se abstração do *estamento*, da qualidade civil, e a abstração da *qualidade de cidadão do Estado* é o preponderante.

Hegel esquece, com isso, que fez a representação provir das *corporações* e que elas se opõem diretamente ao poder governamental. Ele vai tão longe nesse esquecimento, coisa que volta a esquecer já no parágrafo seguinte, a ponto de criar uma distinção *essencial* entre os deputados das corporações e os deputados estamentais.

Na nota a esse parágrafo, lê-se:

> A opinião subjetiva de si com facilidade acha superficial, e até mesmo algo ofensiva, a exigência de tais garantias, quando é feita ao assim chamado povo. Porém, o Estado tem por sua determinação o que é objetivo e não uma opinião subjetiva e sua **autoconfiança**; os indivíduos só podem ser, para o Estado, aquilo que neles é objetivamente reconhecível e comprovado; e o Estado, nessa parte do elemento estamental, tem de cuidar tanto mais para ver, na medida em que esse elemento tem suas raízes nos interesses e atividades dirigidos ao particular, em que a contingência, a mutabilidade e o arbítrio têm o direito de passear.

Aqui, a inconsequência irrefletida e o sentido de "*autoridade*" de Hegel se tornam realmente *repugnantes*. Na conclusão do Adendo ao parágrafo precedente, está escrito:

> Que o deputado a realize (sua tarefa descrita mais acima) e a faça avançar, para isso é necessário a garantia **para os eleitores**.

Essa garantia *para os eleitores* se transformou, sub-repticiamente, numa *garantia contra* os eleitores, contra sua "*autoconfiança*". No elemento estamental, a "universalidade empírica" devia alcançar o momento da "liberdade subjetiva, formal". Nele, "a consciência pública" deveria chegar "à existência" "como *universalidade empírica* dos pontos de vista e pensamentos dos *muitos*" (§ 301). Agora, esses "pontos de vista e pensamentos" devem dar, *previamente*, uma prova ao *governo* de que eles são "*seus*" pontos de vista e pensamentos. Hegel fala aqui, de uma maneira especialmente tola, do Estado como uma existência *acabada*, embora, no elemento estamental, o Estado acabado esteja apenas por ser construído. Ele fala do Estado como sujeito concreto, que "não se perturba com a opinião subjetiva e sua autoconfiança", para quem os indivíduos se deixaram "reconhecer" e "comprovar". Falta apenas que Hegel exija que os *estamentos* prestem um *exame* ao digníssimo governo. Aqui, Hegel beira a servilidade.

Vê-se que ele é completamente contagiado pela soberba miserável do mundo do funcionalismo *prussiano*, que, nobre em sua limitação de gabinete, olha de cima a "autoconfiança" da "opinião subjetiva do povo sobre si mesmo". O "Estado" é, por toda parte, para Hegel, idêntico ao "governo".

Certamente, em um Estado real, a "mera confiança", a "opinião subjetiva" não bastam. Mas, no Estado construído por Hegel, a disposição *política* da sociedade civil é uma mera *opinião*, precisamente porque sua existência política é uma *abstração* de sua existência real; precisamente porque o todo do Estado não é a *objetivação* da *disposição política*. Quisesse Hegel ser consequente, então ele teria, muito mais, que empregar todos os meios para construir o elemento estamental segundo sua *determinação essencial* (§ 301), como o *ser-para-si do* assunto universal nos pensamentos etc. dos *muitos*, portanto, completamente independente dos outros pressupostos do Estado político.

Assim como Hegel anteriormente qualificara o ponto de vista da plebe como se este pressupusesse a má vontade no governo etc., agora o ponto de vista da plebe tende, e ainda mais, a pressupor a má vontade no povo. Se garantias são exigidas de que a disposição da burocracia seja a disposição do Estado, Hegel não pode, nesse caso, achar nem "superficial", nem "ofensiva", nos teóricos por ele desprezados, a exigência de garantias "ao *assim chamado*" Estado, ao *soi-disant*[52] Estado, ao governo.

> *§ 311.* A deputação, enquanto emana da sociedade civil, tem, **além disso**, o sentido de que os deputados estejam familiarizados com as necessidades especiais, os impedimentos, os interesses particulares da sociedade civil, e que nela participem. Na medida em que a deputação, de acordo com a natureza da sociedade civil, parte de suas diversas corporações (§ 308), e a maneira simples de seu procedimento não é perturbada por meio de abstrações e de concepções atomísticas, então ela satisfaz imediatamente aquele ponto de vista e as eleições ou são algo em geral superficial ou se reduzem a um joguete da opinião e do arbítrio.

Em primeiro lugar, Hegel une, com um simples "além disso", a deputação em sua determinação como "poder legislativo" (§ 309, 10) à deputação "enquanto emana da sociedade civil", quer dizer, em sua determinação representativa. As monstruosas contradições que residem neste "além disso" são por ele proferidas de forma igualmente impensada.

Segundo o § 309, os deputados devem fazer valer "não o interesse particular de uma comunidade, de uma corporação, contra o interesse universal, mas sim *essencialmente* este último".

---

[52] Aqui o editor alemão não oferece nota – o que já aconteceu em outros casos – porque o significado da expressão francesa aparece entre aspas pouco antes e as palavras estrangeiras constituem mera repetição – irônica e aliás bem contextualizada, uma vez que Marx se refere diretamente aos teóricos franceses – do que acabou de ser dito. (N.E.B.)

Segundo o § 311, eles partem das corporações, representam esses interesses e necessidades *particulares* e não se deixam perturbar por "abstrações", como se o "interesse universal" não fosse também uma tal abstração, uma abstração precisamente de *seus* interesses corporativos etc.

De acordo com o § 310, é exigido que "por meio da *efetiva* administração das funções etc.", os deputados adquiram e conservem o "sentido de autoridade" e o "sentido do Estado". No § 311, exige-se o sentido corporativo e civil.

No Adendo ao § 309, é dito que "a representação se funda na *confiança*". De acordo com o § 311, as "eleições", essa realização da confiança, essa afirmação e manifestação da mesma, "ou são algo em geral superficial ou se reduzem a um joguete da opinião e do arbítrio".

Aquilo que funda a representação, sua essência, é, portanto, para a representação, "algo em geral superficial etc.". Hegel estabelece, assim, em um só fôlego, as seguintes contradições absolutas:

A representação se baseia na confiança, na confiança de homem a homem, e ela não se baseia na confiança. Isso não passa de um mero jogo formal.

O interesse particular não é o objeto da representação, mas antes o homem e sua qualidade de cidadão do Estado, o interesse universal. Por outro lado: o interesse particular é a matéria da representação, e o espírito desse interesse é o espírito do representante.

Na nota ao parágrafo que ora examinamos, essas contradições são sustentadas de modo ainda mais estridente. Uma hora a representação é representação do homem, outra hora é representação do interesse particular, da matéria particular.

> Apresenta-se como óbvio o interesse de que, entre os deputados, encontrem-se, para cada grande ramo particular da sociedade, por exemplo para o comércio, para as fábricas etc., indivíduos que os conheçam a fundo e façam parte deles; – na concepção de uma eleição incoerente, indeterminada, essa circunstância importante é deixada apenas ao acaso. Mas cada um desses ramos possui, frente aos outros, igual direito de ser representado. Se os deputados são considerados como *representantes*, então isso só tem um sentido organicamente racional quando eles não são *representantes* de *indivíduos*, de uma massa, mas, antes, *representantes* de uma das *esferas* essenciais da sociedade, representantes de seus grandes interesses. Com isso, o representar também não possui mais o significado de que **um** está *no lugar do outro*, mas sim que o próprio interesse se encontra *realmente presente* nos seus representantes, assim como o representante está lá para o seu próprio elemento objetivo.
>
> Sobre as eleições mediante muitos indivíduos, pode ainda ser observado que, especialmente nos grandes Estados, ocorre necessariamente a *indiferença* em dar o próprio voto, como se ele tivesse, na multidão, um efeito insignificante, e os que têm o direito ao voto, ainda que isso lhes seja apresentado e apregoado como alguma coisa de elevado, não comparecem para votar – de forma que resulta, de tal instituição, muito mais o oposto de sua destinação, e a eleição

cai em poder de poucos, de um partido e, portanto, do interesse particular, contingente, justamente aquilo que devia ser neutralizado.

Os parágrafos 312 e 313 são contemplados pelo que precede e não merecem discussão especial. Nós os colocamos, portanto, aqui:

§ 312. Das duas partes contidas no elemento estamental (§ 305, § 308), cada uma traz uma modificação particular na deliberação; e, além disso, porque um dos elementos possui a função particular da mediação no interior dessa esfera, isto é, entre as partes existentes, então resulta para esse elemento, igualmente, uma existência separada, e a assembleia estamental se dividirá, assim, em *duas câmaras*.

Oh, Céus!

§ 313. Mediante essa separação, não apenas a maturação das decisões recebe sua maior segurança, graças a uma pluralidade de *instâncias*, e é afastada a acidentalidade de um voto do momento, assim como a acidentalidade da decisão por maioria dos votos, como também, principalmente, o elemento estamental possui menos ocasiões de se opor diretamente ao governo, ou, no caso de o elemento mediador se encontrar igualmente do lado do segundo estamento, o peso de sua opinião será tanto mais reforçado quanto mais ele aparecer como imparcial e sua oposição aparecer como neutralizada.

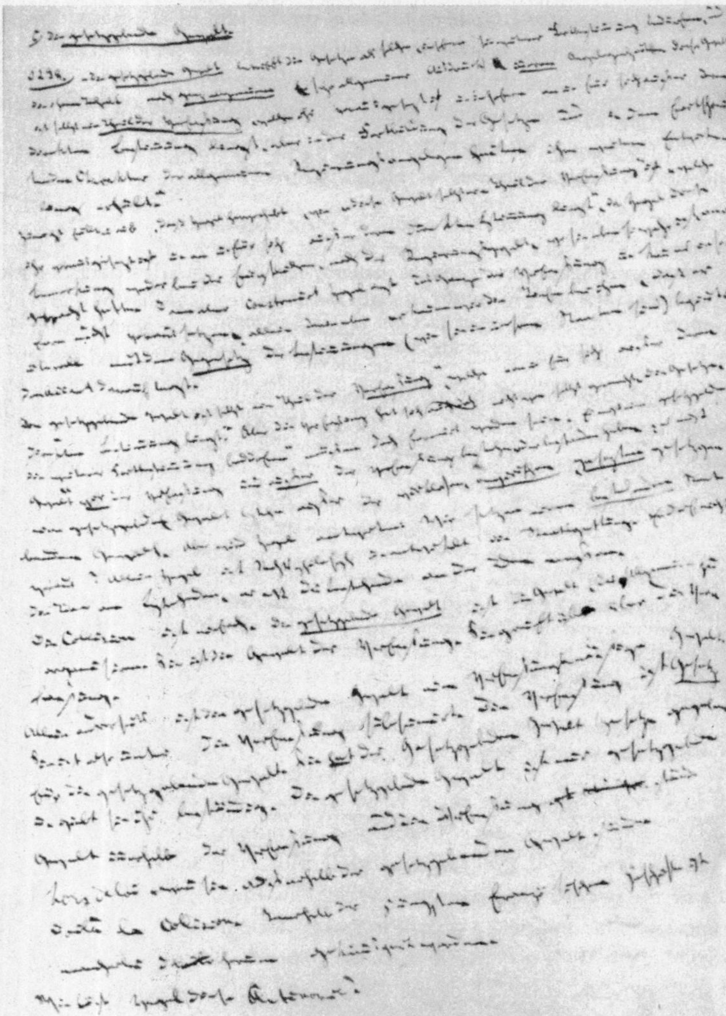

Fac-simile de página do Crítica da filosofia do direito de Hegel.

APÊNDICE

Crítica da filosofia do direito de Hegel – Introdução[1]

Na Alemanha, a *crítica da religião* está, no essencial, terminada; e a crítica da religião é o pressuposto de toda a crítica.

A existência profana do erro está comprometida, depois que sua *celestial oratio pro aris et focis*[2] foi refutada. O homem, que na realidade fantástica do céu, onde procurava um super-homem, encontrou apenas o *reflexo de si mesmo*, já não será tentado a encontrar apenas a *aparência* de si, o inumano, lá onde procura e tem de procurar sua autêntica realidade.

Este é o fundamento da crítica irreligiosa: o homem *faz a religião*, a religião não faz o homem. E a religião é de fato a autoconsciência e o autossentimento do homem, que ou ainda não conquistou a si mesmo ou já se perdeu novamente. Mas o *homem* não é um ser abstrato, acocorado fora do mundo. O homem é o *mundo do homem*, o Estado, a sociedade. Esse Estado e essa sociedade produzem a religião, uma *consciência invertida do mundo*, porque eles são um *mundo invertido*. A religião é a teoria geral deste mundo, seu compêndio enciclopédico, sua lógica em forma popular, seu *point d'honneur*[3] espiritualista, seu entusiasmo, sua sanção moral, seu complemento solene, sua base geral de consolação e de justificação. Ela é a *realização fantástica* da essência humana, porque a essência humana não possui uma realidade verdadeira. Por conseguinte, a luta contra a religião é, indiretamente, luta contra aquele mundo cujo aroma espiritual é a religião.

A miséria *religiosa* constitui ao mesmo tempo a *expressão* da miséria real e o *protesto* contra a miséria real. A religião é o suspiro da criatura oprimida, o ânimo de um mundo sem coração, assim como o espírito de estados de coisas embrutecidos. Ela é o *ópio* do povo.

A supressão [*Aufhebung*] da religião como felicidade *ilusória* do povo é a exigência da sua felicidade *real*. A exigência de que abandonem as ilusões

---

1 O texto "Kritik der Hegelschen Rechtsphilosophie – Einleitung" foi escrito entre dezembro de 1843 e janeiro de 1844 e publicado nos *Anais Franco-Alemães (Deutsch-Französische Jahrbücher)* em 1844. Traduzido por Rubens Enderle. (N.E.B.)

2 "oração para altar e fogão". (N.E.A.)

3 "ponto de honra". (N.T.)

acerca de uma condição é a exigência de que abandonem uma condição que necessita de ilusões. A crítica da religião é, pois, em *germe*, a *crítica do vale de lágrimas*, cuja *auréola* é a religião.

A crítica arrancou as flores imaginárias dos grilhões, não para que o homem suporte grilhões desprovidos de fantasias ou consolo, mas para que se desvencilhe deles e a flor viva desabroche. A crítica da religião desengana o homem a fim de que ele pense, aja, configure a sua realidade como um homem desenganado, que chegou à razão, a fim de que ele gire em torno de si mesmo, em torno de seu verdadeiro sol. A religião é apenas o sol ilusório que gira em volta do homem enquanto ele não gira em torno de si mesmo.

Portanto, a *tarefa da história*, depois de desaparecido o *além da verdade*, é estabelecer a *verdade do aquém*. A *tarefa* imediata *da filosofia*, que está a serviço da história, é, depois de desmascarada a forma sagrada da autoalienação [*Selbstentfremdung*] humana, desmascarar a autoalienação nas suas *formas não sagradas*. A crítica do céu transforma-se, assim, na crítica da terra, a *crítica da religião*, na *crítica do direito*, a *crítica da teologia*, na *crítica da política*.

A exposição que se segue[4] – uma contribuição a esse trabalho – não se ocupa diretamente do original, mas de uma cópia, a *filosofia* alemã do Estado e do direito, pela simples razão de se referir à *Alemanha*.

Se nos ativermos ao *status quo* alemão, mesmo que da única maneira adequada, isto é, negativamente, o resultado permanecerá um *anacronismo*. Mesmo a negação de nosso presente político é já um fato empoeirado no quarto de despejo histórico das nações modernas. Se nego as perucas empoadas, fico ainda com as perucas desempoadas. Quando nego a situação alemã de 1843, não me encontro nem mesmo, segundo a cronologia francesa, no ano de 1789, quanto menos no centro vital do período atual.

A história alemã, é verdade, orgulha-se de um desenvolvimento que nenhuma nação no firmamento histórico realizou antes dela ou chegará um dia a imitar. Tomamos parte nas restaurações das nações modernas, sem termos tomado parte nas suas revoluções. Fomos restaurados primeiramente porque outras nações ousaram fazer uma revolução e, em segundo lugar, porque outras nações sofreram contrarrevoluções; no primeiro caso, porque nossos senhores tiveram medo e, no segundo, porque nada temeram. Tendo nossos pastores à frente, encontramo-nos na sociedade da liberdade apenas no *dia do seu sepultamento*.

Uma escola que legitima a infâmia de hoje pela de ontem, que considera como rebelde todo grito do servo contra o açoite desde que este seja um açoite venerável, ancestral e histórico; uma escola à qual a história, tal como o Deus

[4] Marx refere-se à sua intenção de publicar um estudo crítico da Filosofia do direito de Hegel, a que o presente ensaio serviria de introdução. O estudo crítico corresponde ao texto aqui publicado, nas páginas que antecedem esta introdução. (N.E.B.)

de Israel fez com o seu servo Moisés, só mostra o seu *a posteriori* – a *Escola histórica do direito*[5] –, tal escola teria, assim, inventado a história alemã, não *fosse* ela uma invenção da história alemã. Um Shylock, mas um Shylock servil, que sobre seu título de crédito, seu título de crédito histórico, germânico-cristão, jura por cada libra de carne cortada do coração do povo.

Em contrapartida, entusiastas bonacheirões, chauvinistas alemães por sangue e liberais esclarecidos por reflexão buscam nossa história de liberdade além de nossa história, nas primitivas florestas teutônicas. Mas, se ela só pode ser encontrada nas florestas, em que se diferencia a história da nossa liberdade da história da liberdade do javali? Além disso, é conhecido o provérbio: o que para dentro da floresta se grita, para fora da floresta ecoa. Assim, deixemos em paz as antigas florestas teutônicas!

Mas declaremos guerra à situação alemã! Sem dúvida! Ela está *abaixo do nível da história, abaixo de toda a crítica*; não obstante, continua a ser um objeto da crítica, assim como o criminoso, que está abaixo do nível da humanidade, continua a ser um objeto do *carrasco*. Em luta contra ela, a crítica não é uma paixão da cabeça, mas a cabeça da paixão. Não é um bisturi, mas uma arma. Seu objeto é seu inimigo, que ela quer não refutar, mas *destruir*. Pois o espírito de tal situação já está refutado. Ela não constitui, em si e para si, um objeto *memorável, mas sim uma existência* tão desprezível como desprezada. A crítica para si não necessita de ulterior elucidação desse objeto, porque já o compreendeu. Ela não se apresenta mais como *fim em si*, mas apenas como *meio*. Seu *pathos* essencial é a *indignação*, seu trabalho essencial, a *denúncia*.

Trata-se de retratar uma pressão sufocante que todas as esferas sociais exercem umas sobre as outras, uma irritação geral, passiva, uma estreiteza que tanto reconhece como ignora a si mesma, situada nos limites de um sistema de governo que vive da conservação de todas as indigências, não sendo ele mesmo mais do que a *indigência no governo*.

Que espetáculo! A infinita e progressiva divisão da sociedade nas mais diversas raças, que se defrontam umas às outras com pequenas antipatias, má consciência e grosseira mediocridade; que, precisamente por causa de sua situa-

---

5 Tendência nas ciências históricas e jurídicas que surgiu na Alemanha no fim do século XVIII. Seu representante mais destacado foi o jesuíta F. K. von Savigny. (N. T.) Savigny, defensor da tese de que o direito refletia a própria "alma" de um povo – sua cultura, seus costumes –, sendo, portanto, refratário a qualquer reformulação do direito orientada pelos princípios racionalistas, foi professor de Marx na Universidade de Berlim entre 1836 e 1837 e o influenciou quanto ao método de estudo, já que era uma prerrogativa da Escola Histórica o estudo exegético dos textos e documentos relacionados ao seu objeto de investigação. Entretanto, muito maior impacto na formação intelectual de Marx teve o principal adversário de Savigny, Eduard Gans, um hegeliano de tendências progressistas – bastante influenciado por Saint-Simon – que propugnava que as leis deveriam ser constantemente transformadas de modo a acompanharem o próprio desenvolvimento da Ideia. (N.E.B.)

ção alternadamente ambígua e suspeitosa, são tratadas, sem exceção, mesmo que com diferentes formalidades, como *existências concedidas por seus senhores*. E até mesmo o fato de serem *dominadas, governadas*, possuídas, elas têm de reconhecer e admitir como uma *concessão do céu*! Do outro lado, encontram-se os próprios governantes, cuja grandeza está em proporção inversa ao seu número!

A crítica que se ocupa desse conteúdo é a crítica num *combate corpo a corpo*, e nele não importa se o adversário é nobre, bem nascido, se é um adversário interessante – o que importa é *atingi-lo*. Trata-se de não conceder aos alemães um instante sequer de autoilusão e de resignação. É preciso tornar a pressão efetiva ainda maior, acrescentando a ela a consciência da pressão, e tornar a ignomínia ainda mais ignominiosa, tornando-a pública. É preciso retratar cada esfera da sociedade alemã como a *partie honteuse*[6] da sociedade alemã, forçar essas relações petrificadas a dançar, entoando a elas sua própria melodia! É preciso ensinar o povo a se aterrorizar diante de si mesmo, a fim de nele incutir coragem. Assim satisfaz-se uma necessidade do povo alemão, e as necessidades dos povos são propriamente as causas finais da sua satisfação.

E mesmo para os povos *modernos*, essa luta contra o teor limitado do *status quo* alemão não carece de interesse, pois o *status quo* alemão é a perfeição *manifesta do ancien régime*, e o *ancien régime* é o *defeito oculto do Estado moderno*. A luta contra o presente político alemão é a luta contra o passado das nações modernas, e estas continuam a ser importunadas pelas reminiscências desse passado. Para as nações modernas, é instrutivo assistir ao *ancien régime*, que nelas viveu sua tragédia, desempenhar uma *comédia* como fantasma alemão. *Trágica* foi sua história, porque ele era o poder pré-existente do mundo, ao passo que a liberdade, ao contrário, era uma fantasia pessoal; numa palavra, porque ele mesmo acreditou em sua legitimidade e nela tinha de acreditar. Na medida em que o *ancien régime*, como ordem do mundo existente, lutou contra um mundo que estava então a emergir, ocorreu de sua parte um erro histórico-mundial, mas não um erro pessoal. Seu declínio foi, por isso, trágico.

Em contrapartida, o atual regime alemão, que é um anacronismo, uma flagrante contradição de axiomas universalmente aceitos – a nulidade do *ancien régime* exposta ao mundo – imagina apenas acreditar em si mesmo e exige do mundo a mesma imaginação. Se acreditasse na sua própria *essência*, tentaria ele ocultá-la sob a *aparência* de uma essência estranha e buscar sua salvação na hipocrisia e no sofisma? O moderno *ancien régime* é apenas o *comediante* de uma ordem mundial cujos *heróis reais* estão mortos. A história é sólida e passa por muitas fases ao conduzir uma forma antiga ao sepulcro. A última fase de uma forma histórico-mundial é sua *comédia*. Os deuses da Grécia, já mortalmente feridos na tragédia *Prometeu acorrentado*, de Ésquilo,

---

[6] "parte vergonhosa". (N.T.)

tiveram de morrer uma vez mais, comicamente, nos diálogos de Luciano. Por que a história assume tal curso? A fim de que a humanidade se separe *alegremente* do seu passado. É esse *alegre* destino histórico que reivindicamos para os poderes políticos da Alemanha.

Mas logo que a própria *moderna* realidade político-social é submetida à crítica, logo que, portanto, a crítica se eleva aos problemas verdadeiramente humanos, ela se encontra fora do *status quo* alemão ou apreende o seu objeto *sob* o seu objeto. Um exemplo: a relação da indústria, do mundo da riqueza em geral, com o mundo político é um dos problemas fundamentais da era moderna. Sob que forma começa este problema a preocupar os alemães? Sob a forma de *tarifas protecionistas*, do *sistema de proibição*, da *economia política*. O chauvinismo alemão passou dos homens para a matéria e, assim, nossos cavaleiros do algodão e heróis do ferro viram-se, um belo dia, metamorfoseados em patriotas. Na Alemanha, portanto, começa-se agora a reconhecer a soberania do monopólio no interior do país, por meio da qual se confere ao monopólio a *soberania no exterior*. Por conseguinte, na Alemanha começa-se, agora, com aquilo que já terminou na França e na Inglaterra. A situação antiga, apodrecida, contra a qual essas nações se rebelam teoricamente e que apenas suportam como se suportam grilhões, é saudada na Alemanha como a aurora de um futuro glorioso que ainda mal ousa passar de uma teoria *astuta*[7] a uma prática implacável. Enquanto na França e na Inglaterra o problema se apresenta assim: *economia política* ou *domínio da sociedade sobre a riqueza*; na Alemanha ele é apresentado da seguinte maneira: *economia nacional* ou *domínio da propriedade privada sobre a nacionalidade*. Portanto, na França e na Inglaterra, importa suprimir o monopólio que progrediu até as últimas consequências; na Alemanha, importa progredir até as últimas consequências do monopólio. Lá, trata-se da solução, aqui, trata-se da colisão. Um exemplo suficiente da forma *alemã* dos problemas modernos; um exemplo de como nossa história, tal como um recruta inexperiente, até agora só recebeu a tarefa de exercitar-se repetidamente em assuntos históricos envelhecidos.

Se o desenvolvimento alemão *inteiro* não fosse além do seu desenvolvimento *político*, um alemão poderia tomar parte nos problemas do presente apenas na mesma medida em que um *russo* pode. Mas se o indivíduo não é coagido pelas limitações do seu país, ainda menos a nação é libertada por meio da libertação de um indivíduo. O fato de a Grécia contar com um cita entre seus filósofos[8] não fez com que os citas dessem um passo sequer em direção à cultura grega.

---

[7] *Listig*, em alemão, astuto. Jogo de palavras com o nome de Friedrich List (1789-1846): economista e defensor do protecionismo, teórico da burguesia ascendente nos anos anteriores a 1848 e promotor da união alfandegária (*Zolverein*), da qual aproveitava-se, também, a Prússia. (N. T.)

[8] Marx refere-se, aqui, a Anacarsis, cita de nascimento, colocado pelos gregos, segundo Diógenes Laércio, entre os sete sábios da Grécia. (N. T.)

Felizmente, nós, os alemães, não somos citas.

Assim como as nações do mundo antigo vivenciaram a sua pré-história na imaginação, na *mitologia*, nós, alemães, vivenciamos a nossa pós-história no pensamento, na *filosofia*. Somos contemporâneos *filosóficos* do presente, sem sermos seus contemporâneos *históricos*. A filosofia alemã é o *prolongamento ideal* da história alemã. Quando, portanto, em vez das *oeuvres incomplètes*[9] de nossa história real, criticamos as *oeuvres posthumes*[10] de nossa história ideal – a *filosofia* – então nossa crítica situa-se no centro dos problemas dos quais o presente diz: *that is the question*. O que, para as nações avançadas, constitui uma *ruptura prática* com as modernas condições políticas é, na Alemanha, onde essas mesmas condições ainda não existem, imediatamente uma ruptura *crítica* com a reflexão filosófica dessas condições.

A *filosofia alemã do direito e do Estado* é a única história *alemã* situada *al pari* com o presente moderno, *oficial*. A nação alemã tem, por isso, de ajustar a sua história onírica às suas condições existentes e sujeitar à crítica não apenas essas condições existentes, mas igualmente sua continuação abstrata. Seu futuro não pode *restringir-se* nem à negação direta de suas condições políticas e jurídicas reais, nem à imediata realização de suas circunstâncias políticas e jurídicas ideais, pois a negação imediata de suas condições reais está em suas condições ideais, e ela quase tem *sobrevivido* à realização de suas condições ideais na contemplação das nações vizinhas. É com razão, pois, que o partido político *prático* na Alemanha exige a negação da *filosofia*. Seu erro consiste não em formular tal exigência, mas em limitar-se a uma exigência que ela não realiza seriamente, nem pode realizar. Crê ser capaz de realizar essa negação ao murmurar – dando as costas à filosofia e afastando dela sua cabeça – algumas fraseologias furiosas e banais sobre ela. Dada a estreiteza de seu ângulo de visão, não considera que a filosofia encontre-se no mesmo nível da realidade *alemã* ou até mesmo a situa falsamente *abaixo* da prática alemã e das teorias que a servem. Reivindicais que se deva seguir, como ponto de partida, o *germe da vida real*, mas esqueceis que o germe da vida real do povo alemão brotou, até agora, apenas no seu *crânio*. Em uma palavra: não podeis suprimir a filosofia sem realizá-la.

O mesmo erro, apenas com fatores *invertidos*, cometeu o partido *teórico*, oriundo da filosofia.

Na presente luta, esse partido vislumbrou *apenas* o *combate crítico da filosofia contra o mundo alemão*, sem considerar que a própria *filosofia até então existente* pertence a esse mundo e constitui seu *complemento*, mesmo que ideal. Crítico contra seu oponente, ele se comporta acriticamente em relação a si mesmo, na medida em que partiu dos *pressupostos* da filosofia e ou aceitou seus resultados ou apresentou como exigências e resultados

---

9 "obras incompletas". (N.T.)

10 "obras póstumas". (N.T.)

da filosofia exigências e resultados extraídos de outros domínios, embora estes – pressupondo-se sua legitimidade – só possam, ao contrário, ser obtidos pela *negação da filosofia até então existente*, da filosofia como filosofia. Reservamo-nos o direito a uma descrição mais detalhada desse partido. Seu defeito fundamental pode ser assim resumido: *ele acreditou que poderia realizar a filosofia sem suprimi-la*.

A crítica da *filosofia alemã do direito e do Estado*, que com *Hegel* alcançou sua versão mais consistente, rica e completa, consiste tanto na análise crítica do Estado moderno e da realidade com ele relacionada como na negação decidida de todo o *modo da consciência política e jurídica alemã*, cuja expressão mais distinta, mais universal, elevada ao status de *ciência*, é justamente a própria *filosofia especulativa do direito*. Se a filosofia especulativa do direito só foi possível na Alemanha – esse *pensamento* extravagante e abstrato do Estado moderno, cuja efetividade permanece como um além, mesmo que esse além signifique tão somente o além do Reno –, a imagem mental *alemã* do Estado moderno, que faz abstração do *homem efetivo*, só foi possível, ao contrário, porque e na medida em que o próprio Estado moderno faz abstração do *homem efetivo* ou satisfaz o homem *total* de uma maneira puramente imaginária. Em política, os alemães *pensaram* o que as outras nações *fizeram*. A Alemanha foi a sua *consciência teórica*. A abstração e a presunção de seu pensamento andaram sempre no mesmo passo da unilateralidade e da atrofia de sua realidade. Se, pois, o *status quo* do *sistema político alemão* exprime o *acabamento do ancien régime*, o acabamento do espinho na carne do Estado moderno, o *status quo* da *ciência política alemã* exprime o *inacabamento do Estado moderno*, a deterioração de sua própria carne.

Já como oponente resoluto da forma anterior da consciência política *alemã*, a crítica da filosofia especulativa do direito não deságua em si mesma, mas em *tarefas* para cujas soluções há apenas um meio: a *prática*.

Pergunta-se: pode a Alemanha chegar a uma práxis *à la hauteur des principes*[11], quer dizer, a uma *revolução* que a elevará não só ao *nível oficial* das nações modernas, mas à *estatura humana* que será o futuro imediato dessas nações?

A arma da crítica não pode, é claro, substituir a crítica da arma, o poder material tem de ser derrubado pelo poder material, mas a teoria também se torna força material quando se apodera das massas. A teoria é capaz de se apoderar das massas tão logo demonstra *ad hominem*, e demonstra *ad hominem* tão logo se torna radical. Ser radical é agarrar a coisa pela raiz. Mas a raiz, para o homem, é o próprio homem. A prova evidente do radicalismo da teoria alemã, portanto, de sua energia prática, é o fato de ela partir da superação *positiva* da religião. A crítica da religião tem seu fim com a doutrina de que *o homem é o ser supremo para o homem*, portanto, com o *imperativo categórico de*

---

[11] " à altura dos princípios" (N.T.)

subverter todas as relações em que o homem é um ser humilhado, escravizado, abandonado, desprezível. Relações que não podem ser mais bem retratadas do que pela exclamação de um francês acerca de um projeto de imposto sobre cães: "Pobres cães! Querem vos tratar como homens!".

Mesmo historicamente, a emancipação teórica possui uma importância especificamente prática para a Alemanha. O passado *revolucionário* da Alemanha é teórico – é a *Reforma*. Assim como outrora a revolução começou no cérebro de um *monge*, agora ela começa no cérebro *do filósofo*.

Sem dúvida, *Lutero* venceu a servidão por *devoção* porque pôs no seu lugar a servidão por *convicção*. Quebrou a fé na autoridade porque restaurou a autoridade da fé. Transformou os padres em leigos, transformando os leigos em padres. Libertou o homem da religiosidade exterior, fazendo da religiosidade o homem interior. Libertou o corpo dos grilhões, prendendo com grilhões o coração.

Mas se o protestantismo não era a verdadeira solução, ele era o modo correto de colocar o problema. Já não se tratava mais da luta do leigo com o *padre fora dele*, mas da luta contra o seu *próprio padre interior*, a sua *natureza clerical*. E se a transformação protestante dos leigos alemães em padres emancipou os papas leigos, os *príncipes* em conjunto com o clero, os privilegiados e os filisteus, a metamorfose filosófica dos clericais alemães em homens emancipará o *povo*. Mas, assim como a emancipação não se limita aos príncipes, tampouco a *secularização* dos bens se restringirá à *confiscação da propriedade da Igreja*, que foi, sobretudo, praticada pela hipócrita Prússia. Naquele tempo, a Guerra dos Camponeses, o fato mais radical da história alemã, fracassou por culpa da teologia. Hoje, com o fracasso da própria teologia, nosso *status quo*, o fato menos livre da história alemã, se despedaçará contra a filosofia. Na véspera da Reforma, a Alemanha oficial era a serva mais incondicional de Roma. Na véspera de sua revolução, ela é a serva incondicional de menos do que Roma: da Prússia e da Áustria, dos aristocratas rurais [*Krautjunker*] e dos filisteus.

Entretanto, a uma revolução *radical* alemã parece ser colocada uma dificuldade fundamental.

As revoluções precisam de um elemento *passivo*, de uma base *material*. A teoria só é efetivada num povo na medida em que é a efetivação de suas necessidades. Corresponderá à monstruosa discrepância entre as exigências do pensamento alemão e as respostas da realidade alemã a mesma discrepância da sociedade civil com o Estado e da sociedade civil consigo mesma? Serão as necessidades teóricas imediatamente necessidades práticas? Não basta que o pensamento procure se realizar; a realidade deve compelir a si mesma em direção ao pensamento.

Mas a Alemanha não galgou os degraus intermediários da emancipação política no mesmo tempo em que as nações modernas. Mesmo os degraus que ela superou teoricamente, ela ainda não alcançou praticamente. Como poderia ela, com um *salto mortale*, transpor não só suas próprias barreiras como também, ao mesmo tempo, a das nações modernas, barreiras que, na realidade, ela tem de sentir e buscar atingir como uma libertação de suas próprias barreiras reais? Uma revolução radical só pode ser a revolução de necessidades reais, para a qual faltam justamente os pressupostos e o nascedouro.

Mas, se a Alemanha acompanhou o desenvolvimento das nações modernas apenas por meio da atividade abstrata do pensamento, sem tomar parte ativa nas lutas reais desse desenvolvimento, ela compartilhou, por outro lado, das *dores* desse desenvolvimento, sem compartilhar de seus prazeres, de suas satisfações parciais. À atividade abstrata, por um lado, corresponde o sofrimento abstrato, por outro. Por isso, a Alemanha se encontrará, um belo dia, no nível da decadência europeia sem que jamais tenha atingido o nível da emancipação. Poder-se-á compará-la a um *idólatra* que padece das doenças do cristianismo.

Se examinarmos agora os *governos alemães*, veremos que, devido às condições da época, à situação da Alemanha, ao ponto de vista da formação alemã e, por fim, ao seu próprio instinto afortunado, eles são levados a combinar as *deficiências civilizadas* do *mundo político moderno*, de cujas vantagens não desfrutamos, com as *deficiências bárbaras do ancien régime*, de que fruímos plenamente, de modo que a Alemanha tem de participar cada vez mais, se não da sensatez, pelo menos da insensatez das formações políticas que ultrapassam o seu *status quo*. Haverá, por exemplo, algum país no mundo que participe tão ingenuamente de todas as ilusões do regime constitucional sem compartilhar das suas realidades como a chamada Alemanha constitucional? Ou não foi necessariamente ideia de um governo alemão combinar os tormentos da censura com os tormentos das leis francesas de setembro[12], que pressupõem a liberdade de imprensa? Assim como os deuses de todas as nações se encontravam no Panteão romano, também os *pecados* de todas as formas de Estado se encontrarão no Sacro Império Romano-Germânico. Que esse ecletismo atingirá um grau até então inédito é garantido, sobretudo, pela *glutonaria político-estética* de um rei alemão[13] que pretende desempenhar todos os papéis da realeza: o papel feudal e o burocrático, o absoluto e o constitucional, o autocrático

---

[12] Tomando como pretexto o atentado cometido contra o rei Luís Filipe a 28 de julho de 1835, seu ministro Thiers apresentou no mês seguinte, na Assembleia, um projeto de lei essencialmente reacionário que entrou em vigor em setembro do mesmo ano. Essas leis foram chamadas "leis de setembro". A justiça podia fazer juízos sumários em caso de rebelião e recorrer a juízes, escolhidos por ela, adotando, ao mesmo tempo, severas medidas contra a imprensa. Entre estas figuravam o depósito em dinheiro por parte dos jornais, o encarceramento e altas multas por ataques contra a propriedade privada e contra o sistema estatal vigente. (N. T.)

[13] Trata-se de Frederico Guilherme IV. (N.E.B.)

e o democrático, se não na pessoa do povo, pelo menos na sua *própria* pessoa, e se não para o povo, ao menos para *si mesmo*. A *Alemanha, como deficiência da atual política constituída num mundo próprio*, não conseguirá demolir as específicas barreiras alemãs sem demolir as barreiras gerais da política atual.

O sonho utópico da Alemanha não é a revolução *radical*, a emancipação *humana universal*, mas a revolução parcial, *meramente* política, a revolução que deixa de pé os pilares do edifício. Em que se baseia uma revolução parcial, meramente política? No fato de que uma *parte da sociedade civil* se emancipa e alcança o domínio *universal*; que uma determinada classe, a partir da sua *situação particular*, realiza a emancipação universal da sociedade. Tal classe liberta a sociedade inteira, mas apenas sob o pressuposto de que toda a sociedade se encontre na situação de sua classe, portanto, por exemplo, de que ela possua ou possa facilmente adquirir dinheiro e cultura.

Nenhuma classe da sociedade civil pode desempenhar esse papel sem despertar, em si e nas massas, um momento de entusiasmo em que ela se confraternize e misture com a sociedade em geral, confunda-se com ela, seja sentida e reconhecida como sua *representante universal*; um momento em que suas exigências e direitos sejam, na verdade, exigências e direitos da sociedade, em que ela seja efetivamente o cérebro e o coração sociais. Só em nome dos interesses universais da sociedade é que uma classe particular pode reivindicar o domínio universal. Para alcançar essa posição emancipatória e, com isso, a exploração política de todas as esferas da sociedade no interesse de sua própria esfera, não bastam energia revolucionária e autossentimento [*Selbstgefühl*] espiritual. Para que a *revolução de um povo* e a *emancipação de uma classe particular* da sociedade civil coincidam, para que *um* estamento [*Stand*] se afirme como um estamento de toda a sociedade, é necessário que, inversamente, todos os defeitos da sociedade sejam concentrados numa outra classe, que *um* determinado estamento seja o do escândalo universal, a incorporação das barreiras universais; é necessário que uma esfera social particular se afirme como o crime *notório* de toda a sociedade, de modo que a libertação dessa esfera apareça como uma autolibertação universal. Para que *um* estamento seja *par excellence* o estamento da libertação é necessário, inversamente, que um outro estamento seja o estamento inequívoco da opressão. O significado negativo-universal da nobreza e do clero francês condicionou o significado positivo-universal da classe *burguesa*, que se situava imediatamente ao lado deles e os confrontava.

Na Alemanha, porém, faltam a todas as classes particulares não apenas a consistência, a penetração, a coragem e a intransigência que delas fariam o representante negativo da sociedade. A todos os estamentos faltam, ainda, aquela grandeza de alma que, mesmo que por um momento apenas, identifica-se com a alma popular, aquela genialidade que anima a força material a tornar-se poder político, aquela audácia revolucionária que lança ao adversário a frase desafiadora: *não sou nada e teria de ser tudo*. A cepa principal da moralidade e da honradez alemãs, não apenas das classes como dos indivíduos, é formada por aquele *modesto egoísmo* que afirma sua estreiteza e deixa que ela seja afirmada contra si mesmo. A relação entre as diferentes esferas da sociedade alemã não é, portanto, dramática, mas épica. Cada uma delas começa a conhecer a si mesma e a se estabelecer ao lado das outras com suas reivindicações particulares, não a partir do momento em que é oprimida, mas desde o momento em que as condições da época, sem qualquer ação de sua parte, criam um novo substrato social que ela pode, por sua vez, oprimir. Até mesmo o *autossentimento moral da classe média alemã* assenta apenas sobre a consciência de ser o representante universal da mediocridade filistina de todas as outras classes. Por conseguinte, não são apenas os reis alemães que sobem ao trono *mal-à-propos*[14]; cada esfera da sociedade civil sofre uma derrota antes de alcançar sua vitória, cria suas próprias barreiras antes de ter superado as barreiras que ante ela se erguem, manifesta sua essência mesquinha antes que sua essência generosa tenha conseguido se manifestar e, assim, a oportunidade de desempenhar um papel importante desaparece antes mesmo de ter existido, de modo que cada classe, tão logo inicia a luta contra a classe que lhe é superior, enreda-se numa luta contra a classe inferior. Por isso, o principado entra em luta contra a realeza, o burocrata contra o nobre, o burguês contra todos eles, enquanto o proletário já começa a entrar em luta contra os burgueses. A classe média dificilmente ousa conceber a ideia da emancipação a partir de seu próprio ponto de vista, e o desenvolvimento das condições sociais, assim como o progresso da teoria política, já declaram esse ponto de vista como antiquado ou, no mínimo, problemático.

Na França, basta que alguém queira ser alguma coisa para que queira ser tudo. Na Alemanha, ninguém pode ser nada se não renunciar a tudo. Na França, a emancipação parcial é a base da emancipação universal. Na Alemanha, a emancipação universal é *conditio sine qua non* de toda emancipação parcial. Na França, é a realidade, na Alemanha, é a impossibilidade da libertação gradual que tem de engendrar a completa liberdade. Na França, cada classe da nação é um *idealista político* e se considera, em primeiro lugar, não como classe particular, mas como representante das necessidades sociais. Assim, o papel de *emancipador* é sucessivamente assumido, num movimento dramático, pelas diferentes classes do povo francês, até alcançar, por fim, a classe que realiza a liberdade social não mais sob o pressuposto de certas condições externas ao homem e, no entanto, criadas pela sociedade humana, mas organizando todas as condições da existência humana sob o pressuposto da liberdade social. Na Alemanha,

[14] "inoportunamente". (N.T.)

ao contrário, onde a vida prática é tão desprovida de espírito quanto a vida espiritual é desprovida de prática, nenhuma classe da sociedade civil tem a necessidade e a capacidade de realizar a emancipação universal, até que seja forçada a isso por sua situação *imediata*, pela necessidade *material* e por seus *próprios grilhões*.

Onde se encontra, então, a possibilidade *positiva* de emancipação alemã?

Eis a nossa resposta: na formação de uma classe com *grilhões radicais*, de uma classe da sociedade civil que não seja uma classe da sociedade civil, de um estamento que seja a dissolução de todos os estamentos, de uma esfera que possua um caráter universal mediante seus sofrimentos universais e que não reivindique nenhum *direito particular* porque contra ela não se comete uma *injustiça particular*, mas a *injustiça por excelência*, que já não possa exigir um título *histórico*, mas apenas o título *humano*, que não se encontre numa oposição unilateral às consequências, mas numa oposição abrangente aos pressupostos do sistema político alemão; uma esfera, por fim, que não pode se emancipar sem se emancipar de todas as outras esferas da sociedade e, com isso, sem emancipar todas essas esferas – uma esfera que é, numa palavra, a *perda total* da humanidade e que, portanto, só pode ganhar a si mesma por um *reganho total* do homem. Tal dissolução da sociedade, como um estamento particular, é o *proletariado*.

O proletariado começa a se formar na Alemanha como resultado do emergente movimento *industrial*, pois o que constitui o proletariado não é a pobreza *naturalmente existente*, mas a pobreza *produzida artificialmente*, não a massa humana mecanicamente oprimida pelo peso da sociedade, mas a massa que provém da *dissolução aguda* da sociedade e, acima de tudo, da dissolução da classe média, embora seja evidente que a pobreza natural e a servidão cristão-germânica também engrossaram as fileiras do proletariado.

Quando o proletariado anuncia a *dissolução da ordem mundial até então existente*, ele apenas revela o *mistério de sua própria existência*, uma vez que ele *é* a dissolução *fática* dessa ordem mundial. Quando o proletariado exige a *negação da propriedade privada*, ele apenas eleva a *princípio da sociedade* o que a sociedade elevara a princípio *do proletariado*, aquilo que *nele* já está involuntariamente incorporado como resultado negativo da sociedade. Assim, o proletário possui em relação ao mundo que está a surgir o mesmo direito que o *rei alemão* possui em relação ao mundo já existente, quando este chama o povo de *seu* povo ou o cavalo de *seu* cavalo. Declarando o povo como sua propriedade privada, o rei expressa, tão somente, que o proprietário privado é rei.

Assim como a filosofia encontra suas armas *materiais* no proletariado, o proletariado encontra na filosofia suas armas *espirituais*, e tão logo o relâmpago do pensamento tenha penetrado profundamente nesse ingênuo solo do povo, a emancipação dos *alemães* em *homens* se completará.

Façamos um resumo dos resultados:

A única libertação *praticamente* possível da Alemanha é a libertação do ponto de vista *da teoria* que declara o homem como o ser supremo do homem.

Na Alemanha, a emancipação da *Idade Média* só é possível se realizada simultaneamente com a emancipação das superações *parciais* da Idade Média. Na Alemanha, *nenhum* tipo de servidão é destruído sem que se destrua *todo* tipo de servidão. A *profunda* Alemanha não pode revolucionar sem revolucionar *desde os fundamentos*. A *emancipação do alemão* é a *emancipação do homem*. A *cabeça* dessa emancipação é a *filosofia*, o *proletariado é* seu coração. A filosofia não pode se efetivar sem a suprassunção [*Aufhebung*] do proletariado, o proletariado não pode se suprassumir sem a efetivação da filosofia.

Quando estiverem realizadas todas as condições internas, o *dia da ressurreição alemã* será anunciado pelo *canto do galo gaulês*.

ÍNDICE DE NOMES CITADOS

BURIDAN, Jean (c. 1300-1358). Filósofo escolástico francês, discípulo de Guilherme de Occam, que analisou o princípio da causalidade e revisou a mecânica aristotélica. p. 109 (cf. nota nº 43)

HEGEL, Georg Wilhelm Friedrich (1770-1831). Filósofo alemão; último dos grandes criadores de sistemas filosóficos dos tempos modernos, lançou as bases das principais tendências posteriores. Hegel foi o maior expoente do "idealismo alemão", uma decorrência da filosofia kantiana – surgida em oposição a ela – que começou com Fichte e Schelling; esses dois pensadores trataram a realidade como se fosse baseada num só princípio, a fim de superar o dualismo existente entre sujeito e objeto – estabelecido por Kant –, segundo o qual apenas era possível conhecer a aparência fenomenológica das coisas e não sua essência. Para Hegel, o fundamento supremo da realidade não podia ser o "absoluto" de Schelling nem o "eu" de Fichte e sim a "ideia", que se desenvolve numa linha de estrita necessidade; a dinâmica dessa necessidade não teria sua lógica determinada pelos princípios de identidade e contradição, mas sim pela "dialética". p. 27-141, 145-56

JANO. Deus romano, protetor da casa e mais tarde deus do princípio; é sempre representado com duas cabeças olhando para lados opostos. p. 104

LUÍS XIV (1638-1715). Citado indiretamente através da frase *L'état c'est moi* ("O Estado sou eu). Rei da França de 1643, depois da morte do pai, a 1715; cognominado o Rei Sol; símbolo do absolutismo, seu reinado representou um dos momentos culminantes da história do país. p. 47

MARIA. Na Bíblia, filha de santa Ana e Joaquim e mãe de Jesus, venerada pelos cristãos; também é conhecida como Nossa Senhora, santa Maria, Madona e Virgem Maria. p. 53

MONTESQUIEU, barão de (1689-1755). Charles-Louis de Secondat, pensador e jurista francês, um dos maiores prosadores da língua francesa; pensador influente nas áreas da filosofia da história e do direito constitucional, autor de *O espírito das leis* e *As cartas persas*, entre outras obras consideradas clássicas. Com base em suas obras, os escritores franceses se tornaram mais que literatos e passaram a discutir os assuntos públicos e a influir nos destinos do país. p. 28

SCHILLER, Friedrich von (1759-1805). Citado indiretamente através da referência à Santa Casa. Escritor romântico-idealista alemão; junto com Goethe, representante do Classicismo de Weimar em sua obra tardia. p. 36 (cf. nota nº 8)

SHAKESPEARE, William (1564-1616). Citado indiretamente duas vezes, a primeira delas quando Marx diz "eis a *question*", parodianto o *that is the question* do "ser ou não ser" de Hamlet;

a segunda quando fala da comédia *Sonho de uma noite de verão*, encenada antes de 1600. Escritor inglês; poeta nacional da Inglaterra. p. 49, 104

MARMELO. Personagem leonino de Shakespeare na peça Sonho de uma noite de verão. p. 104 (cf. nota no 40)

CRONOLOGIA RESUMIDA DE MARX E ENGELS

	Karl Marx	Friedrich Engels	Fatos históricos
1818	Em Trier (capital da província alemã do Reno), nasce Karl Marx (5 de maio), o segundo de oito filhos de Heinrich Marx e de Enriqueta Pressburg. Trier na época era influenciada pelo liberalismo revolucionário francês e pela reação ao Antigo Regime, vinda da Prússia.		Simón Bolívar declara a Venezuela independente da Espanha.
1820		Nasce Friedrich Engels (28 de novembro), primeiro dos oito filhos de Friedrich Engels e Elizabeth Franziska Mauritia van Haar, em Barmen, Alemanha. Cresce no seio de uma família de industriais religiosa e conservadora.	George IV se torna rei da Inglaterra, pondo fim à Regência. Insurreição constitucionalista em Portugal.
1824	O pai de Marx, nascido Hirschel, advogado e conselheiro de Justiça, é obrigado a abandonar o judaísmo por motivos profissionais e políticos (os judeus estavam proibidos de ocupar cargos públicos na Renânia). Marx entra para o Ginásio de Trier (outubro).		Simón Bolívar se torna chefe do Executivo do Peru.
1830	Inicia seus estudos no Liceu Friedrich Wilhelm, em Trier.		Estouram revoluções em diversos países europeus. A população de Paris insurge-se contra a promulgação de leis que dissolvem a Câmara e suprimem a liberdade de imprensa. Luís Filipe assume o poder.
1831			Morre Hegel.

	Karl Marx	Friedrich Engels	Fatos históricos
1834		Engels ingressa, em outubro, no Ginásio de Elberfeld.	A escravidão é abolida no Império Britânico. Insurreição operária em Lyon.
1835	Escreve *Reflexões de um jovem perante a escolha de sua profissão*. Presta exame final de bacharelado em Trier (24 de setembro). Inscreve-se na Universidade de Bonn.		Revolução Farroupilha, no Brasil. O Congresso alemão faz moção contra o movimento de escritores Jovem Alemanha.
1836	Estuda Direito na Universidade de Bonn. Participa do Clube de Poetas e de associações de estudantes. No verão, fica noivo em segredo de Jenny von Westphalen, vizinha sua em Trier. Em razão da oposição entre as famílias, casar-se-iam apenas sete anos depois. Matricula-se na Universidade de Berlim.	Na juventude, fica impressionado com a miséria em que vivem os trabalhadores das fábricas de sua família. Escreve *Poema*.	Fracassa o golpe de Luís Napoleão em Estrasburgo. Criação da Liga dos Justos.
1837	Transfere-se para a Universidade de Berlim e estuda com mestres como Gans e Savigny. Escreve *Canções selvagens* e *Transformações*. Em carta ao pai, descreve sua relação contraditória com o hegelianismo, doutrina predominante na época.	Por insistência do pai, Engels deixa o ginásio e começa a trabalhar nos negócios da família. Escreve *História de um pirata*.	A rainha Vitória assume o trono na Inglaterra.
1838	Entra para o Clube dos Doutores, encabeçado por Bruno Bauer. Perde o interesse pelo Direito e entrega-se com paixão ao estudo da filosofia, o que lhe compromete a saúde. Morre seu pai.	Estuda comércio em Bremen. Começa a escrever ensaios literários e sociopolíticos, poemas e panfletos filosóficos em periódicos como o *Hamburg Journal* e o *Telegraph für Deutschland*, entre eles o poema "O beduíno" (setembro), sobre o espírito da liberdade.	Richard Cobden funda a Anti-Corn-Law-League, na Inglaterra. Proclamação da Carta do Povo, que originou o cartismo.
1839		Escreve o primeiro trabalho de envergadura, *Briefe aus dem Wupperthal* [Cartas de Wupperthal], sobre a vida operária em Barmen e na vizinha Elberfeld (*Telegraphfür Deutschland*, primavera). Outros viriam, como *Literatura popular alemã, Karl Beck* e *Memorabilia de Immermann*. Estuda a filosofia de Hegel.	Feuerbach publica *Zur Kritik der Hegelschen Philosophie* [Crítica da filosofia hegeliana]. Primeira proibição do trabalho de menores na Prússia. Auguste Blanqui lidera o frustrado levante de maio, na França.

	Karl Marx	Friedrich Engels	Fatos históricos
1840	K. F. Koeppen dedica a Marx seu estudo *Friedrich der Große und seine Widersacher* [Frederico, o Grande, e seus adversários].	Engels publica *Réquiem para o Aldeszeitung alemão* (abril), *Vida literária moderna*, no *Mitternachtzeitung* (março-maio) e *Cidade natal de Siegfried* (dezembro).	Proudhon publica *O que é a propriedade?* [Qu'est-ce que la propriété?].
1841	Com uma tese sobre as diferenças entre as filosofias de Demócrito e Epicuro, Marx recebe em Iena o título de doutor em Filosofia (15 de abril). Volta a Trier. Bruno Bauer, acusado de ateísmo, é expulso da cátedra de Teologia da Universidade de Bonn, com isso Marx perde a oportunidade de atuar como docente nessa universidade.	Publica *Ernst Moritz Arndt*. Seu pai o obriga a deixar a escola de comércio para dirigir os negócios da família. Engels prosseguiria sozinho seus estudos de filosofia, religião, literatura e política. Presta o serviço militar em Berlim por um ano. Frequenta a Universidade de Berlim como ouvinte e conhece os jovens-hegelianos. Critica intensamente o conservadorismo na figura de Schelling, com os escritos *Schelling em Hegel*, *Schelling e a revelação* e *Schelling, filósofo em Cristo*.	Feuerbach traz a público *A essência do cristianismo* [*Das Wesen des Christentums*]. Primeira lei trabalhista na França.
1842	Elabora seus primeiros trabalhos como publicista. Começa a colaborar com o jornal *Rheinische Zeitung* [Gazeta Renana], publicação da burguesia em Colônia, do qual mais tarde seria redator. Conhece Engels, que na ocasião visitava o jornal.	Em Manchester assume a fiação do pai, a Ermen & Engels. Conhece Mary Burns, jovem trabalhadora irlandesa, que viveria com ele até a morte. Mary e a irmã Lizzie mostram a Engels as dificuldades da vida operária, e ele inicia estudos sobre os efeitos do capitalismo no operariado inglês. Publica artigos no *Rheinische Zeitung*, entre eles "Crítica às leis de imprensa prussianas" e "Centralização e liberdade".	Eugène Sue publica *Os mistérios de Paris*. Feuerbach publica *Vorläufige Thesen zur Reform der Philosophie* [Teses provisórias para uma reforma da filosofia]. O Ashley's Act proíbe o trabalho de menores e mulheres em minas na Inglaterra.
1843	Sob o regime prussiano, é fechado o *Rheinische Zeitung*. Marx casa-se com Jenny von Westphalen. Recusa convite do governo prussiano para ser redator no diário oficial. Passa a lua de mel em Kreuznach, onde se dedica ao estudo de diversos autores, com destaque para Hegel. Redige os manuscritos que viriam a ser conhecidos como *Crítica da filosofia do direito de Hegel* [*Zur Kritik der Hegelschen Rechtsphilosophie*]. Em outubro vai a Paris, onde Moses Heß e George Herwegh o apresentam às sociedades secretas socialistas e comunistas e às associações operárias alemãs.	Engels escreve, com Edgar Bauer, o poema satírico "Como a Bíblia escapa milagrosamente a um atentado impudente ou O triunfo da fé", contra o obscurantismo religioso. O jornal *Schweuzerisher Republicaner* publica suas "Cartas de Londres". Em Bradford, conhece o poeta G. Weerth. Começa a escrever para a imprensa cartista. Mantém contato com a Liga dos Justos. Ao longo desse período, suas cartas à irmã favorita, Marie, revelam seu amor pela natureza e por música, livros, pintura, viagens, esporte, vinho, cerveja e tabaco.	Feuerbach publica *Grundsätze der Philosophie der Zukunft* [Princípios da filosofia do futuro].

	Karl Marx	**Friedrich Engels**	**Fatos históricos**
	Conclui *Sobre a questão judaica* [*Zur Judenfrage*]. Substitui Arnold Ruge na direção dos *Deutsch-Französische Jahrbücher* [Anais Franco-Alemães]. Em dezembro inicia grande amizade com Heinrich Heine e conclui sua "Crítica da filosofia do direito de Hegel – Introdução" [*Zur Kritik der Hegelschen Rechtsphilosophie – Einleitung*].		
1844	Em colaboração com Arnold Ruge, elabora e publica o primeiro e único volume dos *Deutsch-Französische Jahrbücher*, no qual participa com dois artigos: "A questão judaica" e "Introdução a uma crítica da filosofia do direito de Hegel". Escreve os *Manuscritos econômico-filosóficos* [*Ökonomisch-philosophische Manuskripte*]. Colabora com o *Vorwärts!* [Avante!], órgão de imprensa dos operários alemães na emigração. Conhece a Liga dos Justos, fundada por Weitling. Amigo de Heine, Leroux, Blanc, Proudhon e Bakunin, inicia em Paris estreita amizade com Engels. Nasce Jenny, primeira filha de Marx. Rompe com Ruge e desliga-se dos *Deutsch-Französische Jahrbücher*. O governo decreta a prisão de Marx, Ruge, Heine e Bernays pela colaboração nos *Deutsch-Französische Jahrbücher*. Encontra Engels em Paris e em dez dias planejam seu primeiro trabalho juntos, *A sagrada família* [*Die heilige Familie*]. Marx publica no *Vorwärts!* artigo sobre a greve na Silésia.	Em fevereiro, Engels publica *Esboço para uma crítica da economia política* [*Umrisse zu einer Kritik der Nationalökonomie*], texto que influenciou profundamente Marx. Segue à frente dos negócios do pai, escreve para os *Deutsch-Französische Jahrbücher* e colabora com o jornal *Vorwärts!*. Deixa Manchester. Em Paris torna-se amigo de Marx, com quem desenvolve atividades militantes, o que os leva a criar laços cada vez mais profundos com as organizações de trabalhadores de Paris e Bruxelas. Vai para Barmen.	O Graham's Factory Act regula o horário de trabalho para menores e mulheres na Inglaterra. Fundado o primeiro sindicato operário na Alemanha. Insurreição de operários têxteis na Silésia e na Boêmia.
1845	Por causa do artigo sobre a greve na Silésia, a pedido do governo prussiano Marx é expulso da França, juntamente com Bakunin, Bürgers e Bornstedt. Muda-se para Bruxelas e, em colaboração com Engels, escreve e publica em Frankfurt *A sagrada família*. Ambos começam a escrever *A ideologia alemã* [*Die deutsche Ideologie*] e Marx elabora "As teses sobre Feuerbach" [*Thesen über Feuerbach*]. Em setembro nasce	As observações de Engels sobre a classe trabalhadora de Manchester, feitas anos antes, formam a base de uma de suas obras principais, *A situação da classe trabalhadora na Inglaterra* [*Die Lage der arbeitenden Klasse in England*] (publicada primeiramente em alemão; a edição seria traduzida para o inglês 40 anos mais tarde). Em Barmen organiza debates sobre as ideias comunistas junto com Hesse e Kötten e profere os	Criada a organização internacionalista Democratas Fraternais, em Londres. Richard M. Hoe registra a patente da primeira prensa rotativa moderna.

	Karl Marx	**Friedrich Engels**	**Fatos históricos**
1845	Laura, segunda filha de Marx e Jenny. Em dezembro, ele renuncia à nacionalidade prussiana.	*Discursos de Elberfeld*. Em abril sai de Barmen e encontra Marx em Bruxelas. Juntos, estudam economia e fazem uma breve visita a Manchester (julho e agosto), onde percorrem alguns jornais locais, como o *Manchester Guardian* e o *Volunteer Journal for Lancashire and Cheshire*. Lançada *A situação da classe trabalhadora na Inglaterra*, em Leipzig. Começa sua vida em comum com Mary Burns.	
1846	Marx e Engels organizam em Bruxelas o primeiro Comitê de Correspondência da Liga dos Justos, uma rede de correspondentes comunistas em diversos países, a qual Proudhon se nega a integrar. Em carta a Annenkov, Marx critica o recém-publicado *Sistema das contradições econômicas ou Filosofia da miséria* [*Système des contradictions économiques ou Philosophie de la misère*], de Proudhon. Redige com Engels a *Zirkular gegen Kriege* [Circular contra Kriege], alemão emigrado dono de um periódico socialista em Nova York. Por falta de editor, Marx e Engels desistem de publicar *A ideologia alemã* (a obra só seria publicada em 1932, na União Soviética). Em dezembro nasce Edgar, o terceiro filho de Marx.	Seguindo instruções do Comitê de Bruxelas, Engels estabelece estreitos contatos com socialistas e comunistas franceses. No outono, ele se desloca para Paris com a incumbência de estabelecer novos comitês de correspondência. Participa de um encontro de trabalhadores alemães em Paris, propagando ideias comunistas e discorrendo sobre a utopia de Proudhon e o socialismo real de Karl Grün.	Os Estados Unidos declaram guerra ao México. Rebelião polonesa em Cracóvia. Crise alimentar na Europa. Abolidas, na Inglaterra, as "leis dos cereais".
1847	Filia-se à Liga dos Justos, em seguida nomeada Liga dos Comunistas. Realiza-se o primeiro congresso da associação em Londres (junho), ocasião em que se encomenda a Marx e Engels um manifesto dos comunistas. Eles participam do congresso de trabalhadores alemães em Bruxelas e, juntos, fundam a Associação Operária Alemã de Bruxelas. Marx é eleito vice-presidente da Associação Democrática. Conclui e publica a edição francesa de *Miséria da filosofia* [*Misère de la philosophie*] (Bruxelas, julho).	Engels viaja a Londres e participa com Marx do I Congresso da Liga dos Justos. Publica *Princípios do comunismo* [*Grundsätze des Kommunismus*], uma "versão preliminar" do Manifesto Comunista [*Manifest der Kommunistischen Partei*]. Em Bruxelas, junto com Marx, participa da reunião da Associação Democrática, voltando em seguida a Paris para mais uma série de encontros. Depois de atividades em Londres, volta a Bruxelas e escreve, com Marx, o *Manifesto Comunista*.	A Polônia torna-se província russa. Guerra civil na Suíça. Realiza-se em Londres, o II Congresso da Liga dos Comunistas (novembro).

	Karl Marx	**Friedrich Engels**	**Fatos históricos**
1848	Marx discursa sobre o livre-cambismo numa das reuniões da Associação Democrática. Com Engels publica, em Londres (fevereiro), o *Manifesto Comunista*. O governo revolucionário francês, por meio de Ferdinand Flocon, convida Marx a morar em Paris depois que o governo belga o expulsa de Bruxelas. Redige com Engels "Reivindicações do Partido Comunista na Alemanha" [*Forderungen der Kommunistischen Partei in Deutschland*] e organiza o regresso dos membros alemães da Liga dos Comunistas à pátria. Com sua família e com Engels, muda-se em fins de maio para Colônia, onde ambos fundam o jornal *Neue Rheinische Zeitung* [Nova Gazeta Renana], cuja primeira edição é publicada em 1º de junho com o subtítulo *Organ der Demokratie*. Marx começa a dirigir a Associação Operária de Colônia e acusa a burguesia alemã de traição. Proclama o terrorismo revolucionário como único meio de amenizar "as dores de parto" da nova sociedade. Conclama ao boicote fiscal e à resistência armada.	Expulso da França por suas atividades políticas, chega a Bruxelas no fim de janeiro. Juntamente com Marx, toma parte na insurreição alemã, de cuja derrota falaria quatro anos depois em *Revolução e contrarrevolução na Alemanha* [*Revolution und Konterevolution in Deutschland*]. Engels exerce o cargo de editor do *Neue Rheinische Zeitung*, recém-criado por ele e Marx. Participa, em setembro, do Comitê de Segurança Pública criado para rechaçar a contrarrevolução, durante grande ato popular promovido pelo *Neue Rheinische Zeitung*. O periódico sofre suspensões,mas prossegue ativo. Procurado pela polícia, tenta se exilar na Bélgica, onde é preso e depois expulso. Muda-se para a Suíça.	Definida, na Inglaterra, a jornada de dez horas para menores e mulheres na indústria têxtil. Criada a Associação Operária, em Berlim. Fim da escravidão na Áustria. Abolição da escravidão nas colônias francesas. Barricadas em Paris: eclode a revolução; o rei Luís Filipe abdica e a República é proclamada. A revolução se alastra pela Europa. Em junho, Blanqui lidera novas insurreições operárias em Paris, brutalmente reprimidas pelo general Cavaignac. Decretado estado de sítio em Colônia em reação a protestos populares. O movimento revolucionário reflui.
1849	Marx e Engels são absolvidos em processo por participação nos distúrbios de Colônia (ataques a autoridades publicados no *Neue Rheinische Zeitung*). Ambos defendem a liberdade de imprensa na Alemanha. Marx é convidado a deixar o país, mas ainda publicaria *Trabalho assalariado e capital* [*Lohnarbeit und Kapital*]. O periódico, em difícil situação, é extinto (maio). Marx, em condição financeira precária (vende os próprios móveis para pagar as dívidas), tenta voltar a Paris, mas, impedido de ficar, é obrigado a deixar a cidade em 24 horas. Graças a uma campanha de arrecadação de fundos promovida por Ferdinand Lassalle na Alemanha, Marx se estabelece com a família em Londres, onde nasce	Em janeiro Engels retorna a Colônia. Em maio, toma parte militarmente na resistência à reação. À frente de um batalhão de operários, entra em Elberfeld, motivo pelo qual sofre sanções legais por parte das autoridades prussianas, enquanto Marx é convidado a deixar o país. Publicado o último número do *Neue Rheinische Zeitung*. Marx e Engels vão para o sudoeste da Alemanha, onde Engels envolve-se no levante de Baden-Palatinado, antes de seguir para Londres.	Proudhon publica *Les confessions d'un révolutionnaire*. A Hungria proclama sua independência da Áustria. Após período de refluxo, reorganiza-se no fim do ano, em Londres, o Comitê Central da Liga dos Comunistas, com a participação de Marx e Engels.

	Karl Marx	**Friedrich Engels**	**Fatos históricos**
	Guido, seu quarto filho (novembro).		
1850	Ainda em dificuldades financeiras, organiza a ajuda aos emigrados alemães. A Liga dos Comunistas reorganiza as sessões locais e é fundada a Sociedade Universal dos Comunistas Revolucionários, cuja liderança logo se fraciona. Edita em Londres a *Neue Rheinische Zeitung* [Nova Gazeta Renana], revista de economia política, bem como *Lutas de classe na França* [*Die Klassenkämpfe in Frankreich*]. Morre o filho Guido.	Publica *A guerra dos camponeses na Alemanha* [*Der deutsche Bauernkrieg*]. Em novembro, retorna a Manchester, onde viverá por vinte anos, e às suas atividades na Ermen & Engels; o êxito nos negócios possibilita ajudas financeiras a Marx.	Abolição do sufrágio universal na França.
1851	Continua em dificuldades, mas, graças ao êxito dos negócios de Engels em Manchester, conta com ajuda financeira. Dedica-se intensamente aos estudos de economia na biblioteca do Museu Britânico. Aceita o convite de trabalho do *New York Daily Tribune*, mas é Engels quem envia os primeiros textos, intitulados "Contrarrevolução na Alemanha", publicados sob a assinatura de Marx. Hermann Becker publica em Colônia o primeiro e único tomo dos *Ensaios escolhidos de Marx*. Nasce Francisca (28 de março), quinta de seus filhos.	Engels, juntamente com Marx, começa a colaborar com o Movimento Cartista [Chartist Movement]. Estuda língua, história e literatura eslava e russa.	Na França, golpe de Estado de Luís Bonaparte. Realização da primeira exposição universal, em Londres.
1852	Envia ao periódico *Die Revolution*, de Nova York, uma série de artigos sobre *O dezoito brumário de Luís Bonaparte* [*Der achtzehnte Brumaire des Louis Bonaparte*]. Sua proposta de dissolução da Liga dos Comunistas é acolhida. A difícil situação financeira é amenizada com o trabalho para o *New York Daily Tribune*. Morre a filha Francisca, nascida um ano antes.	Publica *Revolução e contrarrevolução na Alemanha* [*Revolution und Konterevolution in Deutschland*]. Com Marx, elabora o panfleto *O grande homem do exílio* [*Die groben Männer des Exils*] e uma obra, hoje desaparecida, chamada *Os grandes homens oficiais da Emigração*; nela, atacam os dirigentes burgueses da emigração em Londres e defendem os revolucionários de 1848-1849. Expõem, em cartas e artigos conjuntos, os planos do governo, da polícia e do judiciário prussianos, textos que teriam grande repercussão.	Luís Bonaparte é proclamado imperador da França, com o título de Napoleão Bonaparte III.

	Karl Marx	**Friedrich Engels**	**Fatos históricos**
1853	Marx escreve, tanto para o *New York Daily Tribune* quanto para o *People's Paper*, inúmeros artigos sobre temas da época. Sua precária saúde o impede de voltar aos estudos econômicos interrompidos no ano anterior, o que faria somente em 1857. Retoma a correspondência com Lassalle.	Escreve artigos para o *New York Daily Tribune*. Estuda o persa e a história dos países orientais. Publica, com Marx, artigos sobre a Guerra da Crimeia.	A Prússia proíbe o trabalho para menores de 12 anos.
1854	Continua colaborando com o *New York Daily Tribune*, dessa vez com artigos sobre a revolução espanhola.		
1855	Começa a escrever para o *Neue Oder Zeitung*, de Breslau, e segue como colaborador do *New York Daily Tribune*. Em 16 de janeiro nasce Eleanor, sua sexta filha, e em 6 de abril morre Edgar, o terceiro.	Escreve uma série de artigos para o periódico *Putman*.	Morte de Nicolau I, na Rússia, e ascensão do czar Alexandre II.
1856	Ganha a vida redigindo artigos para jornais. Discursa sobre o progresso técnico e a revolução proletária em uma festa do *People's Paper*. Estuda a história e a civilização dos povos eslavos. A esposa Jenny recebe uma herança da mãe, o que permite que a família mude para um apartamento mais confortável.	Acompanhado da mulher, Mary Burns, Engels visita a terra natal dela, a Irlanda.	Morrem Max Stirner e Heinrich Heine. Guerra franco-inglesa contra a China.
1857	Retoma os estudos sobre economia política, por considerar iminente nova crise econômica europeia. Fica no Museu Britânico das nove da manhã às sete da noite e trabalha madrugada adentro. Só descansa quando adoece e aos domingos, nos passeios com a família em Hampstead. O médico o proíbe de trabalhar à noite. Começa a redigir os manuscritos que viriam a ser conhecidos como *Grundrisse der Kritik der Politischen Ökonomie* [Esboços de uma crítica da economia política], e que servirão de base à obra *Para a crítica da economia política* [*Zur Kritik der Politischen Ökonomie*]. Escreve a célebre *Introdução de 1857*. Continua a colaborar no	Adoece gravemente em maio. Analisa a situação no Oriente Médio, estuda a questão eslava e aprofunda suas reflexões sobre temas militares. Sua contribuição para a *New American Encyclopaedia* [Nova Enciclopédia Americana], versando sobre as guerras, faz de Engels um continuador de Von Clausewitz e um precursor de Lenin e Mao Tsé-tung. Continua trocando cartas com Marx, discorrendo sobre a crise na Europa e nos Estados Unidos.	O divórcio, sem necessidade de aprovação parlamentar, se torna legal na Inglaterra.

	Karl Marx	Friedrich Engels	Fatos históricos
	New York Daily Tribune. Escreve artigos sobre Jean-Baptiste Bernadotte, Simón Bolívar, Gebhard Blücher e outros na *New American Encyclopaedia* [Nova Enciclopédia Americana]. Atravessa um novo período de dificuldades financeiras e tem um novo filho, natimorto.		
1858	O *New York Daily Tribune* deixa de publicar alguns de seus artigos. Marx dedica-se à leitura de *Ciência da lógica* [*Wissenschaft der Logik*] de Hegel. Agravam-se os problemas de saúde e a penúria.	Engels dedica-se ao estudo das ciências naturais.	Morre Robert Owen.
1859	Publica em Berlim *Para a crítica da economia política*. A obra só não fora publicada antes porque não havia dinheiro para postar o original. Marx comentaria: "Seguramente é a primeira vez que alguém escreve sobre o dinheiro com tanta falta dele". O livro, muito esperado, foi um fracasso. Nem seus companheiros mais entusiastas, como Liebknecht e Lassalle, o compreenderam. Escreve mais artigos no *New York Daily Tribune*. Começa a colaborar com o periódico londrino *Das Volk*, contra o grupo de Edgar Bauer. Marx polemiza com Karl Vogt (a quem acusa de ser subsidiado pelo bonapartismo), Blind e Freiligrath.	Faz uma análise, junto com Marx, da teoria revolucionária e suas táticas, publicada em coluna do *Das Volk*. Escreve o artigo "Po und Rhein" [Pó e Reno], em que analisa o bonapartismo e as lutas liberais na Alemanha e na Itália. Enquanto isso, estuda gótico e inglês arcaico. Em dezembro, lê o recém-publicado *A origem das espécies* [*The Origin of Species*], de Darwin.	A França declara guerra à Áustria.
1860	Vogt começa uma série de calúnias contra Marx, e as querelas chegam aos tribunais de Berlim e Londres. Marx escreve *Herr Vogt* [Senhor Vogt].	Engels vai a Barmen para o sepultamento de seu pai (20 de março). Publica a brochura *Savóia, Nice e o Reno* [*Savoyen, Nizza und der Rhein*], polemizando com Lassalle. Continua escrevendo para vários periódicos, entre eles o *Allgemeine Militar Zeitung*. Contribui com artigos sobre o conflito de secessão nos Estados Unidos no *New York Daily Tribune* e no jornal liberal *Die Presse*.	Giuseppe Garibaldi toma Palermo e Nápoles.
1861	Enfermo e depauperado, Marx vai à Holanda, onde o tio Lion Philiph concorda em adiantar-lhe uma quantia, por conta da herança de sua mãe. Volta a Berlim e projeta com Lassalle um novo periódico.		Guerra civil norte-americana. Abolição da servidão na Rússia.

	Karl Marx	**Friedrich Engels**	**Fatos históricos**
	Reencontra velhos amigos e visita a mãe em Trier. Não consegue recuperar a nacionalidade prussiana. Regressa a Londres e participa de uma ação em favor da libertação de Blanqui. Retoma seus trabalhos científicos e a colaboração com o *New York Daily Tribune* e o *Die Presse* de Viena.		
1862	Trabalha o ano inteiro em sua obra científica e encontra-se várias vezes com Lassalle para discutirem seus projetos. Em suas cartas a Engels, desenvolve uma crítica à teoria ricardiana sobre a renda da terra. O *New York Daily Tribune*, justificando-se com a situação econômica interna norte-americana, dispensa os serviços de Marx, o que reduz ainda mais seus rendimentos. Viaja à Holanda e a Trier, e novas solicitações ao tio e à mãe são negadas. De volta a Londres, tenta um cargo de escrevente da ferrovia, mas é reprovado por causa da caligrafia.		Nos Estados Unidos, Lincoln decreta a abolição da escravatura. O escritor Victor Hugo publica *Les misérables* [Os miseráveis].
1863	Marx continua seus estudos no Museu Britânico e se dedica também à matemática. Começa a redação definitiva de *O capital* [*Das Kapital*] e participa de ações pela independência da Polônia. Morre sua mãe (novembro), deixando-lhe algum dinheiro como herança.	Morre, em Manchester, Mary Burns, companheira de Engels (6 de janeiro). Ele permaneceria morando com a cunhada Lizzie. Esboça, mas não conclui, um texto sobre rebeliões camponesas.	
1864	Malgrado a saúde, continua a trabalhar em sua obra científica. É convidado a substituir Lassalle (morto em duelo) na Associação Geral dos Operários Alemães. O cargo, entretanto, é ocupado por Becker. Apresenta o projeto e o estatuto de uma Associação Internacional dos Trabalhadores, durante encontro internacional no Saint Martin's Hall de Londres. Marx elabora o Manifesto de Inauguração da Associação Internacional dos Trabalhadores.	Engels participa da fundação da Associação Internacional dos Trabalhadores, depois conhecida como a Primeira Internacional. Torna-se coproprietário da Ermen & Engels. No segundo semestre, contribui, com Marx, para o *Sozial-Demokrat*, periódico da social-democracia alemã que populariza as ideias da Internacional na Alemanha.	Dühring traz a público seu *Kapital und Arbeit* [Capital e trabalho]. Fundação, na Inglaterra, da Associação Internacional dos Trabalhadores. Reconhecido o direito a férias na França. Morre Wilhelm Wolff, amigo íntimo de Marx, a quem é dedicado *O capital*.

	Karl Marx	**Friedrich Engels**	**Fatos históricos**
1865	Conclui a primeira redação de *O capital* e participa do Conselho Central da Internacional (setembro), em Londres. Marx escreve *Salário, preço e lucro* [*Lohn, Preis und Profit*]. Publica no *Sozial-Demokrat* uma biografia de Proudhon, morto recentemente. Conhece o socialista francês Paul Lafargue, seu futuro genro.	Recebe Marx em Manchester. Ambos rompem com Schweitzer, diretor do *Sozial-Demokrat*, por sua orientação lassalliana. Suas conversas sobre o movimento da classe trabalhadora na Alemanha resultam em artigo para a imprensa. Engels publica *A questão militar na Prússia e o Partido Operário Alemão* [*Die preubische Militärfrage und die deutsche Arbeiterpartei*].	Assassinato de Lincoln. Proudhon publica *De la capacité politique des classes ouvrières* [A capacidade política das classes operárias]. Morre Proudhon.
1866	Apesar dos intermináveis problemas financeiros e de saúde, Marx conclui a redação do primeiro livro de *O capital*. Prepara a pauta do primeiro Congresso da Internacional e as teses do Conselho Central. Pronuncia discurso sobre a situação na Polônia.	Escreve a Marx sobre os trabalhadores emigrados da Alemanha e pede a intervenção do Conselho Geral da Internacional.	Na Bélgica, é reconhecido o direito de associação e a férias. Fome na Rússia.
1867	O editor Otto Meissner publica, em Hamburgo, o primeiro volume de *O capital*. Os problemas de Marx o impedem de prosseguir no projeto. Redige instruções para Wilhelm Liebknecht, recém-ingressado na Dieta prussiana como representante social-democrata.	Engels estreita relações com os revolucionários alemães, especialmente Liebknecht e Bebel. Envia carta de congratulações a Marx pela publicação do primeiro volume de *O capital*. Estuda as novas descobertas da química e escreve artigos e matérias sobre *O capital*, com fins de divulgação.	
1868	Piora o estado de saúde de Marx, e Engels continua ajudando-o financeiramente. Marx elabora estudos sobre as formas primitivas de propriedade comunal, em especial sobre o *mir* russo. Corresponde-se com o russo Danielson e lê Dühring. Bakunin se declara discípulo de Marx e funda a Aliança Internacional da Social-Democracia. Casamento da filha Laura com Lafargue.	Engels elabora uma sinopse do primeiro volume de *O capital*.	Em Bruxelas, acontece o Congresso da Associação Internacional dos Trabalhadores (setembro).
1869	Liebknecht e Bebel fundam o Partido Operário Social-Democrata alemão, de linha	Em Manchester, dissolve a empresa Ermen & Engels, que havia assumido após a morte do	Fundação do Partido Social-Democrata alemão. Congresso da

	Karl Marx	Friedrich Engels	Fatos históricos
	marxista. Marx, fugindo das polícias da Europa continental, passa a viver em Londres, com a família, na mais absoluta miséria. Continua os trabalhos para o segundo livro de *O capital*. Vai a Paris sob nome falso, onde permanece algum tempo na casa de Laura e Lafargue. Mais tarde, acompanhado da filha Jenny, visita Kugelmann em Hannover. Estuda russo e a história da Irlanda. Corresponde-se com De Paepe sobre o proudhonismo e concede uma entrevista ao sindicalista Haman sobre a importância da organização dos trabalhadores.	pai. Com um soldo anual de 350 libras, auxilia Marx e sua família; com ele, mantém intensa correspondência. Começa a contribuir com o *Volksstaat*, o órgão de imprensa do Partido Social-Democrata alemão. Escreve uma pequena biografia de Marx, publicada no *Die Zukunft* (julho). Lançada a primeira edição russa do *Manifesto Comunista*. Em setembro, acompanhado de Lizzie, Marx e Eleanor, visita a Irlanda.	Primeira Internacional na Basileia, Suíça.
1870	Continua interessado na situação russa e em seu movimento revolucionário. Em Genebra instala-se uma seção russa da Internacional, na qual se acentua a oposição entre Bakunin e Marx, que redige e distribui uma circular confidencial sobre as atividades dos bakunistas e sua aliança. Redige o primeiro comunicado da Internacional sobre a guerra franco-prussiana e exerce, a partir do Conselho Central, uma grande atividade em favor da República francesa. Por meio de Serrailler, envia instruções para os membros da Internacional presos em Paris. A filha Jenny colabora com Marx em artigos para *A Marselhesa* sobre a repressão dos irlandeses por policiais britânicos.	Engels escreve *História da Irlanda* [*Die Geschichte Irlands*]. Começa a colaborar com o periódico inglês *Pall Mall Gazette*, discorrendo sobre a guerra franco-prussiana. Deixa Manchester em setembro, acompanhado de Lizzie, e instala-se em Londres para promover a causa comunista. Lá continua escrevendo para o *Pall Mall Gazette*, dessa vez sobre o desenvolvimento das oposições. É eleito por unanimidade para o Conselho Geral da Primeira Internacional. O contato com o mundo do trabalho permitiu a Engels analisar, em profundidade, as formas de desenvolvimento do modo de produção capitalista. Suas conclusões seriam utilizadas por Marx em *O capital*.	Na França são presos membros da Internacional Comunista. Nasce Vladimir Lenin.
1871	Atua na Internacional em prol da Comuna de Paris. Instrui Frankel e Varlin e redige o folheto *Der Bürgerkrieg in Frankreich* [A guerra civil na França]. É violentamente atacado pela imprensa conservadora. Em setembro, durante a Internacional em Londres, é reeleito secretário da seção russa. Revisa o primeiro volume de *O capital* para a segunda edição alemã.	Prossegue suas atividades no Conselho Geral e atua junto à Comuna de Paris, que instaura um governo operário na capital francesa entre 26 de março e 28 de maio. Participa com Marx da Conferência de Londres da Internacional.	A Comuna de Paris, instaurada após revolução vitoriosa do proletariado, é brutalmente reprimida pelo governo francês. Legalização das *trade unions* na Inglaterra.

	Karl Marx	**Friedrich Engels**	**Fatos históricos**
1872	Acerta a primeira edição francesa de *O capital* e recebe exemplares da primeira edição russa, lançada em 27 de março. Participa dos preparativos do V Congresso da Internacional em Haia, quando se decide a transferência do Conselho Geral da organização para Nova York. Jenny, a filha mais velha, casa-se com o socialista Charles Longuet.	Redige com Marx uma circular confidencial sobre supostos conflitos internos da Internacional, envolvendo bakunistas na Suíça, intitulado *As pretensas cisões na Internacional* [*Die angeblichen Spaltungen in der Internationale*]. Ambos intervêm contra o lassalianismo na social-democracia alemã e escrevem um prefácio para a nova edição alemã do *Manifesto Comunista*. Engels participa do Congresso da Associação Internacional dos Trabalhadores.	Morrem Ludwig Feuerbach e Bruno Bauer. Bakunin é expulso da Internacional no Congresso de Haia.
1873	Impressa a segunda edição de *O capital* em Hamburgo. Marx envia exemplares a Darwin e Spencer. Por ordens de seu médico, é proibido de realizar qualquer tipo de trabalho.	Com Marx, escreve para periódicos italianos uma série de artigos sobre as teorias anarquistas e o movimento das classes trabalhadoras.	Morre Napoleão III. As tropas alemãs se retiram da França.
1874	Negada a Marx a cidadania inglesa, "por não ter sido fiel ao rei". Com a filha Eleanor, viaja a Karlsbad para tratar da saúde numa estação de águas.	Prepara a terceira edição de *A guerra dos camponeses alemães*.	Na França, são nomeados inspetores de fábricas e é proibido o trabalho em minas para mulheres e menores.
1875	Continua seus estudos sobre a Rússia. Redige observações ao Programa de Gotha, da social-democracia alemã.	Por iniciativa de Engels, é publicada *Crítica do Programa de Gotha* [*Kritik des Gothaer Programms*], de Marx.	Morre Moses Heß.
1876	Continua o estudo sobre as formas primitivas de propriedade na Rússia. Volta com Eleanor a Karlsbad para tratamento.	Elabora escritos contra Dühring, discorrendo sobre a teoria marxista, publicados inicialmente no *Vorwärts!* e transformados em livro posteriormente.	Fundado o Partido Socialista do Povo na Rússia. Crise na Primeira Internacional. Morre Bakunin.
1877	Marx participa de campanha na imprensa contra a política de Gladstone em relação à Rússia e trabalha no segundo volume de *O capital*. Acometido novamente de insônias e transtornos nervosos, viaja com a esposa e a filha Eleanor para descansar em Neuenahr e na Floresta Negra.	Conta com a colaboração de Marx na redação final do *Anti-Dühring* [*Herrn Eugen Dühring's Umwälzung der Wissenschaft*]. O amigo colabora com o capítulo 10 da parte 2 ("Da história crítica"), discorrendo sobre a economia política.	A Rússia declara guerra à Turquia.
1878	Paralelamente ao segundo volume de *O capital*, Marx trabalha na investigação sobre a comuna rural russa, complementada com estudos de geologia. Dedica-se	Publica o *Anti-Dühring* e, atendendo a pedido de Wolhelm Bracke feito um ano antes, publica pequena biografia de Marx, intitulada *Karl Marx*. Morre Lizzie.	Otto von Bismarck proíbe o funcionamento do Partido Socialista na Prússia. Primeira

	Karl Marx	**Friedrich Engels**	**Fatos históricos**
	também à *Questão do Oriente* e participa de campanha contra Bismarck e Lothar Bücher.		grande onda de greves operárias na Rússia.
1879	Marx trabalha nos volumes II e III de *O capital*.		
1880	Elabora um projeto de pesquisa a ser executado pelo Partido Operário francês. Torna-se amigo de Hyndman. Ataca o oportunismo do periódico *Sozial-Demokrat* alemão, dirigido por Liebknecht. Escreve as *Randglossen zu Adolph Wagners Lehrbuch der politischen Ökonomie* [Glosas marginais ao tratado de economia política de Adolph Wagner]. Bebel, Bernstein e Singer visitam Marx em Londres.	Engels lança uma edição especial de três capítulos do *Anti-Dühring*, sob o título *Socialismo utópico e científico* [*Die Entwicklung des Socialismus Von der Utopie zur Wissenschaft*]. Marx escreve o prefácio do livro. Engels estabelece relações com Kautsky e conhece Bernstein.	Morre Arnold Ruge.
1881	Prossegue os contatos com os grupos revolucionários russos e mantém correspondência com Zasulitch, Danielson e Nieuwenhuis. Recebe a visita de Kautsky. Jenny, sua esposa, adoece. O casal vai a Argenteuil visitar a filha Jenny e Longuet. Morre Jenny Marx.	Enquanto prossegue em suas atividades políticas, estuda a história da Alemanha e prepara *Labor Standard*, um diário dos sindicatos ingleses. Escreve um obituário pela morte de Jenny Marx (8 de dezembro).	Fundada a Federation of Labour Unions nos Estados Unidos. Assassinato do czar Alexandre II.
1882	Continua as leituras sobre os problemas agrários da Rússia. Acometido de pleurisia, visita a filha Jenny em Argenteuil. Por prescrição médica, viaja pelo Mediterrâneo e pela Suíça. Lê sobre física e matemática.	Redige com Marx um novo prefácio para a edição russa do *Manifesto Comunista*.	Os ingleses bombardeiam Alexandria e ocupam Egito e Sudão.
1883	A filha Jenny morre em Paris (janeiro). Deprimido e muito enfermo, com problemas respiratórios, Marx morre em Londres, em 14 de março. É sepultado no Cemitério de Highgate.	Começa a esboçar *A dialética da natureza* [*Dialektik der Natur*], publicada postumamente em 1927. Escreve outro obituário, dessa vez para a filha de Marx, Jenny. No sepultamento de Marx, profere o que ficaria conhecido como *Discurso diante da sepultura de Marx* [*Das Begräbnis von Karl Marx*]. Após a morte do amigo, publica uma edição inglesa do primeiro volume de *O capital*; imediatamente depois, prefacia a terceira edição alemã da obra, e já começa a preparar o segundo volume.	Implantação dos seguros sociais na Alemanha. Fundação de um partido marxista na Rússia e da Sociedade Fabiana, que mais tarde daria origem ao Partido Trabalhista na Inglaterra. Crise econômica na França; forte queda na Bolsa.

	Karl Marx	Friedrich Engels	Fatos históricos
1884		Publica *A origem da família, da propriedade privada e do Estado* [*Der Ursprung der Familie, des Privateigentum und des Staates*].	Fundação da Sociedade Fabiana de Londres.
1885		Editado por Engels, é publicado o segundo volume de *O capital*.	
1887		Karl Kautsky conclui o artigo "O socialismo jurídico", resposta de Engels a livro do jurista austríaco Anton Menger, e o publica sem assinatura na *Neue Zeit*.	
1889			Funda-se em Paris a II Internacional.
1894		Também editado por Engels, é publicado o terceiro volume de *O capital*. O mundo acadêmico ignorou a obra por muito tempo, embora os principais grupos políticos logo tenham começado a estudá-la. Engels publica os textos *Contribuição à história do cristianismo primitivo* [*Zur Geschischte des Urchristentums*] e *A questão camponesa na França e na Alemanha* [*Die Bauernfrage in Frankreich und Deutschland*].	O oficial francês de origem judaica Alfred Dreyfus, acusado de traição, é preso. Protestos antissemitas multiplicam-se nas principais cidades francesas.
1895		Redige uma nova introdução para *As lutas de classes na França*. Após longo tratamento médico, Engels morre em Londres (5 de agosto). Suas cinzas são lançadas ao mar em Eastbourne. Dedicou-se até o fim da vida a completar e traduzir a obra de Marx, ofuscando a si próprio e a sua obra em favor do que ele considerava a causa mais importante.	Os sindicatos franceses fundam a Confederação Geral do Trabalho. Os irmãos Lumière fazem a primeira projeção pública do cinematógrafo.

Este livro foi composto em Palatino Linotype 10/12 e Optima 10,5/12,6, e reimpresso em papel Pólen Natural 80 g/m² pela gráfica Rettec, para a Boitempo, em agosto de 2025, com tiragem de mil exemplares.